Langenscheidt
Standardgrammatik

Französisch

Von Charlotte Matthiessen-Behnisch

Langenscheidt

München · Wien

Herausgegeben von der Langenscheidt-Redaktion
Layout: Ute Weber
Umschlaggestaltung: KW 43 BRANDDESIGN
Projektmanagement: Eva Maria Weermann, TextMedia
Lektorat: Dr. Dorothea Walz
Muttersprachliches Lektorat: Danielle Rambaud

www.langenscheidt.de

Satz: kaltner verlagsmedien GmbH, Bobingen
Druck und Bindung: Stürtz GmbH, Würzburg

ISBN 978-3-468-34871-6

13010

Vorwort

Das Ziel
Für alle, die die französische Grammatik von Grund auf lernen möchten, ist die *Standardgrammatik Französisch* ideal.

Das Standardwerk zum Nachschlagen präsentiert alle wichtigen Grammatikthemen der Niveaustufen A1 bis C2 des Europäischen Referenzrahmens. Sie können sich Ihre Lernportionen individuell zusammenstellen, je nachdem, welches Sprachniveau Sie als nächstes erreichen wollen. Der Niveaustufentest zeigt Ihnen zu Beginn, auf welcher Stufe Sie stehen; am Ende können Sie hier überprüfen, welche Fortschritte Sie gemacht haben.
Die Gliederung der einzelnen Kapitel in sinnvolle Lerneinheiten ermöglicht schnelles und gezieltes *Nachschlagen*, sodass keine Grammatikfrage offenbleibt. Erklärungen und zahlreiche Beispiele helfen Ihnen dabei, schnell zu *verstehen* und leicht zu *lernen*. Wer mit den Grundregeln schon vertraut ist, sein Wissen aber noch *vertiefen* möchte, wird hier ebenfalls fündig. Sollten Ihre Französischkenntnisse einfach nur etwas eingerostet sein, können Sie die Grammatikregeln systematisch *wiederholen* und Vergessenes ganz leicht *auffrischen*.
Mithilfe der Zwischentests am Ende eines jeden Kapitels können Sie *überprüfen*, ob Sie die behandelten Themen verstanden haben und welche Grammatikregeln noch nicht richtig sitzen, damit Sie sich konsequent *verbessern* können.

Aufgrund ihrer übersichtlichen, farbigen Gestaltung – fremdsprachliche Wörter und Beispielsätze sind blau hervorgehoben – ist die *Standardgrammatik Französisch* besonders benutzerfreundlich.

Der Aufbau
Literarische Originaltexte und Zitate führen in das jeweilige Grammatikthema ein. Gleich zu Beginn eines Kapitels steht eine Grundregel, die das Wichtigste zum Thema zusammenfasst. Jedes Kapitel folgt einem klar strukturierten Aufbau: Zunächst werden die Formen dargestellt, im Anschluss daran wird ihr Gebrauch erörtert und durch Beispiele mit Übersetzung veranschaulicht. Am Ende des Kapitels finden Sie einen Zwischentest, um zu überprüfen, ob Sie mit den gelernten Regeln bereits vertraut sind. Die Lösungen finden Sie gleich unten auf der Seite, damit Sie nicht umständlich hin- und herblättern müssen.

Die Symbole
Die Verwendung von selbsterklärenden Symbolen trägt dazu bei, dass Sie sich innerhalb der Kapitel auf Anhieb gut zurechtfinden.
Folgende Symbole werden Ihnen immer wieder begegnen:
Unter ℹ erhalten Sie Informationen zu den speziellen Spracheigenheiten des Französischen sowie zum landestypischen Sprachgebrauch.
Unter 💡 finden Sie einen Merksatz, den Sie sich gut einprägen sollten.
⇄ Hier wird der Sprachgebrauch im gesprochenen dem geschriebenen Französischen gegenübergestellt.

⚡ weist Sie auf Stolpersteine hin, damit Sie diese möglichen Fehlerquellen vermeiden können. Hier handelt es sich zumeist um Unterschiede zwischen dem deutschen und dem französischen Sprachgebrauch.
◐ signalisiert Ihnen, dass es sich hier um eine Ausnahme oder Sonderform handelt, die Sie sich besonders gut merken sollten.
L! hält einen Lerntipp für Sie bereit.
⊕ gibt Ihnen ein kleine Hilfestellung.
🔑 kennzeichnet die Lösungen.
G Nach diesem Symbol finden Sie die Grundregel.
Das Symbol ▷ verweist auf andere Kapitel im Buch, die Sie sich bei dieser Gelegenheit ansehen sollten. So können Sie auch gut nachvollziehen, wie die einzelnen Grammatikthemen zusammenhängen.

Die Niveaustufenangaben gemäß dem Europäischen Referenzrahmen
Neben den wegweisenden Symbolen warten in jedem Kapitel auch die Niveaustufenangaben A1, A2, B1, B2, C1, C2 auf Sie. Diese verraten Ihnen, welche Grammatikthemen und welche Regeln für Ihr Lernniveau relevant sind. Die Niveaustufen beziehen sich nicht nur auf das jeweilige Grammatikkapitel, sondern auch auf das in den Beispielsätzen verwendete Vokabular. So wissen Sie auch genau, dass Ihnen dieser Wortschatz bekannt sein sollte.
In der Praxis heißt das: Ist ein Grammatikkapitel beispielsweise der Niveaustufe A1 zugeordnet, so sind alle verwendeten Vokabeln A1, es sei denn, sie sind mit einer anderen Niveaustufe, z. B. A2 (direkt vor dem jeweiligen Wort oder Satz), versehen. Alle in diesem Kapitel enthaltenen Grammatikregeln sollten Sie dann beherrschen, es sei denn, eine Niveaustufenangabe am Rand weist Sie darauf hin, dass diese Regel für ein höheres Niveau, z. B. B1, bestimmt ist.

Hier eine kurze Erläuterung, welche Kenntnisse auf die einzelnen Niveaustufen des Europäischen Referenzrahmens zutreffen:

A1/A2: *Elementare Sprachverwendung*, d. h.
A1: Sie können einzelne Wörter und ganz einfache Sätze verstehen und formulieren.
A2: Sie können die elementaren Gesprächssituationen des Alltags bewältigen und kurze Texte verstehen oder selbst verfassen.

B1/B2: *Selbstständige Sprachverwendung*, d. h.
B1: Sie können sich in den Bereichen Alltag, Reise und Beruf schriftlich und mündlich gut verständigen.
B2: Sie verfügen aktiv über ein großes Repertoire an grammatikalischen Strukturen und Redewendungen und können im Gespräch mit Muttersprachlern bereits stilistische Nuancen erfassen.

C1/C2: *Kompetente Sprachverwendung*, d. h.
C1: Sie können sich spontan und fließend zu verschiedenen, auch komplexen oder fachspezifischen Sachverhalten äußern und sich schriftlich wie mündlich an die stilistischen Erfordernisse anpassen.
C2: Sie können mühelos jeder Kommunikationsform in der Fremdsprache folgen und sich daran beteiligen. Dabei

verfügen Sie über ein umfassendes Repertoire an Grammatik und Wortschatz und beherrschen die verschiedenen Stilebenen von formell bis informell.

Der Niveaustufentest
Mit diesem Test können Sie vorab Ihre Sprachkompetenz einstufen und nach dem Studium der Grammatik die gemachten Fortschritte überprüfen. Die Lösungen hinten im Buch zeigen Ihnen nicht nur auf, wo Sie eventuell noch Schwachstellen haben oder welches Gebiet Sie schon sehr gut beherrschen, sondern geben auch Empfehlungen zur Verbesserung der Sprachkenntnisse.

Tipps & Tricks
Damit Ihnen der Einstieg in die französische Grammatik leichter fällt, verraten wir Ihnen vorab in einem Extrateil ein paar Tipps & Tricks zum Grammatiklernen. Dadurch bleibt das Gelernte besser im Gedächtnis haften und Sie können sich auch schwierigere Konstruktionen schneller merken. Sie werden sehen, wie Erfolgserlebnisse Sie weiter motivieren!

Die Terminologie
Wenn Ihnen ein grammatikalischer Begriff im Deutschen oder im Französischen nicht ganz klar ist, haben Sie im Terminologieverzeichnis die Möglichkeit, diesen in einer alphabetisch sortierten Liste nachzuschlagen.

Die unregelmäßigen Verben
Ferner finden Sie am Ende des Buches eine Übersicht über die wichtigsten unregelmäßigen französischen Verben. Hier haben Sie alle Sonderformen auf einen Blick und können sich diese gut einprägen.

Die Musterkonjugationen
Auf diesen Seiten können Sie die Musterkonjugationen einiger wichtiger Verben nachschlagen. Für eine bessere Übersichtlichkeit sind hier die typischen Formen bzw. Endungen fett hervorgehoben, Ausnahmen sind blau.

Die Verben mit Präposition
Hier finden Sie eine Auflistung häufig benutzter französischer Verben, die mit bestimmten Präpositionen bzw. im Unterschied zum Deutschen ohne Präposition verwendet werden.

Das Register
Um gezielt nach einzelnen Themen und Begriffen suchen zu können, haben wir im Register die wichtigsten Schlagwörter für Sie erfasst, sodass Sie mühelos und schnell den entsprechenden Eintrag finden.

Nun wünschen wir Ihnen viel Spaß und Erfolg beim Französischlernen!
Ihre Langenscheidt-Redaktion

Inhaltsverzeichnis

Abkürzungen

Adj.	Adjektiv
bzw.	beziehungsweise
dir.	direkt
etw.	etwas
geh.	gehobene (Sprache)
gespr.	gesprochene (Sprache)
f.	feminin
indir.	indirekt
jdm.	jemandem
jdn.	jemanden
m.	maskulin
Pers.	Person
Pl.	Plural
Präp.	Präposition
Pron.	Pronomen
qc.	quelque chose
qn.	quelqu'un
Schriftspr.	Schriftsprache
Sing.	Singular
Subj.	Subjonctif
Subst.	Substantiv
u. a.	unter anderem
ugs.	umgangssprachlich
vgl.	vergleiche
vs.	versus, gegenüber
z. B.	zum Beispiel

Terminologie

Französisch	Deutsch
accent aigu	*Accent aigu*
accent circonflexe	*Accent circonflexe*
accent grave	*Accent grave*
accord	*Angleichung*
adjectif démonstratif	*Demonstrativadjektiv*
adjectif indéfini	*Indefinitadjektiv*
adjectif possessif	*Possessivadjektiv*
adverbe	*Adverb*
acronyme	*Akronym/aus den Anfangsbuchstaben mehrerer Wörter zusammengesetztes Kurzwort*
apostrophe	*Apostroph*
article défini	*bestimmter Artikel*
article indéfini	*unbestimmter Artikel*
article partitif	*Teilungsartikel*
attribut	*Attribut*
auxiliaire	*Hilfsverb*
cédille	*Cedille*
comparaison	*Steigerung*
comparatif	*Komparativ*
complément circonstanciel	*adverbiale Bestimmung*
complément d'objet direct	*direktes Objekt*
complément d'objet indirect	*indirektes Objekt*
complément du verbe	*Ergänzung des Verbs*
concessif	*konzessiv/einschränkend*
concordance des temps	*Zeitenfolge*
conditionnel passé	*Konditional II*
conditionnel présent	*Konditional I*
conjonction de coordination	*nebenordnende Konjunktion*
conjonction de subordination	*unterordnende Konjunktion*
consécutif	*konsekutiv/folgernd*
conjugaison	*Konjugation*
consonne	*Konsonant*
discours direct/indirect	*direkte/indirekte Rede*
élision	*Elision/Auslassung eines Vokals*
féminin	*feminin/weiblich*
futur antérieur	*Futur antérieur*
futur composé	*Futur II*
futur simple	*Futur I*

Französisch	Deutsch
genre	*Genus/Geschlecht*
gérondif	*Gerund*
groupe nominal	*Nominalgruppe*
guillemets	*Anführungszeichen*
h aspiré	*gehauchtes h*
homonymes	*Homonyme/gleichklingende Wörter*
h muet	*stummes h*
imparfait	*Imperfekt*
impératif	*Imperativ*
indicatif	*Indikativ*
infinitif	*Infinitiv*
interrogation	*Fragesatz*
interrogation directe	*direkte Frage*
interrogation indirecte	*indirekte Frage*
inversion	*Inversion*
liaison	*Liaison/Bindung*
ligature	*Ligatur/Verschränkung zweier Buchstaben*
majuscule	*Majuskel/Großbuchstabe*
masculin	*maskulin/männlich*
minuscule	*Minuskel/Kleinbuchstabe*
mode	*Modus*
mot composé	*Kompositum/zusammengesetztes Wort*
mot interrogatif	*Fragewort*
ne explétif	*pleonastisches ne*
négation	*Verneinung*
nom	*Substantiv*
nombre	*Numerus/Anzahl*
nombre cardinal	*Kardinalzahl*
nombre ordinal	*Grundzahl*
numéral	*Zahlwort*
ordre des mots	*Wortstellung*
participe passé	*Partizip Perfekt*
participe présent	*Partizip Präsens*
passé	*Vergangenheit*
passé antérieur	*Passé antérieur*
passé composé	*Passé composé*
passé récent	*Passé récent*
phrase déclarative	*Aussagesatz*
phrase relative	*Relativsatz*
pluriel	*Plural*

Französisch	Deutsch
plus-que-parfait	*Plusquamperfekt*
point	*Punkt*
point d'exclamation	*Ausrufezeichen*
point d'interrogation	*Fragezeichen*
prédicat	*Prädikat*
préposition	*Präposition*
présent	*Präsens/Gegenwart*
pronom conjoint	*verbundenes Personalpronomen*
pronom adverbial	*Adverbialpronomen*
pronom démonstratif	*Demonstrativpronomen*
pronom disjoint	*unverbundenes Personalpronomen*
pronom indéfini	*Indefinitpronomen*
pronom interrogatif	*Interrogativ-/Fragepronomen*
pronom personnel	*Personalpronomen*
pronom possessif	*Possessivpronomen*
pronom réfléchi	*Reflexivpronomen*
pronom relatif	*Relativpronomen*
prononciation	*Aussprache*
proposition principale	*Hauptsatz*
proposition subordonnée	*Nebensatz*
semi-auxiliaire	*Modalverb*
signe de ponctuation	*Satzzeichen*
subjonctif	*Subjonctif*
subjonctif passé	*Subjonctif der Vergangenheit*
subjonctif présent	*Subjonctif der Gegenwart*
suffixe	*Suffix/Endlaut*
sujet	*Subjekt*
superlatif	*Superlativ*
temporel	*temporal/zeitlich*
temps	*Zeit*
tiret	*Gedankenstrich*
tréma	*Trema*
verbe impersonnel	*unpersönliches Verb*
verbe intransitif	*intransitives Verb*
verbe irrégulier	*unregelmäßiges Verb*
verbe pronominal	*reflexives Verb*
verbe transitif	*transitives Verb*
virgule	*Komma*
voix active/passive	*Aktiv/Passiv*
voyelle	*Vokal*

Tipps & Tricks zum Sprachenlernen: Grammatik lernen, fast kinderleicht

Beneiden Sie nicht auch manchmal Kinder, die eine Sprache so ganz einfach nebenbei lernen, ohne sich über lästige Grammatikregeln oder fehlerhafte Konstruktionen Gedanken zu machen? Ganz so sorglos können wir Ihnen die Grammatik nicht nahebringen, aber nichtsdestotrotz heißt Sprachenlernen und insbesondere Grammatiklernen nicht zwingend stures Auswendiglernen und langweiliges Regelpauken. Um Ihnen den Umgang mit Grammatik etwas zu erleichtern, verraten wir Ihnen hier einige praktische Tipps & Tricks zum Sprachenlernen.

Pioniergeist ist gefragt

Versuchen Sie, die Andersartigkeit der Fremdsprache und ihre grammatischen Eigenarten nachzuvollziehen. Sehen Sie das Erlernen der Sprachregeln, der verschiedenen Zeiten und Formen einer Fremdsprache als Chance, Ihren eigenen Erfahrungsschatz zu erweitern, als Einblick in Denkweisen, die Ihnen nicht vertraut sind, die für andere Menschen, die diese Sprache täglich sprechen, aber ganz selbstverständlich sind. Zeigen Sie Pioniergeist! Lassen Sie Ihrer Freude am sprachlich Neuen, Fremden und Andersartigen freien Lauf!

Das Gesetz der Regelmäßigkeit

Grammatik ist wie Sport. Wer nur einmal alle Jubeljahre trainiert, wird wohl kein Marathonläufer. Es ist sinnvoller, regelmäßig ein wenig als unregelmäßig viel zu lernen. Setzen Sie einen bestimmten Zeitpunkt fest, zu dem Sie sich ungestört dem Grammatiktraining widmen können, z. B. täglich eine Viertelstunde vor dem Einschlafen oder drei Mal wöchentlich in der Mittagspause. Wie immer Sie sich entscheiden: Lernen Sie kontinuierlich, denn nur so lässt sich auch Ihr Langzeitgedächtnis trainieren.

Aufwärmen lohnt sich

Gelernten Stoff zu wiederholen ist wie leichtes Joggen: Laufen Sie sich warm mit Altbekanntem, bevor Sie sich an Neues wagen. Auch wenn ständig neue Grammatikregeln auf Sie zukommen, darf das bereits Erlernte nicht vernachlässigt werden. Wiederholen Sie auch Themengebiete, die Sie schon gut können, das macht Spaß und hält fit.

Das Salz in der Suppe

Versuchen Sie niemals zu viele Grammatikregeln auf einmal zu lernen. Man verliert sonst schnell den Überblick und vergisst die Details. Verwenden Sie Grammatik wie das Salz in der „Fremdsprachen-Suppe“. Ebenso wie man eine Suppe versalzen kann, kann man sich das Erlernen einer Fremdsprache erschweren, indem man versucht, sich zu viele Grammatikregeln auf einmal zu merken. Lernen Sie möglichst langsam, stetig und zielorientiert und verdauen Sie das Gelernte in kleinen Häppchen. Nur Geduld!

L! Eigenlob stinkt nicht immer
Schauen Sie auf das, was Sie bereits gelernt haben. Loben Sie sich für gemachte Fortschritte oder belohnen Sie sich für gute Leistungen. Lob motiviert und Motivation ist eine grundlegende Voraussetzung fürs Lernen.

L! Wer ist schon perfekt ...
Immer locker bleiben! Lassen Sie sich nicht von Perfektionsgedanken leiten. Perfektion ist nicht das vordergründige Ziel beim Erlernen einer Fremdsprache. Die Schönheit der Sprache sollte im Mittelpunkt stehen sowie das gute Gefühl, von seinem Gegenüber richtig verstanden zu werden.

L! Schluss mit dem Fachchinesisch
Wenn Sie etwas Neues lernen, kommen immer auch neue Fachbegriffe auf Sie zu, die Sie kennen sollten. Wählen Sie gezielt nach und nach einzelne Grammatikbegriffe aus (▶ Terminologie) und machen Sie sich mit ihrer Bedeutung vertraut. Sie werden sehen, dass es Ihnen im Laufe der Zeit leichter fallen wird, die Regeln einer Fremdsprache (auch die Ihrer Muttersprache) nachzuvollziehen und sich mit anderen darüber auszutauschen, wenn die Fachterminologie für Sie nicht mehr Fachchinesisch ist.

L! Hemmungslos werden
Auch wenn die Beschäftigung mit Grammatik nicht zu Ihren bevorzugten Freizeitaktivitäten gehört, sollten Sie, um Abneigungen, Hemmungen oder Widerwillen abzubauen, die Sprachregeln mit anderen, alltäglichen Regeln vergleichen. Straßenverkehrsregeln, mathematische Grundregeln, Regeln von Sportarten usw. sind Ihnen heute völlig vertraut, mussten jedoch erst einmal von Ihnen gelernt werden. Auch die Regeln der Grammatik werden Sie eines Tages verinnerlicht haben und, ohne darüber nachdenken zu müssen, intuitiv anwenden können.

L! Fehleranalyse gegen Fettnäpfchen
Haben Sie keine Angst vor Fehlern! Es ist nicht das Ziel des Lernens, keine Fehler zu machen, sondern gemachte Fehler zu bemerken. Nur wer einen Fehler im Nachhinein erkennt, kann ihn beim nächsten Mal vermeiden. Das Beherrschen grammatischer Grundregeln und das Verinnerlichen von Sonderformen und Ausnahmen ist zu diesem Zweck durchaus hilfreich: zum einen, um einen Fehler nachvollziehen zu können, und zum anderen, um nicht ein zweites Mal in dasselbe Fettnäpfchen zu treten.

L! Begeben Sie sich nicht ins Abseits
Grammatik ist spannend, wenn man sich einen Einblick in ihre Strukturen verschafft. Vergleichen Sie Grammatik auch in diesem Sinne mit Sport. Jede Sportart wird erst dann so richtig interessant, wenn man in der Lage ist, ihre Regeln nachzuvollziehen. Oder würden Sie auch Fußball oder Tennis anschauen, wenn es für Sie nur ein sinnfreies „Dem-Ball-Nachlaufen" darstellen würde? Betrachten Sie eine Fremdsprache als eine Sportart, deren komplizierte Spielregeln Sie allmählich erlernen, um mitspielen und mitreden zu können, damit Sie nicht im Abseits landen.

Haben Sie einen Typ?

Finden Sie heraus, welcher Lerntyp Sie sind. Behalten Sie eine Regel schon im Gedächtnis, wenn Sie sie gehört haben *(Hörtyp)* oder müssen Sie sie gleichzeitig sehen *(Seh-/Lesetyp)* und dann aufschreiben *(Schreibtyp)*? Macht es Ihnen Spaß, Grammatikregeln, Zeit- und Wortformen in kleinen Rollenspielen auszuprobieren *(Handlungstyp)*? Die meisten Menschen tendieren zum einen oder anderen Lerntyp. Reine Typen kommen nur sehr selten vor. Sie sollten daher sowohl Ihren Typ ermitteln als auch Ihre Lerngewohnheiten Ihren Vorlieben anpassen. Halten Sie also Augen und Ohren offen und lernen Sie ruhig mit Händen und Füßen, wenn Sie der Typ dafür sind.

Sag's mit einem Post-it

Auf Post-its wurden schon Heiratsanträge gemacht oder Beziehungen beendet. Also ist es kein Wunder, dass man damit auch Grammatik lernen kann. Schreiben Sie sich einzelne Regeln (idealerweise mit Beispielen, s. u.) separat auf Blätter oder Post-its und hängen Sie sie dort hin, wo Sie sie täglich sehen können, z. B. ins Bad über den Spiegel, an den Computer, den Kühlschrank oder neben die Kaffeemaschine. So verinnerlichen Sie schwierige Regeln ganz nebenbei. Denn das Auge lernt mit.

Beispielsätze gegen Trockenfutter

Trockenfutter ist schwer verdaulich. Einzelne Grammatikregeln trocken aufzunehmen ebenso. Ergänzen Sie jede Regel mit Beispielsätzen. Wenn Ihnen die Beispiele, die Sie in den Lehrbüchern finden, nicht gefallen, formulieren Sie eigene! Fortgeschrittene können in Originaltexten (Zeitungen, Büchern, Filmen, Songtexten) nach konkreten Anwendungsbeispielen suchen. So wird Grammatik leicht bekömmlich.

Führen Sie Selbstgespräche

Wählen Sie besonders schwierige Grammatikphänomene aus, schreiben Sie dazu einzelne Beispielsätze auf und sprechen Sie diese laut vor sich hin, z. B. unter der Dusche, beim Spazierengehen oder während langer Autofahrten. Reden Sie mit sich selbst in der Fremdsprache, so prägen Sie sich auch komplizierte Formen und Wendungen ganz schnell ein.

Haben Sie einen Plan?

Schreiben Sie zusammengehörende Grammatikregeln auf einem großen Bogen Papier, knapp und präzise, eventuell mit Zeichnungen, Verweisen und kurzen Beispielen, überschaubar zusammen und erstellen Sie Ihren persönlichen Lageplan. Mithilfe sogenannter *mind maps* können Sie sich schon durch das bloße Erstellen des Plans ganz schnell Einblick in die Struktur der Sprache verschaffen und Sie gewinnen einen schnellen übersichtlichen Gesamtüberblick. Ob Sie dieses Papier dann auch irgendwo hinhängen oder nicht, ist nicht ausschlaggebend, denn Sie haben dann ja den Plan schon im Kopf.

Meerblick durch Auswendiglernen

Lernen Sie auch mal eine Grammatikregel mit dazugehörigen Beispielsätzen auswendig. Wenn Sie sich den Beispielsatz selbst ausgedacht haben, wird er Ihnen leichter als ein fremder im Gedächtnis bleiben, und Sie werden die entsprechende Regel auch schneller anwenden können. Lernen Sie auch situationsgebundene Phrasen auswendig. Feste Redewendungen mitsamt der jeweilig dahinterstehenden Grammatik parat zu haben, vereinfacht die Verständigung in den häufig wiederkehrenden Standardsituationen im Ausland. Denn wer will schon jedes Mal im Vorfeld das Kapitel Relativpronomen wiederholen, wenn er einfach nur ein Hotelzimmer buchen möchte, das Meerblick hat.

Denken Sie in Schubladen
Was im wahren Leben nicht unbedingt sinnvoll ist, kann beim Grammatiklernen hilfreich sein: Machen Sie sich gedankliche Schubladen, in die Sie die gelernten Formen und Ausnahmen einsortieren, und versehen Sie diese mit verschiedenen Etiketten: unregelmäßige Verben, Hilfsverben, Präpositionen usw.

Bleiben Sie in Bewegung
Sie müssen beim Lernen nicht am Schreibtisch sitzen. Stehen Sie doch auf und gehen Sie im Zimmer auf und ab oder wiederholen Sie beim Spazierengehen, Joggen oder Schwimmen die neu gelernten Regeln. Ihr Gehirn funktioniert nachweislich besser, wenn Ihr Körper in Bewegung ist. Und Ihr Kreislauf dankt es Ihnen auch.

Beweisen Sie Taktgefühl
Klopfen Sie im Takt dazu (z. B. auf die Tischplatte), wenn Sie sich Grammatikregeln, feste Wendungen oder Beispielsätze einprägen wollen. Takt und Rhythmus fördern Ihr Erinnerungsvermögen. Eventuell hilft auch musikalische Unterstützung in Form von Hintergrundmusik. Und beim Wiederholen der Regeln und Strukturen können Sie Ihr Taktgefühl und Ihr Gedächtnis unter Beweis stellen.

Grammatik aus dem Ei
Behelfen Sie sich beim Lernen von Grammatikregeln und -strukturen mit Eselsbrücken, Reimen, Merkhilfen und Lernsprüchen. „7-5-3 Rom schlüpft aus dem Ei" – was bei historischen Jahreszahlen funktioniert, klappt auch beim Sprachenlernen.

Machen Sie Witze?
Merken Sie sich Witze, berühmte Zitate, Sprichwörter oder Redewendungen, in denen eine grammatikalische Struktur oder eine Regel Anwendung findet. Indem Sie sich beispielsweise einen Witz in der Fremdsprache einprägen und sich an diesen erinnern, prägen Sie sich auch das jeweilige Grammatikphänomen und die dazugehörige Regel gut ein. Aber denken Sie daran, dass sich weder Witze noch feste Wendungen immer wörtlich von einer Sprache in die andere übertragen lassen!

Setzen Sie Ihrer Fantasie keine Grenzen
Machen Sie sich im wahrsten Sinne ein Bild von der Situation, denn auch Bilder, die Sie im Kopf haben, dienen als Gedächtnisstützen. Versuchen Sie also, einen neuen grammatischen Begriff oder eine schwierige Regel gedanklich mit einem einfachen Bild zu verknüpfen. Vor allem das Erlernen der Zeiten funktioniert besser, wenn Sie sich das, was

die jeweilige Zeitform ausdrückt, visuell vorstellen. Diese Vorstellungen können abstrakt oder konkret sein. Je gefühlsintensiver ein Bild ist, desto einprägsamer ist der damit in Verbindung gebrachte grammatische Inhalt.

Gretchenfrage: Und wie steht's mit der Muttersprache?

Denken Sie über Ihre eigenen Sprechgewohnheiten nach und schauen Sie sich die Regeln Ihrer Muttersprache an. Die Gesetze der Fremdsprache sind viel einfacher nachvollzieh- und erlernbar, wenn man die Unterschiede zur eigenen Muttersprache kennt. Welche Zeitformen verwenden Sie wann, wie werden sie gebildet usw.? Indem Sie die Fremdsprache mit Ihrer Muttersprache vergleichen, machen Sie sich Parallelen und Unterschiede bewusster und prägen sich diese gleich viel besser ein.

Gebrauchsanweisung

Wenn Sie sich ein neues Grammatikphänomen einprägen, dann achten Sie auch darauf, den richtigen Gebrauch gleich mitzulernen. Denn nur so können Sie das Gelernte auch in der Praxis erfolgreich zur Anwendung bringen.

Wer liest, ist im Vorteil

Wagen Sie sich langsam an fremdsprachige Lektüre heran, sei es in vereinfachter Form mit Übersetzungshilfen, sei es in Form leichter Originaltexte, und schauen Sie sich insbesondere die grammatischen Feinheiten immer wieder bewusst an. Es zählt dabei nicht so sehr, wie viel Sie lesen, sondern dass Sie einzelne grammatische Strukturen im Kontext nachvollziehen können und verstehen, was ausgedrückt werden soll.

Haben Sie O-Töne?

Lernen Sie multimedial! Schauen Sie DVDs oder Kinofilme im Originalton und wenn möglich mit Originaluntertiteln an, also z. B. einen französischen Film mit französischen Untertiteln. Sie werden sehen, dass Sie durch das Mitlesen das Gesprochene wesentlich besser verstehen als ohne die Texthilfe. Halten Sie die DVD gelegentlich auch mal an und schreiben Sie sich interessante Wörter, Phrasen oder grammatische Strukturen auf. Ihren Fortschritt können Sie daran messen, je häufiger Ihnen Grammatikfehler von Seiten der Schauspieler auffallen.

Learning by doing in freier Wildbahn

Zu guter Letzt, wenden Sie die Fremdsprache und Ihr neu gelerntes Wissen aktiv an. Reisen Sie in Länder, in denen die Sprache gesprochen wird, genießen Sie es, mit Menschen in der Fremdsprache zu sprechen, die Sie gerade lernen oder dann auch schon können, und freuen Sie sich über die Anerkennung, die Sie dafür bekommen, und die Kontakte, die Sie dabei knüpfen können – weil Sprachen verbinden …

Viel Spaß und Erfolg beim Grammatiklernen
wünscht Ihnen
Ihre Langenscheidt-Redaktion

Niveaustufentest A1

Auf den folgenden Seiten stehen sechs Niveaustufentests von A1 bis C2 für Sie bereit – je eine Doppelseite pro Niveau. Sie sollten die Tests anfangs zur Einstufung Ihrer Sprachkompetenz durchführen und dann nach dem Studium der Grammatik, um Ihre Fortschritte festzustellen, die Sie sicherlich machen werden. Tragen Sie für jede richtige Antwort einen Punkt in das Kästchen am Ende der Zeile ein und addieren Sie die Punkte zum Schluss. Im Anhang finden Sie neben den Lösungen die Auswertung Ihrer Ergebnisse und Empfehlungen zur Verbesserung Ihrer Sprachkenntnisse.

1. Die Aussprache
Welches Wort beginnt mit einem Nasallaut? Kreuzen Sie richtig (✓) oder falsch (✗) an.

a. ☐ amer ☐
b. ☐ unir ☐
c. ☐ embrasser ☐
d. ☐ inactif ☐

☐

2. Das Substantiv
Bilden Sie die Pluralform der Substantive.

a. la maison .... f. l'orange .... ☐
b. le feu .... g. la musique .... ☐
c. le château .... h. le cheval .... ☐
d. l'œil .... i. le ciel .... ☐
e. le chou-fleur .... j. l'heure .... ☐

☐

3. Das Adjektiv
Ergänzen Sie die Sätze mit einem passenden Adjektiv in der richtigen Form: nouveau, premier, sympathique, joli.

a. Rappelez-vous la .... page du texte. ☐
b. Ils ont acheté une .... voiture. ☐
c. Les gens de Cannes sont .... ☐
d. Ils habitent une .... maison. ☐

☐

4. Die Verneinung
Beantworten Sie die Fragen verneinend.

a. Les employés sont-ils en grève ?

Non, les employés ne sont pas en grève .

b. Est-ce que vous avez déjà lu ce texte ?

Non, vous n'avez pas déjà lu ce texte .

je n'ai pas lu ce

c. Est-ce que tu as plusieurs frères ?

Non, *(ich habe nur einen Bruder)* je n'ai pas plusieurs frères .

5. Das Adverb
Bilden Sie die Adverbien zu folgenden Adjektiven.

a. heureux heureusement
b. bref ....
c. poli ....
d. effectif ....
e. courant ....
f. soudain ....
g. bon ....
h. mauvais ....
i. évident ....
j. précis ....

6. Der Infinitiv
Schreiben Sie dieses Rezept neu, indem Sie nach dem Muster die Imperative durch Infinitive ersetzen.

Prenez de la farine → Prendre de la farine.

a. Mettez du beurre. Mettre du beurre .
b. Battez trois œufs. Battre trois oeufs .
c. Chauffez et faites dorer. Chauffer et faire dorer .
d. Salez et poivrez la masse. Saler et poivre la masse .
e. Recouvrez le jambon avec ce mélange. Recouvrir le .
f. Mettez au four pendant 45 minutes. Mettre .
g. Servez bien chaud. Servir .

Gesamtpunktzahl

Niveaustufentest A2

1. Das Relativpronomen
Vervollständigen Sie die Sätze mit qui, que, où oder dont.

a. Mon voisin a un chien .... j'ai très peur. ☐

b. Champagne est un nom .... est réservé au vin de Champagne. ☐

c. J'ai un bon souvenir de cette ville .... j'ai vécu deux ans, puisque c'est une ville .... offre beaucoup à découvrir. ☐

d. Voici les papiers .... tu veux pour partir. ☐

e. La Côte d'Azur, c'est un endroit .... je ne voudrais pas aller en août. ☐

☐

2. Die Verneinung
Verneinen Sie die Sätze. Ersetzen Sie die hervorgehobenen Wörter durch Pronomen.

a. Tu as déjà donné **la lettre à Pierre** ?

Non, ... ☐

b. Est-ce qu'elle pense à **faire sa gymnastique** ?

Non, ... ☐

c. A-t-il jamais parlé de **travailler dans ce cabinet** ?

Non, ... ☐

d. Est-ce qu'ils savent **que je suis déjà arrivé** ?

Non, ... ☐

☐

3. Das Adjektiv
Kreuzen Sie an: In welchem Satz steht das Adjektiv an der richtigen Stelle (✓), in welchem an der falschen (✗)?

a. ☐ En classe il faut parler à voix haute. ☐

b. ☐ Il m'a raconté une amusante histoire. ☐

c. ☐ Mon frère est son ami meilleur. ☐

d. ☐ C'était affreux, on roulait sur une route boueuse derrière un camion sale. ☐

☐

4. Das Verb
Markieren Sie die Sätze als richtig (✓) oder falsch (✗).

a. ☐ Mes filles sont rentrées tard. ☐

b. ☐ Sur le bateau elle est étée très malade. ☐

c. ☐ Est-ce que tu es descendu le vase de l'armoire ? ☐

☐

5. Das Passiv
Bilden Sie Passivsätze. Passen Sie das Partizip Perfekt an.

a. Le garagiste a gonflé les pneus.

.... ☐

b. Nous avons repeint la maison en blanc.

.... ☐

c. En quelques semaines la neige couvrira la montagne.

.... ☐

☐

6. Die Ergänzung des Verbs
Markieren Sie, ob die Ergänzungen richtig (✓) oder falsch (✗) sind.

a. ☐ Si tu payes l'addition pense pour demander le reçu. ☐

b. ☐ Après trois ans dans l'industrie, il s'est fait patron d'un restaurant. ☐

c. ☐ Elle n'est pas disposée de renoncer de son héritage. ☐

☐

7. Der Teilungsartikel
Kreuzen Sie an: In welchen Sätzen ist der Teilungsartikel richtig (✓), in welchen falsch (✗)?

a. ☐ Désirez-vous du jus de fruit ? ☐

b. ☐ Elle a des cheveux bruns. ☐

c. ☐ Elle a du peur, c'est évident. ☐

d. ☐ Il nous faut cinquante kilos de ciment. ☐

☐

Gesamtpunktzahl ☐

Niveaustufentest B1

1. Die Verneinung
Übersetzen Sie die Sätze mit rien, personne, jamais und aucun.

a. Nichts ist verloren.

....

b. Niemand möchte im Leben alleine bleiben.

....

c. Das Wetter war besser denn je.

....

d. Es gibt darauf überhaupt keine Antwort.

....

2. Die Präposition
Welche Präpositionen gehören in die Lücken?

a. Il a mis la vis .... l'aide d'une machine. (à / avec / sous)

b. La cause .... son échec n'est pas évidente. (de / pour / dans)

c. Si elle est ambitieuse, c'est par soif .... argent. (d' / à / sur)

d. Répondez .... oui ou .... non. (avec / par / pour)

3. Die Ergänzung des Verbs
Übersetzen Sie die Sätze ins Französische.

a. Schließlich bin ich Jean in die Arme gelaufen.

....

b. Du fehlst mir.

....

c. Er hielt dich für seinen besten Freund.

....

d. Heute Morgen sind sie nach Avignon abgereist.

....

4. Subjonctif oder Indikativ?
Setzen Sie die passende Form des Verbs in Klammern ein.

a. Il travaille comme un forcené *(ein Wahnsinniger)*, de sorte qu'il

.... (réussir) sans peine.

b. La maison est trop petite pour que toute la famille .... (pouvoir) y loger.

c. Il faut que tu .... (s'asseoir) à sa droite.

5. Der Konditional
Prüfen Sie die Verbformen, kreuzen Sie richtig (✓) oder falsch (✗) an.

a. Si elle s'était mariée, elle changerait de nom.

b. Si on m'avait invité je serais venu.

c. Tu ne prends aucun risque, si tu es parti de jour.

6. Das Possessiv- und das Demonstrativpronomen
Vervollständigen Sie die Sätze mit le sien, la leur, ceux-ci.

a. C'est son stylo ? Oui, c'est ....

b. C'est bien leur maison, là-bas ? Oui, c'est ....

c. Si tu ne trouves pas tes ciseaux, prends ....

7. Der Imperativ
Bilden Sie Imperative. Ersetzen Sie das Hervorgehobene durch Pronomen.

Tu prêtes la chaise à tes voisins. → Imperativ: Prête-la-leur.

a. Il faut que tu accompagnes ta mère au Bon Marché.

....

b. Vous écrivez la carte postale à vos enfants ?

....

c. Nous prêtons la machine à Paul.

....

Gesamtpunktzahl

Niveaustufentest B2

1. Der Subjonctif
Ersetzen Sie das Hervorgehobene wie im Muster durch den Subjonctif Présent.

Il avait peur d'être chassé. → Il avait peur qu'on ne le chasse.

a. Il refuse d'être accusé de vol.

→ .... ☐

b. Nous attendons d'être reçus par le directeur.

→ .... ☐

c. Ma grand-mère a peur d'être bousculée par des passants.

→ .... ☐

d. J'ai dû crier pour être pris au sérieux.

→ .... ☐

☐

2. Die Verneinung
In welchem Satz muss pas nicht stehen? Kreuzen Sie richtig (✓) oder falsch (✗) an.

a. ☐ Elle ne sait (pas) faire du café au lait. ☐

b. ☐ Vous ne devriez (pas) contredire cette assertion. ☐

c. ☐ Avant que cette situation n'aille (pas) de pire en pire, il faudrait charger quelqu'un de s'en occuper. ☐

d. ☐ Malheureusement il n'est (pas) très vigilant, c'est pourquoi il est tombé sur cette personne. ☐

☐

3. Der Konditional
Wie müssen die Sätze eingeleitet werden? Ergänzen Sie si oder quand.

a. .... j'étais roi, je serais propriétaire d'un château. ☐

b. .... ils étaient en vacances, les voisins se sont occupés de leur chien. ☐

c. .... la manifestation avait rassemblé une centaine de personnes, j'aurais été étonné. ☐

d. .... vous aurez enfin terminé, vous me le direz. ☐

☐

4. Das Partizip und das Gerund
Verkürzen Sie die Nebensätze durch ein Gerund oder ein Partizip Präsens.

a. Comme je vis seul et que je gagne bien ma vie, je suis en position d'épargner une bonne somme d'argent.

.... ☐

b. Elle a terminé son projet parce qu'elle a travaillé jour et nuit.

.... ☐

c. Mireille a beaucoup maigri parce qu'elle a évité le fromage et le chocolat.

.... ☐

☐

5. Die indirekte Rede
Setzen Sie die folgenden Aussagen in die indirekte Rede.

a. Le ministre déclare : « En ce moment on sait que la liste des fraudeurs fiscaux n'est qu'un début. »

.... ☐

b. Il a dit : « Mon ami n'a jamais bougé d'un millimètre sur ses positions. »

.... ☐

c. Mes parents m'ont demandé : « Cet été, est-ce que vous arriverez en voiture ou préférez-vous voyager en avion ? »

.... ☐

☐

6. Das Indefinitpronomen und -adjektiv
Fügen Sie ein passendes Indefinitpronomen oder -adjektiv in der richtigen Form ein: chacun, différent, tout.

a. .... les grandes marques tablent *(auf etw. setzen)* sur les prix bas pour regagner du terrain. ☐

b. Elle n'était pas heureuse ici, ... vous le dira. ☐

c. Il a fait une étude très complète des .... peuples de l'Union Européenne. ☐

☐

Gesamtpunktzahl ☐

Niveaustufentest C1

1. Subjonctif oder Indikativ?
Ergänzen Sie die Verben in Klammern im Subjonctif oder Indikativ.

a. Il est peu probable qu'il .... (vouloir) nous aider. ☐

b. Je constate que vous n' .... (aimer) pas la peinture moderne. ☐

c. On dirait que ce chien .... (savoir) où trouver sa nourriture. ☐

d. Je suis étonné que tu ne .... (connaître) pas cet auteur. ☐

e. Dis-lui que nous .... (passer) ce soir. ☐

f. Nous espérons qu'il .... (faire) beau demain. ☐

☐

2. Das Adjektiv
Übersetzen Sie die Sätze ins Französische.

a. Es besteht nicht der geringste Zweifel.

.... ☐

b. Ich mache mich auf das Schlimmste gefasst.

.... ☐

c. Er liest mehr als zehn Bücher im Jahr.

.... ☐

d. Ich glaube nicht, dass dieses Bild genauso teuer ist wie das andere.

.... ☐

☐

3. Das Indefinitpronomen und -adjektiv
Ergänzen Sie die Sätze mit tout, tout le monde, quelqu'un, personne und gleichen Sie diese gegebenenfalls an.

a. J'ai réuni hier .... de mes amis pour fêter l'anniversaire de l'un d'entre eux. ☐

b. Il a pris l'habitude de raconter sa vie à .... ☐

c. Je ne connais .... d'aussi énervant. ☐

d. Il connaissait presque .... la salle et il y reconnaissait .... ses amis. ☐

☐

4. Das Passiv
Ersetzen Sie diese Passivsätze durch Umschreibungen.

a. Les randonneurs *(Wanderer)* sont surpris par la pluie.

....

b. L'entrée de l'usine a été refusée aux non-grévistes.

....

c. La tâche de renflouer *(flott machen)* l'entreprise lui a été donnée.

....

5. Die indirekte Rede
Setzen Sie diese Sätze in die indirekte Rede.

a. Le ministre a annoncé : « Je ne serai pas candidat aux élections présidentielles. »

....

b. Monsieur M. a déclaré : « Le candidat manquerait à la France qui serait privé d'un grand débat sur l'Europe. »

....

c. Le responsable a expliqué : « Jamais un nouveau genre télévisé n'a réussi un tel score d'audience. »

....

6. Das Partizip und das Gerund
Kennzeichnen Sie die Aussagen mit (✓) oder mit (✗).

a. Das Partizip Perfekt kann den Satz anstelle von comme, puisque oder parce que einleiten.

b. Das Verbaladjektiv ist veränderlich und kann gesteigert werden.

c. Mit Hilfe des Gerunds kann man Sätze schöner gestalten.

d. Das Gerund ist ein substantiviertes Adverb.

e. Das Partizip Perfekt wird angepasst.

Gesamtpunktzahl

Niveaustufentest C2

1. Das Substantiv
Ergänzen Sie die Sätze mit œil, œils, œillade, yeux oder œillet.

a. Marie cultive des .... au jardin.

b. Il y a des .... dans le potage.

c. Si on jetait un coup d'........... sur le journal pour savoir le programme de cinéma ?

d. Dans cet immeuble, toutes les portes sont munies d'........... par mesure de sécurité.

e. Regarde le monsieur, comment il jette des .... à son épouse !

2. Subjonctif oder Indikativ?
Fügen Sie den passenden Modus ein.

a. Il convient que l'état .... (établir) la fiscalité écologique.

b. Mais nous ne voulons pas que la taxe carbone .... (être introduit).

c. « Les grands esprits se rencontrent » se dit plaisamment lorsqu'une même idée .... (être énoncé) par deux personnes.

d. Il est vrai que le soleil de plomb .... (pouvoir) assommer un peu tout le monde.

3. Zeitformen im Subjonctif
Setzen Sie die Verben in Klammern in der angegebenen Zeit ein. Ergänzen Sie défendre que, insister pour que, il ne semble pas que.

a. (Subj. présent) Le président .... les manifestations .... (dégénérer) en chaos.

b. (Subj. passé) .... le gouvernement .... (contribuer) à ce que la pollution des eaux .... (être diminué).

c. (Subj. Imparfait) J' .... qu'il .... (réfléchir) un peu à ces problèmes pour qu'ils .... (être résolu).

4. Das Passiv
Setzen Sie die Sätze ins Passiv. Behalten Sie Zeiten und Modi bei.

a. En 1995, 58 millions d'habitants peuplaient la France.

....

b. En 1976, une loi européenne a autorisé le travail nocturne des femmes.

....

c. Elle aura achevé son rapport de stage avant la fin de l'année.

....

5. Imparfait oder Passé simple?
Setzen Sie die Sätze in die richtige Form des Imparfait oder Passé simple.

a. Il pleut. Au lieu de nous promener, nous allons au cinéma.

....

b. Chaque fois que ce bonhomme parle, tout le monde se tait.

....

c. Notre fils ne va pas bien, nous appelons le médecin.

....

6. Partizip Präsens oder Gerund?
Verkürzen Sie die Sätze durch ein Partizip Präsens oder Gerund.

a. Quand on roule trop vite on peut provoquer un accident.

....

b. Le conducteur ne put freiner et lorsqu'il franchit la porte de la Ville éternelle, il fut éjecté et se tua.

....

c. La crise du logement étudiant, qui ressemble à un tonneau des Danaïdes, ne peut pas être résolue en un an.

....

Gesamtpunktzahl

A1

1 Die Aussprache und die Orthografie

Les paroles sont aux pensées
ce que l'or est aux diamants:
il est nécessaire pour les mettre en œuvre,
mais il en faut peu.

Voltaire (1694–1778), *philosophe et écrivain français*

Worte sind für Gedanken,
was Gold für Diamanten ist:
Man braucht es zur Einfassung,
aber es bedarf seiner nur wenig.

Voltaire (1694–1778),
französischer Philosoph und Schriftsteller

G Das Französische besitzt einige Laute und geschriebene Zeichen, die im Deutschen nicht vorhanden sind. Es weicht in der Aussprache sehr von dem jeweiligen Schriftbild ab, doch gibt es verbindliche Ausspracheregeln. Charakteristisch für die Sprache sind vor allem die Nasale und Zeichen mit Akzent.

1.1 Die Orthografie

A1

1.1.1 Das Alphabet

A1

Das französische Alphabet verfügt über 26 Buchstaben, deren Benennung und Aussprache teilweise vom Deutschen abweichen:

a [a]	**f** [ɛf]	**k** [ka]	**o** [o]	**s** [ɛs]	**w** [dubləve]
b [be]	**g** [ʒe]	**l** [ɛl]	**p** [pe]	**t** [te]	**x** [iks]
c [se]	**h** [aʃ]	**m** [ɛm]	**q** [ky]	**u** [y]	**y** [igʀɛk]
d [de]	**i** [i]	**n** [ɛn]	**r** [ɛʀ]	**v** [ve]	**z** [zɛd]
e [ə]	**j** [ʒi]				

Das Alphabet wird ergänzt durch die orthographischen Zeichen Akzent, Cedille und Trema sowie durch die Ligatur: à, â, é, è, ê, ë, î, ï, ô, û, ü, ç, æ, œ.
Die Buchstaben k und w kommen in der französischen Schrift nur selten vor, meist in Worten fremden Ursprungs: le **k**araté *Karate*, le **w**agon *der Waggon*.

1.1.2 Der Akzent

A1

Das Französische kennt drei Akzente, den Accent aigu (´), den Accent grave (`) und den Accent circonflexe (^):

- Der Accent aigu bezeichnet das geschlossene é [e]: **école** [ekɔl] *Schule*.
  ⚡ Wörter wie **nez** [ne], **pied** [pje] und Verbformen auf **-ez** wie **fermez** [fɛʀme] erhalten keinen Accent aigu, da das e in offener Silbe wie [e] gesprochen wird.
- Der Accent grave bezeichnet das offene è [ɛ]: **père** [pɛʀ] *Vater*. Er kann auch auf à und ù erscheinen, dient dann aber nur der graphischen Unterscheidung von Homonymen: la *die*, ou *oder* vs. là *dort*, où *wo*.
  ⚡ Nicht jedes offen gesprochene e [ɛ] erhält einen Accent grave: e in den Verbindungen **est**, **el**, **ell**, **et(t)**, **err** wird offen gesprochen wie **poulet** [pulɛ] *Hähnchen*, **poubelle** [pubɛl] *Mülleimer*, **estimer** [ɛstime].
- Der Accent circonflexe kann über allen Vokalen stehen: â, ê, î, ô, û. ℹ Sprachgeschichtlich ersetzt er ein s aus früheren Sprachstufen: lateinisch fen**est**ra → **fenêtre** *Fenster*. Oft erscheint das s noch in Wörtern derselben Wortgruppe: **bestial** *tierisch*, aber: **bête** *Tier*.

Einige Wörter unterscheiden sich nur durch den Akzent von ihren Homonymen:

ohne Akzent	mit Akzent
il **a** *er hat*	**à** *in/an*
il cr**o**it *er glaubt*	il cr**oî**t *er wächst*
du (von **de le**) *von dem*	**dû** (von **devoir**) *geschuldet/gemusst*
le m**u**r *die Mauer*	m**û**r *reif*
s**u**r *auf*	s**û**r *sicher*
la t**a**che *der Fleck*	la t**â**che *die Aufgabe*

A1

1.1.3 Die Cedille, der Apostroph und das Trema

- Die Cedille zeigt an, dass **c** vor den dunklen Vokalen **a**, **o**, **u** wie [s] gesprochen wird: **ça** [sa] *das*, **leçon** [ləsõ] *Lektion*, **reçu** [ʀəsy] *Quittung*.
- Der Apostroph zeigt den Ausfall eines Vokals an. Er wird zur Elision verwendet, die vorliegt, wenn ein Wort auf Vokal endet und das folgende Wort mit Vokal oder h muet beginnt: **le** + **ordinateur** → **l'ordinateur** *der Computer*
  la + **heure** → **l'heure** *die Stunde*
- Das Trema zeigt an, dass zwei aufeinander folgende Vokale getrennt gesprochen werden: **naïf** *naiv*: [naif], nicht: [nɛf]; **Noël** *Weihnachten*: [nɔɛl], nicht [nœl].

A2

1.1.4 Die Groß- und Kleinschreibung

Im Französischen beginnen Wörter in der Regel mit Kleinbuchstaben, Substantive werden klein geschrieben: **la maison** *das Haus*. Mit Großbuchstaben beginnen:

- Sätze:
  Le président parle à la télé. *Der Präsident spricht im Fernsehen.*
- Vornamen und Familiennamen: **Marie-Antoinette**, **Jean Gabin**.
- Namen von Angehörigen einer Nationalität oder Region: **les Anglais** *die Engländer*, **un Breton** *ein Bretone*, **une Suédoise** *eine Schwedin*.
- geographische Namen sowie die Namen von Straßen und Plätzen: **la Manche** *der Ärmelkanal*, **les Alpes** *die Alpen*, **la rue de Rivoli** *die Rivoli-Straße*.
- Namen von Himmelsrichtungen, wenn sie als Bezeichnung für eine Region gebraucht werden: **le Sud** *der Süden*, **le Nord** *der Norden*.
  Aber: **Le soleil se lève à l'est.** *Die Sonne geht im Osten auf.*
- Namen von Festen und Feiertagen: **Pâques** *Ostern*, **Noël** *Weihnachten*.
  Aber: **le ramadan** *der Ramadan*.
- Eigennamen von Institutionen, Ämtern, Autos, Flugzeugen: **la Renault**, **l'Assemblée nationale** *die Nationalversammlung*, **la Sorbonne** *die Sorbonne*.
- religiöse Eigennamen: **la Bible** *die Bibel*, B1 **le Coran** *der Koran*, **Dieu** *Gott*, **le Seigneur** *der Herr*, B1 **la Torah** *die Thora*, **la Vierge** *die Jungfrau Maria*.
  Aber: **les catholiques** *die Katholiken*, **les protestants** *die Protestanten*.
- die Anredeformen **Madame/Mesdames** *meine Dame(n)*, **Monsieur/Messieurs** *mein(e) Herr(en)*, **Mademoiselle/Mesdemoiselles** *mein/meine Fräulein*.
  Bonjour, Madame Desrosiers! *Guten Tag, Frau Desrosiers!*

B1

1.1.5 Die Satzzeichen

- Der Punkt steht am Satzende und bei Abkürzungen: **le S.N.C.F.** (Société nationale des chemins de fer français, Name der französischen Staatsbahn).
- Das Komma trennt eine vorausgehende Umstandsergänzung ab:
  Pendant le mois d'août, ils sont sur la côte. *Im August sind sie am Meer.*
  Ferner wird ein vorausgehender Adverbialsatz durch Komma abgetrennt:
  S'il pleut, on va partir. *Wenn es regnet, reisen wir ab.*

Ein Relativsatz, den man weglassen könnte, ohne den Sinn des Satzes zu verändern, wird mit Komma abgetrennt:
Paris, qui est la capitale de la France, possède des monuments historiques.
Paris, das die Hauptstadt Frankreichs ist, besitzt historische Denkmale.
⚡ Kein Komma wird gesetzt:
- vor einem notwendigen Relativsatz:
  Tu lis le livre que je te donne ? *Liest du das Buch, das ich dir gebe?*
- bei der indirekten Rede (▷ 24) oder der indirekten Frage vor Gliedsätzen, die mit que *dass* eingeleitet werden:
  Je **pense que** tu as raison. *Ich **denke, du** hast Recht.*

- Das Fragezeichen steht wie im Deutschen am Ende einer Frage:
  Tu viens me voir **?** *Besuchst du mich?*
- Das Ausrufezeichen folgt auf einen affektiven Ausruf:
  Au secours **!** *Zu Hilfe!* Au diable **!** *Zum Teufel!* A la vôtre **!** *Auf Ihr Wohl!*
  Aber: Nach gewöhnlichem Imperativ (▷ 15) steht meist kein Ausrufezeichen:
  Lisez ce passage. *Lesen Sie diesen Abschnitt!*
- Die Anführungszeichen sind « ». Sie dienen zur Hervorhebung einzelner Ausdrücke und zur Kennzeichnung der direkten Rede:
  On va dîner au « Cheval Blanc ». *Wir werden wir im „Cheval Blanc“ essen.*
- Der Gedankenstrich kennzeichnet in einem Dialog den Sprecherwechsel:
  « Tu prends du thé ? » – « Non, merci. » *„Nimmst du Tee?“ – „Nein, danke.“*

1.2 Die Aussprache

A2

Laute und Lautkombinationen, die sich vom Deutschen unterscheiden:

Schreibung	Lautschrift	Aussprache	
am, an, em, en	ã	nasales a, hinten im Mund, offen, nicht gerundet, dunkel	**dans** [dã] *in*; **enfant** [ãfã] *Kind*
c	s	vor e, i und y als stimmloses s	**c**elui [səlui] *dieser*
	k	vor a, o und u als k	**c**omme [kɔm] *wie*
ç, s, sc vor e und i; t in -tion	s	stimmloses s	**ç**a [sa] *das*, **s**ac [sak] *Tasche*, B1 **sc**ie [si] *Säge*; na**t**ion [nasjõ] *Nation*
ai, e, è, ê, es (im Inlaut) + Konsonant	ɛ	offenes e	cl**ai**r [klɛʀ] *hell*, m**e**r [mɛʀ] *Meer*, m**è**re [mɛʀ] *Mutter*, r**e**ste [ʀɛst] *Rest*
é, er, ez	e	geschlossenes e	**léger** [leʒe] *leicht*, **été** [ete] *gewesen/Sommer*, **nez** [ne] *Nase*
aim, ain, ein, en, in, im, ym, yn	ɛ̃	nasales e, vorn im Mund, offen, nicht gerundet, hell	**faim** [fɛ̃] *Hunger*, **bien** [bjɛ̃] *gut*, **vin** [vɛ̃] *Wein*, **sym**pathique [sɛ̃patik] *sympathisch*

Schreibung	Lautschrift	Aussprache	
g	ʒ	stimmhaftes sch vor e, i und y,	**gen**til [ʒɑ̃ti] *nett*, **gy**mnastique [ʒimnastik] *Gymnastik*
	g	sonst wie g	**g**arage [gaʀaʒ] *Garage*
gn	ɲ	nj-Laut	B1 vi**gn**e [viɲ] *Weinrebe*
i + Vokal, il, ille, y	j	i, ins j übergehend	p**i**ed [pje] *Fuß*, trava**il** [tʀavaj] *Arbeit*, fam**ille** [famij] *Familie*
j	ʒ	stimmhaftes sch	**j**e [ʒə] *ich*, **j**our [ʒuʀ] *Tag*
o	ɔ	offenes o	p**o**che [pɔʃ] *Tasche*
o, ô, au, eau	o	geschlossenes o	gr**o**s [gʀo] *dick*, c**ô**te [cot] *Küste*, **hau**t [o] *hoch*, b**eau** [bo] *schön*
om, on	õ	nasales o, hinten im Mund, geschlossen, gerundet, dunkel	n**om** [nõ] *Name*, t**on** [tõ] *dein/Ton*
eu, eû, œu + r	œ	offenes ö kurz	p**eur** [pœʀ] *Angst*, s**œur** [sœʀ] *Schwester*
œu	ø	offenes ö lang	v**œu** [vø] *Wunsch*, n**œu**d *Knoten*
oi, ou + Vokal	w	ins englische w übergehendes o/u	tr**oi**s [tʀw] *drei*, **oi**seau [wazo] *Vogel*, **ou**i [wi] *ja*
u + Vokal	ɥ	konsonantisches, gleitendes ü	n**u**age [nɥaʒ] *Wolke*, p**ui**s [pɥi] *dann*
un, um	œ̃	nasales œ, vorne im Mund, offen, gerundet	parf**um** [paʀfœ̃] *Duft*, l**un**di [lœ̃di] *Montag*
s, x + Vokal, z	z	stimmhaftes s	ro**s**e [ʀoz] *Rose*, si**xiè**me [sizjɛm] *sechste(r)*, ga**z** [gaz] *Gas*

B1

1.2.1 Die Aussprache der Vokale

- Der Vokal **a** ist stumm bei **août** [u(t)] *August*, **Saône** [son] *Saône* u. a.
- Die Endungen **-aie**, **-ais**, **-ait**, **-aix** werden [ɛ] gesprochen: **lait** [lɛ] *Milch*.
- Das stumme **e** steht am Wort- und Silbenende und im Wortinnern zwischen Konsonanten: **vie** [vi] *Leben*, **ville** [vil] *Stadt*, **acheter** [aʃte] *kaufen*.
- Vor **mm** und **nn** wird **e** wie [a] gesprochen: **femme** [fam] *Frau*, **solennel** [sɔlanɛl] *feierlich*, **évidemment** [evidamɑ̃] *offensichtlich*.
- Ein geschlossenes **o** [o] wird bei auslautendem **o** (auch bei stummem Schlusskonsonant) und vor [z] gesprochen: **chose** [ʃoz] *Sache*, **sot** [so] *dumm*.
- Ein offenes **o** [ɔ] wird in betonter Silbe und vor Konsonant gesprochen: **robe** [ʀɔb] *Kleid*, **étoffe** [etɔf] *Stoff*, **propre** [pʀɔpʀ] *sauber*.
- Die Nasalvokale [ɑ̃], [ɛ̃], [õ], [œ̃] erscheinen im Schriftbild als Vokal + **n** oder **m**, werden aber als ein Laut gesprochen: **plan** [plɑ̃] *Plan*, **impôt** [ɛ̃po] *Steuer*, **incorrect** [ɛ̃kɔʀɛkt] *unkorrekt*, **bon** [bõ] *gut*, **brun** [bʀœ̃] *braun*.

ℹ Im Gegenwartsfranzösischen wird der Unterschied zwischen [ɛ̃] und [œ̃] kaum noch beachtet, sondern fast nur noch [ɛ̃] gesprochen.

⚡ Folgt auf **m**, **mm**, **n** oder **nn** ein Vokal, wird die vorangehende Vokalverbindung nicht nasaliert: **sonore** [sɔnɔʀ] *stimmhaft*, **aimer** [eme] *lieben*, **immobile** [imɔbil] *unbeweglich*, **inactif** [inaktif] *untätig*.

- Die Halbvokale [j], [w], [ɥ] können allein keine Silbe bilden, sondern werden mit dem voran- oder nachstehenden Vokal zusammen ausgesprochen: **payer** [peje] *bezahlen*, **souhait** [swɛ] *Wunsch*.

1.2.2 Die Aussprache der Konsonanten

B1

Bei der Aussprache der Konsonanten sind einige Besonderheiten zu beachten:

- Vor Vokal wird **ch** [ʃ] gesprochen: **chef** [ʃɛf] *Chef*, **chou** [ʃu] *Kohl*.
- Vor Konsonant wird **ch** [k] gesprochen: **chrétien** [kʀetjɛ̃] *christlich*.
  In Wörtern griechischen Ursprungs spricht man **ch** vor Vokal als [k]: **chœur** [kœʀ] *Chor*, **écho** [eko] *Echo*, **orchestre** [ɔʀkɛstʀ] *Orchester*.
- **F**, **ff**, **ph** werden [f] gesprochen: **coffre** *Koffer*, **faim** *Hunger*, **phrase** *Satz*.
  ◐ Ausnahme: Das **f** wird nicht ausgesprochen bei:

cerf [sɛʀ] *Hirsch*	**nerf** [nɛʀ] *Nerv*	**clef** [kle] *Schlüssel*
chef-d'œuvre [ʃɛdœvʀ] *Meisterwerk*	**bœufs** [bø] *Ochsen*	**œufs** [ø] *Eier*

  ⚡ Dagegen wird im Singular bei **œuf** [œf] *Ei* und **bœuf** [bœf] *Ochse* das **f** [f] gesprochen. Das **f** wird auch [v] gesprochen, wenn ein Wort mit Vokal folgt: **neuf‿ans** [nœvɑ̃] *neun Jahre*.
- **G** am Wortende ist stumm: **sang** [sɑ̃] *Blut*, **long** [lɔ̃] *lang*.
- **H** ist immer stumm. Man unterscheidet zwischen h muet und h aspiré.
  - Das h muet hat keinerlei Einfluss auf die Aussprache. Es wird wie ein Vokal behandelt, d. h. bei vorausgehendem Vokal wird elidiert: **l'homme** [lɔm] *der Mensch/Mann*, **s'habiller** [sabije] *sich ankleiden*.
    Ferner wird der Pluralartikel **les** mit dem Substantiv durch Liaison verbunden und stimmhaft [z] gesprochen: **les‿herbes** [lezɛʀb] *die Kräuter*.
  - Das h aspiré ist ein stimmloser Konsonant und beeinflusst die Aussprache seiner Umgebung, d. h. man kann weder binden noch elidieren: **je hais** [ʒəɛ] *ich hasse*, **le hasard** [ləazaʀ] *der Zufall*, **les halles** [leal] *die Markthallen*.
    In Wörterbüchern wird h aspiré gewöhnlich mit einem Apostroph oder anderen Zeichen markiert wie **la 'haine** oder ***haine** *der Hass*.
- **S** ist zwischen Vokalen immer stimmhaft [z]: **oser** [oze] *wagen*, **isolé** [izɔle] *isoliert*.
  ◐ Ausnahme: Nach Nasalvokal ist **s** stimmlos: **chanson** [ʃɑ̃sɔ̃] *Lied*.
- Die Endung **-tie** wird in Worten griechischen Ursprungs [s] gesprochen: **démocratie** [demɔkʀasi] *Demokratie*, aber: **sortie** [sɔʀti] *Ausgang*.
- **Y** wird allein oder in konsonantischer Umgebung [i] gesprochen: **physique** [fizik] *Physik*. In vokalischer Umgebung wird **y** [j] oder [ij] gesprochen: **tuyau** [tɥijo] *Rohr*, aber: **abbaye** [abei] *Abtei*.

Zwischentest 1

A1

1. Welches Wort wird im Anlaut [s] ausgesprochen?

a. coup ☐
b. chef ☐
c. salade ☐
d. zéro ☐

A2

2. Welchen Akzent kann das a nicht haben?

a. Accent aigu ☐
b. Accent grave ☐
c. keinen Akzent ☐
d. Accent circonflexe ☐

B1

3. Wie spricht man danser?

a. [dansɛʀ] ☐
b. [dɔseʀ] ☐
c. [tans] ☐
d. [dɑ̃se] ☐

B1

4. Welche Zeichenfolge steht für einen Nasallaut?

a. af ☐
b. on ☐
c. er ☐
d. pf ☐

B1

5. Was ist richtig?

a. Y wird immer wie i gesprochen. ☐
b. S am Wortanfang ist stimmhaft. ☐
c. S zwischen Vokalen ist stimmhaft. ☐
d. F wird wie pf gesprochen. ☐

A2

6. Wozu dient die Cedille?

a. C vor a, o und u wird wie [s] gesprochen. ☐
b. Sie dient der Unterscheidung von Homonymen. ☐
c. Zur Verschönerung der Buchstaben. ☐
d. Sie bewirkt, dass a und o gleich gesprochen werden. ☐

A2

7. Welches Wort schreibt man im Französischen groß?

a. Ich ☐
b. Kamel ☐
c. Gott ☐
d. alle Substantive ☐

A2

8. Für welches Wort steht die Lautschrift [ʃjɛ̃]?

a. schjen ☐
b. chien ☐
c. rien ☐
d. jien ☐

9. Wie schreibt man [egɔist]? B1

a. egoist ☐
b. égoiste ☐
c. égoïste ☐
d. aegist ☐

10. Welche Regel ist richtig? B1

a. Ch vor Vokal spricht man meist [ʃ]. ☐
b. F wird immer wie [v] gesprochen. ☐
c. E ist immer stumm. ☐
d. Halbvokale spricht man als Nasale. ☐

11. Wie viele Nasallaute enthält invention? B1

a. 1 ☐
b. 2 ☐
c. 3 ☐
d. 4 ☐

12. Wie nennt man diesen Akzent ^? A1

a. Accent aigu ☐
b. Accent difficile ☐
c. Accent grave ☐
d. Accent circonflexe ☐

13. Wie spricht man die Endung -ait? B1

a. [ä] ☐
b. [a] ☐
c. [ɛ] ☐
d. [ɘ] ☐

14. Welche Silbe am Wortanfang wird nasal gesprochen? B1

a. instable ☐
b. immédiat ☐
c. amical ☐
d. uni ☐

15. Wie spricht man prudemment? B1

a. [pʀydemã] ☐
b. [pʀudemä] ☐
c. [pʀydamã] ☐
d. [pʀydem] ☐

16. Wo befindet sich ein h aspiré? B1

a. l'heure ☐
b. l'herbicide ☐
c. le hérisson ☐
d. j'hésite ☐

Lösungen
1 c. 2 a. 3 d. 4 b. 5 c. 6 a. 7 c. 8 b. 9 c.
10 a. 11 c. 12 d. 13 c. 14 a. 15 c. 16 c.

A1

2 Der Artikel

*Prenez garde à **la** façon dont vous répondrez **aux** plaisanteries de M. **le** comte Norbert **de La** Mole, chef **d'**escadron **de** hussards et futur pair de France, et ne venez pas me faire **des** doléances par **la** suite.*

Stendhal (1783–1842), écrivain français

*Achten Sie auf **die** Art, mit der Sie auf **die** Scherze **des** Herrn Grafen Norbert **de La** Mole, Vorgesetzter **der** Husarenkompanie und zukünftiger Peer von Frankreich, reagieren werden, und klagen Sie mir nicht im Nachhinein.*

Stendhal (1783–1842), französischer Schriftsteller

G Der Artikel steht vor dem Substantiv und gibt Hinweis auf dessen Genus und Numerus. Zusammen mit den Präpositionen setzt er Substantive zueinander in Beziehung. Das Französische hat einen maskulinen und einen femininen Artikel sowie einen gemeinsamen Pluralartikel, ein Neutrum gibt es nicht. Wie im Deutschen unterscheidet man den bestimmten und den unbestimmten Artikel. Darüber hinaus verfügt das Französische über den Teilungsartikel.

2.1 Der bestimmte Artikel

A1

Formen

Der bestimmte Artikel le, la, les richtet sich nach Genus und Numerus des Substantivs (▷ 3). Beginnt dieses mit Vokal oder h muet, werden le und la zu l' kontrahiert. Bei Zahlwörtern, die mit Vokal oder h beginnen, erfolgt keine Kontraktion: **le un** *die Eins*, **le huit** *die Acht*, **le onze** *die Elf*, **le huitième**. Beim Pluralartikel wird gebunden:

	Artikel im Maskulinum	Artikel im Femininum
Sing. vor Konsonant	le frère *der Bruder*	la sœur *die Schwester*
Sing. vor Vokal + h muet	l'hôtel *das Hotel*	l'oreille *das Ohr*
Plural	les jardins *die Gärten*	les maisons *die Häuser*
	les‿hôtels *die Hotels*	les‿oreilles *die Ohren*

Beginnt das Substantiv mit h aspiré (▷ 1.2.1), wird der vorausgehende Artikel nicht verkürzt. In diesem Fall ist der Pluralartikel les nicht zu binden: les hasards [leazaʀ] *die Zufälle*.
Substantive, die mit h aspiré beginnen:

le haricot *die Bohne*
la Hollande *Holland*
le hors-d'œuvre *die Vorspeise*
A2 la haine *der Hass*
A2 la hauteur *die Höhe*
A2 le homard *der Hummer*
B1 le hamac *die Hängematte*
B1 le hareng *der Hering*
B1 le hoquet der *Schluckauf*

B1 ⚡ **le h**éros *der Held* → aber: **l'h**éroïne *die Heldin*

A2 Vor den Präpositionen à oder de verschmilzt der bestimmte Artikel Maskulinum im Singular und Plural zu folgenden Formen, der bestimmte Artikel Femininum jedoch nur im Plural:

	à + Artikel	de + Artikel
Singular vor Konsonant	à + le/la → au/à la	de + le/la → du/de la
Singular vor Vokal + h muet	à + le/la → à l'	de + le/la → de l'
Plural	à + les → aux	de + les → des

Die Pluralformen binden: aux‿arts [ozaʀ] *den Künsten*.

Oft ist der Artikel in der gesprochenen Sprache das einzige Unterscheidungsmerkmal zwischen Singular- und Pluralformen:
Le petit singe était assez dangereux. ***Der*** *kleine Affe war ziemlich gefährlich.*
Les petits singes étaient assez dangereux. ***Die*** *kleinen Affen waren ziemlich gefährlich.*

Gebrauch

Der bestimmte Artikel bezeichnet zusammen mit dem Substantiv Lebewesen, Gegenstände oder abstrakte Begriffe, besonders wenn diese

- die Gesamtheit einer Gruppe oder einer Gattung beinhalten:
  les Français *die Franzosen*, **les** sapins *die Tannen*
- sich auf etwas Bekanntes oder bereits Erwähntes beziehen:
  Tu vois **la** voiture dont il parle ? *Siehst du **das** Auto, von welchem er spricht?*
- durch ein Attribut oder einen Relativsatz näher bestimmt sind:
  le chien du A2 voisin *der Hund des Nachbarn*, **la** chemise que j'ai B1 cousue *das Hemd, das ich genäht habe*

Wie im Deutschen fällt der Artikel weg, wenn Mengenangaben oder andere Substantivbegleiter wie Demonstrativ- oder Possessivpronomen (▷ 9) vorausgehen:
Elle n'a reçu **aucune lettre**. *Sie hat keinen **einzigen Brief** bekommen.*
C'est **son** mari. *Das ist **ihr** Ehemann.*
⚡ Nach tout/tous *alles/alle* muss der bestimmte Artikel folgen:
Toutes les girafes du zoo sont de l'Afrique. ***Alle** Giraffen im Zoo sind aus Afrika.*

A2 **Körperteile**

Bei Körperteilen mit direktem Objekt nach avoir steht der bestimmte Artikel:
Elle a **les cheveux bouclés**. *Sie hat **lockige Haare**.*
Auch Handlungen in Verbindung mit Körperteilen werden zur Angabe der Art und Weise mit bestimmtem Artikel ausgedrückt. Im Deutschen steht oft die Präposition *mit*:
Ils se promènent **la main dans la main**. *Sie gehen **Hand in Hand** spazieren.*
On ne parle pas **la bouche pleine**. ***Mit vollem Mund** spricht man nicht.*

B1 **Gattungsbezeichnungen, Stoffnamen, Abstrakta**

Der bestimmte Artikel steht bei Gattungsbezeichnungen, Stoffnamen und Abstrakta, wenn sie verallgemeinernd gebraucht werden:
Le sport est bon pour la santé. ***Sport** ist gut für die Gesundheit.*
L'or est précieux. ***Gold** ist wertvoll.*

A2 **Ortsbezeichnungen**

- Kontinente, Länder und Regionen, die im Deutschen nur in Ausnahmen mit Artikel genannt werden, haben den bestimmten Artikel: **l'**Afrique *Afrika*, **la** France *Frankreich*, **la** Lorraine *Lothringen*.
  La Belgique, **le** Danemark et **l'**Italie font partie de l'UE. *Belgien, Dänemark und Italien gehören zur EU.*

B2 ◐ Ausnahmen ohne Artikel: Israël *Israel*, Monaco und Andorre *Andorra*:
Monaco est un état souverain. ***Monaco** ist ein souveräner Staat.*

- ⚡ Bei en vor Ortsbezeichnungen entfällt jedoch immer der Artikel:
  Je vais **en Italie**. *Ich fahre **nach Italien**.*

Ebenfalls kein Artikel folgt auf de, wenn das Land mit Vokal beginnt: B1
Son mari vient **d'Australie.** *Ihr Mann kommt **aus Australien.***
⚡ Beginnt dagegen der Ländername mit einem Konsonanten, steht du bei maskulinen bzw. de/de la bei femininen:
Il est le premier ministre **du Brésil.** *Er ist der Premierminister **Brasiliens.***

- Nur in Europa liegende bzw. zu Frankreich gehörende Inseln werden mit dem Artikel genannt, alle anderen nicht:

Inseln mit Artikel	Inseln ohne Artikel
la Corse *Korsika*	Cuba *Kuba*
la Grande-Bretagne *Großbritannien*	Chypre *Zypern*
l'Irlande *Irland*	Ténériffe *Teneriffa*
la Martinique *Martinique*	Terre-Neuve *Neuseeland*

- Fluss-, Meeres- und Gebirgsnamen stehen mit Artikel: la Méditerranée *das Mittelmeer*, le Pacifique *der Pazifik*, les Pyrénées *die Pyrenäen*.
  La Manche se trouve entre la France et l'Angleterre. ***Der Ärmelkanal** liegt zwischen Frankreich und England.*
- Ortsnamen werden im Allgemeinen ohne Artikel verwendet, wenn sie nicht näher bestimmt sind:
  Paris est la capitale de la France. ***Paris** ist die Hauptstadt Frankreichs.*
  ℹ Bei einigen Städten wie le Caire *Kairo*, la Haye *Den Haag*, le Havre, la Rochelle gehört der bestimmte Artikel zum Namen.

Himmelskörper und Himmelsrichtungen

B2

Himmelsrichtungen tragen den Artikel:
Le sud, **le** nord, **l'**ouest et **l'**est sont les quatre points cardinaux. *Süden, Norden, Westen und Osten sind die vier Kardinalpunkte.*
⚡ Sonne, Mond und Erde werden ebenfalls vom Artikel begleitet, alle anderen Himmelskörper nicht: le Soleil *die Sonne*, la Lune *der Mond*, la Terre *die Erde*.
Aber: **Saturne** est un corps céleste. ***Der Saturn** ist ein Himmelskörper.*

Personenbezeichnungen

A2

Hier wird der Artikel häufig anders verwendet als im Deutschen:

- Familiennamen tragen den bestimmten Artikel. Im Unterschied zum Deutschen wird der Nachname selbst nicht in den Plural gesetzt: **Les** Martini *die Martinis*, **les** Braun *die Brauns*.
- Vornamen tragen keinen Artikel:
  Aujourd'hui **Paul** viendra me chercher. *Heute wird mich **Paul** abholen.*
- ⬅ In der Umgangssprache wird der Artikel vor den Vornamen gestellt, wenn dieser von einem charakterisierenden Adjektiv begleitet wird: C1
  Le vieux Paul reste toujours à la maison. ***Der alte Paul** bleibt immer zuhause.*

- Bei informellen Anreden, besonders in Verbindung mit Imperativen und Grußformeln, ist der Artikel zu setzen:
  Bonjour **les enfants** ! *Guten Tag, **Kinder**!*
  Allez **les bleus** ! *Los, **ihr Blauen**!* (französische Fußballnationalmannschaft)
- Eigennamen werden vom Artikel begleitet, wenn ihnen ein Titel oder eine Berufsbezeichnung vorausgeht:
  Ce soir **le docteur Lachall** va passer chez ma tante. ***Doktor Lachall** wird heute Abend bei meiner Tante vorbeischauen.*

B2 **Moderne technische Einrichtungen**

Moderne technische Einrichtungen werden mit bestimmtem Artikel genannt:
le courant *Strom*, **le** gaz *Gas*
On aura **l'Internet** dans deux jours. *In zwei Tagen werden wir **Internet** haben.*

A2 **Zeitangaben**

Bei Zeitangaben variiert der Gebrauch des Artikels:

- Tageszeiten stehen in Verbindung mit einem Zeitadverb ohne Artikel:
  Hier soir, elle est sortie. ***Gestern Abend** ist sie ausgegangen.*
  Geschieht etwas regelmäßig zu einer bestimmten Tageszeit, stehen matin *Morgen*, après-midi *Nachmittag*, soir *Abend* und nuit *Nacht* ohne Präposition und mit bestimmtem Artikel, dagegen treten midi *Mittag* und minuit *Mitternacht* ohne Artikel und mit Präposition auf:
  Si on faisait une pause **à midi** ? *Sollen wir **mittags** eine Pause machen?*
  Pour moi, **le matin** est particulièrement précieux. *Für mich ist **der Vormittag/ Morgen** besonders wertvoll.*
- Jahreszeiten werden mit dem Artikel verwendet, außer in Verbindung mit en:
  L'été prochain, il va au Canada. ***Nächsten Sommer** fährt er nach Kanada.*
  En hiver, ils vont à Chamonix. ***Im Winter** fahren sie nach Chamonix.*
- Monate werden ohne Artikel genannt, bei Datumsangaben aber mit Artikel:
  Mai est le mois le plus beau. ***Der Mai** ist der schönste Monat.*
- Wochentage tragen den Artikel, wenn sie die regelmäßige Wiederkehr des Tages bezeichnen oder durch Beifügung näher bestimmt sind:
  Le samedi, elle va au marché. ***Samstags** geht sie auf den Markt.*
  Ils vont se marier **le lundi 7 novembre**. ***Am Montag, den 7. November**, werden sie heiraten.*
  Der vergangene oder folgende Wochentag steht dagegen ohne Artikel:
  Mardi, elle va aller chez le docteur. ***Am Dienstag** geht sie zum Arzt.*

B2
- Christliche Feiertage tragen den femininen Artikel, muslimische Feiertage meist den maskulinen Artikel: **la** Pentecôte *Pfingsten*, **la** Toussaint *Allerheiligen*.
  ◐ Ausnahmen: Noël *Weihnachten*, Pâques *Ostern* und die jüdischen Feiertage haben keinen Artikel.
  Elle passe **Pâques** chez son frère. *Sie verbringt **Ostern** bei ihrem Bruder.*

B1

Aufzählungen
Bei Aufzählungen muss der bestimmte Artikel vor jedem Substantiv wiederholt werden:
Les Dérosier vont visiter **le** Louvre, **la** tour Eiffel et **les** parcs de Paris. *Die Dérosiers werden **den** Louvre, **den** Eiffelturm und **die** Parks von Paris besichtigen.*

B2

Ausrufe
Vor Ausrufen steht der bestimmte Artikel mit der Bedeutung *welch/was für ein*:
Oh, **la** belle robe ! ***Was für ein** schönes Kleid!* **Le** vilain ! ***So ein** Flegel!*

B2

Redewendungen
In zahlreichen Redewendungen steht der bestimmte Artikel:

arriver le premier *als Erster ankommen*
avoir la flemme *faul sein*
faire la cuisine *kochen*
faire la queue *Schlange stehen*
faire l'idiot *sich wie ein Idiot benehmen*
se tourner les pouces *Däumchen drehen*

A1

2.2 Der unbestimmte Artikel

Formen
Der unbestimmte Artikel hat eine maskuline und eine feminine Form sowie eine gemeinsame Pluralform:

	Artikel im Maskulinum	Artikel im Femininum
Singular vor Konsonant	un chien *ein Hund*	une fleur *eine Blume*
Singular vor Vokal + h aspiré	un‿ordinateur *ein Computer*	une‿orange *eine Orange*
Plural	des chiens *Hunde* des‿ordinateurs *Computer*	des fleurs *Blumen* des‿oranges *Orangen*

Gebrauch
Der unbestimmte Artikel bezeichnet im Singular ein einzelnes unbekanntes bzw. unbestimmtes Lebewesen oder Objekt, im Plural eine unbestimmte Anzahl von Lebewesen oder Objekten:
Y a-t-il **un** médecin ici ? *Ist hier **ein** Arzt?* (irgendein Arzt)
Un soir, il lui a apporté **des roses**. ***Eines Abends** hat er ihr **Rosen** mitgebracht.*

A2

Wie im Deutschen steht in Verbindung mit être *sein* und devenir *werden* vor Substantiven kein Artikel. Wird das Substantiv jedoch näher bestimmt, ist der unbestimmte Artikel zu verwenden:
Ma sœur **est devenue cuisinière**. Et elle **est une bonne cuisinière** ! *Meine Schwester **ist Köchin geworden**. Und sie **ist eine gute Köchin**!*

⚡ Der französische Sprachgebrauch weicht vom deutschen ab:

B1 • Nach einer Verneinung kann das direkte Objekt nicht mit einem unbestimmten Artikel stehen. Stattdessen ist die Präposition de zu setzen:
Louise mange **une** pomme ? Non, elle ne mange **pas de** pomme. *Isst Louise **einen** Apfel? Nein, sie isst **keinen** Apfel.*

B2 • Dagegen kann auf verneintes être *sein* und auf verneinte Aussagen, die eine Richtigstellung ausdrücken, der unbestimmte Artikel folgen:
Elle n'est pas **une parente** mais **une amie de la famille.** *Sie ist keine **Verwandte**, sondern eine **Freundin der Familie**.*

A2 2.3 Der Teilungsartikel

Im Unterschied zum unbestimmten Artikel, der insgesamt die Unbestimmtheit bzw. Unbekanntheit von Dingen ausdrückt, bezeichnet der Teilungsartikel unbestimmte Mengen. Er hat keine Entsprechung im Deutschen.

Formen

Der Teilungsartikel besteht aus de und den Formen des bestimmten Artikels:

	Artikel im Maskulinum	Artikel im Femininum
Singular vor Konsonant	du chocolat *Schokolade*	de la farine *Mehl*
Singular vor Vokal + h aspiré	de l'argent *Geld*	de l'eau *Wasser*
Plural	des œufs *Eier*	des bananes *Bananen*

B1 Geht einem Substantiv im Plural ein Adjektiv voran, wird die Pluralform zu de bzw. d' verkürzt: **de** beaux yeux *schöne Augen*.

⚡ Bilden dagegen Adjektiv und Substantiv zusammen eine begriffliche Einheit, ist die Pluralform des zu verwenden:

des petits pois *Erbsen*
des jeunes filles *Mädchen*
des grandes écoles *französische Elitehochschulen*
aber: **de** grandes écoles *große Schulen*

Gebrauch

A2 • Im Singular bezeichnet der Teilungsartikel eine unbestimmte Anzahl nicht zählbarer Dinge und Abstrakta. Diese sind allenfalls messbar und können keinen Plural bilden:
Il reste encore **de la soupe**. *Es ist noch **Suppe** da.*
J'aime les gens qui ont **de l'humour**. *Ich mag Menschen mit **Humor**.*

• Der Plural des Teilungsartikels gibt dagegen eine unbestimmte Anzahl zählbarer Dinge an:
Il aime manger **des oranges**. *Er isst gerne **Orangen**.*

• Nach Mengenangaben steht immer de ohne Artikel:
J'ai acheté **une livre de** carottes. *Ich habe **ein Pfund** Karotten gekauft.*

Häufige Mengenangaben:

Adverbien	**Adverbien**	**Nominalgruppen**
assez de *genug*	autant de *ebenso viel*	un groupe de *eine Gruppe*
beaucoup de *viel*	peu de *wenig*	une foule de *eine Menge*
combien de *wie viel*	plus de *mehr*	une livre de *ein Pfund*
plein de *viele*	trop de *zuviel*	un kilo de *ein Kilo*
moins de *weniger*	bien de *viel*	une tasse de *eine Tasse*
tant de *so viel*	tellement de *so viel(e)*	un paquet de *ein Paket*

⚡ Nach la plupart *die meisten*, la plus grande partie *der größte Teil*, la majorité *die Mehrheit*, la moitié *die Hälfte* steht die Pluralform:
La moitié des ouvriers sont en grève. ***Die Hälfte** der Arbeiter streikt.*

- Der Teilungsartikel tritt bei allen Sportarten und Musikinstrumenten auf: faire **du ski** *Ski fahren*, faire **de la voile** *segeln*, jouer **du piano** *Klavier spielen*.
  Est-ce que vous jouez **du violon** ou **d'un autre instrument** ? *Spielen Sie **Geige** oder **ein anderes Instrument**?*

Durch die Wahl des Artikels wird die Satzaussage unterschiedlich akzentuiert:
Demain, mon mari aura **le** temps pour faire les courses. *Morgen wird mein Mann **(die) Zeit** zum Einkaufen haben.* (genau die benötigte Zeit)
Demain, mon mari aura **du** temps pour faire les courses. *Morgen wird mein Mann **Zeit** zum Einkaufen haben.* (überhaupt Zeit, die Menge ist unwichtig)
Il était **un** temps où mon mari faisait les courses. *Es gab einmal **eine Zeit**, wo mein Mann einkaufte.* (Zeitabschnitt, der nicht näher bestimmt wird)

2.4 Redewendungen mit und ohne Artikel

B1

In Redewendungen und feststehenden Ausdrücken werden Substantive häufig abweichend von den genannten Regeln ohne Artikel gebraucht:

- Wendungen mit direktem Objekt ohne Artikel:

avoir faim/soif *Hunger/Durst haben*
avoir lieu *stattfinden*
avoir peur de *Angst haben vor*
faire plaisir *Spaß machen*
rendre service à qn. *jdm. einen Gefallen tun*

- Präpositionale Wendungen ohne Artikel:

à vélo/bicyclette *mit dem Fahrrad*
en voiture *mit dem Auto*
en route *unterwegs*
entre amis *unter Freunden*
sous verrous *hinter Schloss und Riegel*
sur mesure *nach/mit Maß*

- Sprichwörter ohne Artikel:

C1

Noblesse oblige. *Adel verpflichtet.*
Mauvaise herbe croît toujours. *Unkraut vergeht nicht.*

Zwischentest 2

A1 **1. Welches ist der unbestimmte Artikel?**

L'artiste aime peindre un paysage pittoresque.

a. un ☐
b. artiste ☐
c. l' ☐
d. kommt nicht vor ☐

A1 **2. Welches ist der Teilungsartikel?**

Odette parle de ses vacances.

a. Odette ☐
b. de ☐
c. parle ☐
d. ses ☐

A2 **3. Wie begrüßt man eine Ministerin?**

Bonjour, ... Ministre.

a. ohne Ergänzung ☐
b. Madame ☐
c. Madame la ☐
d. Madame du ☐

B1 **4. Wie werden Monatsnamen verwendet?**

a. ohne Artikel ☐
b. immer mit Artikel ☐
c. mit Teilungsartikel ☐
d. manchmal mit Artikel ☐

A1 **5. In welchem Satz ist der richtige Artikel gebraucht?**

a. Le rideau dévoile le chambre inconnue. ☐
b. Le rideau dévoile la chambre inconnue. ☐
c. Le rideau dévoile les chambre inconnue. ☐
d. Le rideau dévoile du chambre inconnue. ☐

B1 **6. Welcher Satz ist richtig?**

a. Cette année, notre entreprise a obtenu les excellents résultats. ☐
b. Cette année, notre entreprise a obtenu des excellents résultats. ☐
c. Cette année, notre entreprise a obtenu excellents résultats. ☐
d. Cette année, notre entreprise a obtenu d'excellents résultats. ☐

B1 **7. Welcher Satz ist richtig?**

a. L'élève a oublié le cahier et goûter. ☐
b. L'élève a oublié cahier et goûter. ☐
c. L'élève a oublié la cahier et du goûter. ☐
d. L'élève a oublié le cahier et le goûter. ☐

8. Welche Form passt? A1

J'aime .... maisons bretonnes.

a. les
b. kein Artikel
c. le
d. de la

9. Welche Substantive haben in der Regel keinen Artikel? A1

a. Nachnamen
b. Ländernamen
c. Abstrakta
d. Monatsnamen

10. Vor welchem Substantiv kann les stehen? A1

a. œuf
b. pain
c. poulet
d. haricots

11. Welche Ergänzung ist richtig? A1

.... passent leur séjour à Londres.

a. Le Gabin
b. Les Gabin
c. Le Gabins
d. Les Gabins

12. In welcher Form ist der Satz richtig? A2

a. On ne doit pas courir les mains dans les poches.
b. On ne doit pas courir du main dans les poches.
c. On ne doit pas courir demain dans les poches.
d. On ne doit pas courir avec mains dans les poches.

13. Was passt in die Lücke? A2

Les randonneurs reviennent .... Alpes.

a. aux
b. les
c. de les
d. des

14. Was sagt Marie, als sie vom Einkaufen kommt? A2

a. Il n'y avait plus assez des tartes aux pommes.
b. J'ai oublié des pain.
c. Je voulais acheter du pommes.
d. J'ai acheté du saumon et deux kilos de prunes.

Lösungen

1 a. 2 b. 3 c. 4 a. 5 b. 6 d. 7 d. 8 a.
9 d. 10 d. 11 b. 12 a. 13 d. 14 d.

A2

3 Das Substantiv

*L'**hypocrisie** est un **vice** à la **mode***
*et tous les **vices** à la **mode***
*passent pour **vertus**.*

Molière (1622–1673), dramaturge français

*Die **Heuchelei** ist ein modisches **Laster**,*
*und alle modischen **Laster***
*gelten als **Tugenden**.*

Molière (1622 –1673), französischer Dramatiker

G Substantive bezeichnen Lebewesen, Dinge und Abstrakta wie Gefühle oder Zustände. In der französischen wie auch in der deutschen Sprache werden die Substantive nach Genus und Numerus unterschieden. Im Gegensatz zum Deutschen wird das französische Substantiv nicht dekliniert, d. h. es gibt für die verschiedenen Fälle keine eigenen Kasusendungen. Zudem gibt es kein Neutrum.

3.1 Das Genus

A1

Weder die Form noch die Bedeutung geben einen Hinweis darauf, ob das französische Substantiv maskulin oder feminin ist. Man kann aber vom Suffix des Substantivs und von den Begleitern wie Pronomen, Adjektiv und Artikel auf das Genus schließen:

Dans ce vieux grenier il y a de petites hirondelles. *Unter **diesem alten Dachboden** gibt es **kleine Schwalben**.*

Nicht immer stimmt das Genus des französischen Substantivs mit dem des deutschen überein:

maskuline Substantive:	**le** garçon ***der*** *Junge*	**le** soleil ***die*** *Sonne*
feminine Substantive:	**la** fille ***das*** *Mädchen*	**la** lune ***der*** *Mond*

L! Die Artikel le oder la sollten immer mitgelernt werden.

Maskuline Substantive

A2

Folgende Suffixe lassen auf maskuline Substantive schließen:

Suffix	Aussprache	
-age	[-ɑʒ]	le cour**age** *der Mut*, le from**age** *der Käse*, ◐ Ausnahmen: la c**age** *der Käfig*, une im**age** *ein Bild*, la p**age** *die Seite*, la pl**age** *der Strand*
-ail	[-ɑj]	B2 le b**ail** *die Miete*, le port**ail** *das Portal*
-ain/-ein/-in	[-ɛ̃]	le p**ain** *das Brot*, le fr**ein** *die Bremse*, le v**in** *der Wein*, ◐ Ausnahme: la m**ain** *die Hand*
-aire	[-ɛr]	un annivers**aire** *ein Geburtstag*, le contr**aire** *das Gegenteil*
-ant	[-ã]	le commerç**ant** *der Händler*, un habit**ant** *ein Bewohner*
-ent	[-ã]	le v**ent** *der Wind*, l'arg**ent** (m.) *das Geld*, ◐ Ausnahme: la d**ent** *der Zahn*
-au/-aud/ -aut/-eau	[-o]	le noy**au** *der Kern*, B2 le réch**aud** *der Kocher*, B1 le s**aut** *der Sprung*, le bat**eau** *das Boot*, ◐ Ausnahmen: l'**eau** (f.) *das Wasser*, la p**eau** *die Haut*
-ège	[-ɛːʒ]	le coll**ège** *das Gymnasium*, le cort**ège** *der Festzug*
-ème/-ême	[-ɛm]	le th**ème** *das Thema*, le bapt**ême** *die Taufe*
-et	[-ɛ]	le bill**et** *der Fahrschein*, B1 le tabour**et** *der Hocker*
-eur	[-œ̃r]	le mot**eur** *der Motor*, le chauff**eur** *der Fahrer/Chauffeur*
-ier	[-je]	le cah**ier** *das Heft*, le mét**ier** *der Beruf*, le pan**ier** *der Korb*
-isme	[-ismə]	le tour**isme** *der Tourismus*, le romant**isme** *die Romantik*
-ment	[-mã]	le parle**ment** *das Parlament*, le senti**ment** *das Gefühl*, ◐ Ausnahme: B2 la ju**ment** *die Stute*
-o/-ot	[-o]	le styl**o** *der Stift*, le haric**ot** *die Bohne*, ◐ Ausnahme: la phot**o** *das Foto*
-on	[-õ]	le citr**on** *die Zitrone*, le poiss**on** *der Fisch*, ◐ Ausnahmen: la boiss**on** *das Getränk*, la faç**on** *die Art*, la leç**on** *die Lektion*, la mais**on** *das Haus*
-oir/-toire	[-war]/ [-twar]	un esp**oir** *eine Hoffnung*, le dev**oir** *die Aufgabe*, B1 le labora**toire** *das Labor*, ◐ Ausnahme: la vic**toire** *der Sieg*

B1 Ebenfalls maskulin sind:
- Sprachen: **le français** *das Französisch*, **le chinois** *das Chinesisch*.
- Länder und Flüsse, die im Schriftbild nicht auf -e enden: **le Brésil** *Brasilien*, **le Maroc** *Marokko*, **le Rhin** *der Rhein*, **le Nil** *der Nil*.
- Metalle: **le fer** *das Eisen*, **le platine** *das Platin*, **l'or** (m.) *das Gold*.
- Jahreszeiten, Monate, Wochentage und Himmelsrichtungen: **le printemps** *der Frühling*, **le mai** *der Mai*, **le lundi** *der Montag*, **le sud** *der Süden*.
- B2 Bäume: **le chêne** *die Eiche*, **le pommier** *der Apfelbaum*, **le sapin** *die Tanne*.

A2 Feminine Substantive

Folgende Suffixe kennzeichnen feminine Substantive:

Suffix	Aussprache	
-ace	[-ɑs]	la pl**ace** *der Platz*, la surf**ace** *die Oberfläche*, ◐ Ausnahme: un esp**ace** *ein Raum*
-ade	[-ɑd]	la promen**ade** *der Spaziergang*, la sal**ade** *der Salat*, ◐ Ausnahme: le st**ade** *das Stadion*
-ance/-ence	[-ɑ̃s]	la confi**ance** *das Vertrauen*, la différ**ence** *der Unterschied*, ◐ Ausnahme: le sil**ence** *die Ruhe*
-aine/-aîne	[-ɛn]	la sem**aine** *die Woche*, la ch**aîne** *die Kette*, ◐ Ausnahme: le dom**aine** *der Bereich*
-ée	[-e]	la journ**ée** *der Tag*, une id**ée** *eine Idee*, ◐ Ausnahmen: le lyc**ée** *das Gymnasium*, le mus**ée** *das Museum*
-elle	[-ɛl]	la poub**elle** *der Mülleimer*, la vaiss**elle** *das Geschirr*
-eille	[-ɛj]	la bout**eille** *die Flasche*, B1 la v**eille** *der Vorabend*
-esse	[-ɛs]	la faibl**esse** *die Schwäche*, la polit**esse** *die Höflichkeit*
-ette	[-ɛt]	une allum**ette** *ein Streichholz*, la bicycl**ette** *das Fahrrad*
-ie	[-i]	la malad**ie** *die Krankheit*, la coméd**ie** *die Komödie*, ◐ Ausnahme: B1 un incend**ie** *ein Brand*
-ière	[-jɛr]	la lum**ière** *das Licht*, B1 la sorc**ière** *die Hexe*
-ille	[-ij]/[-il]	la feu**ille** *das Blatt*, la v**ille** *die Stadt*
-ion	[-jõ]	la décis**ion** *die Entscheidung*, la nat**ion** *die Nation*, ◐ Ausnahmen: le cam**ion** *der Lastwagen*, un av**ion** *ein Flugzeug*, le mill**ion** *die Million*
-ine	[-in]	la far**ine** *das Mehl*, la terr**ine** *die Schüssel*
-ise	[-is]	la bêt**ise** *die Dummheit*, la chem**ise** *das Hemd*
-té/-tié	[-te]/[-tie]	la nationali**té** *die Nationalität*, la moi**tié** *die Hälfte*
-ure	[-yr]	la voit**ure** *das Auto*, la chauss**ure** *der Schuh*
-ude	[-yd]	la solit**ude** *die Einsamkeit*, ◐ Ausnahme: le prél**ude** *das Präludium*

B1 Feminin sind ebenfalls:
- Wissenschaften: **la médecine** *die Medizin*, **la géographie** *die Geografie*, ◐ Ausnahme: **le droit** *die Rechtswissenschaften*.

- Länder und Flüsse, die auf -e enden: **la** France *Frankreich*, **la** Pologne *Polen*, **la** Seine *die Seine*, **la** Loire *die Loire*.
  Ausnahmen: **le Mexique** *Mexiko*, **le Rhône** *die Rhône*.
- chemische Stoffe auf -ine: **la** vitamine *das Vitamin*, **la** nicotine *das Nikotin*.
- Automarken und -typen: **la** Peugeot *der Peugeot*.

Substantive mit doppeltem Genus

B2

Einige Substantive sind sowohl maskulin als auch feminin. Mit dem Genus ändern sie ihre Bedeutung:

le livre *das Buch* ↔ **la** livre *das Pfund*
le poêle *der Ofen* ↔ **la** poêle *die Pfanne*
le poste *der Posten* ↔ **la** poste *die Post*
le tour *die Tour* ↔ **la** tour *der Turm*
le voile *der Schleier* ↔ **la** voile *das Segel*

Das natürliche Genus

A1

- Lebewesen werden mit ihrem natürlichen Genus gekennzeichnet:

le père *der Vater* → **la** mère *die Mutter*
le coq *der Hahn* → **la** poule *die Henne*

- Bei zahlreichen Personenbezeichnungen erfolgt die Bezeichnung des Femininums durch ein eigenes Suffix: A2

Suffix m./f.	maskuline Bezeichnung		feminine Bezeichnung
-ant/-ante	un habit**ant** *ein Bewohner*	→	une habit**ante** *eine Bewohnerin*
-ais/-aise	le Portug**ais** *der Portugiese*	→	la Portug**aise** *die Portugiesin*
-an/-an(n)e	le pays**an** *der Bauer*	→	la pays**anne** *die Bäuerin*
-ent/-ente	le cli**ent** *der Kunde*	→	la cli**ente** *die Kundin*
-er/-ère	l'étrang**er** *der Fremde*	→	l'étrang**ère** *die Fremde*
-e/-esse	le prince *der Prinz*	→	la princ**esse** *die Prinzessin*
-eur/-euse	le coiff**eur** *der Friseur*	→	la coiff**euse** *die Friseurin*
-ien/-ienne	le technic**ien** *der Techniker*	→	la technic**ienne** *die Technikerin*
-ier/-ière	l'ouvr**ier** *der Arbeiter*	→	l'ouvr**ière** *die Arbeiterin*
-teur/-trice	l'ac**teur** *der Schauspieler*	→	l'ac**trice** *die Schauspielerin*

- ⚡ Keinem Schema zuzuordnen sind: le hér**os** *der Held* → une hér**oïne** *eine Heldin*, le péch**eur** *der Sünder* → la péch**eresse** *die Sünderin*, un ép**oux** *ein Ehemann* → une ép**ouse** *eine Ehefrau*, le ve**uf** *der Witwer* → la ve**uve** *die Witwe* B1
- Personensubstantive auf -e, die sowohl maskulin als auch feminin sind: B1
  un élève *ein Schüler* → **une** élève *eine Schülerin*
  le journaliste *der Journalist* → **la** journaliste *die Journalistin*

B1 • Einige Bezeichnungen für ehemals rein männliche Berufe gibt es nur in der maskulinen Form:

le professeur ***der*** *Lehrer/****die*** *Lehrerin*
le médecin ***der*** *Arzt/****die*** *Ärztin*
le témoin ***der*** *Zeuge/****die*** *Zeugin*
le chauffeur ***der*** *Fahrer/****die*** *Fahrerin*

Bei anderen hat sich inzwischen jedoch eine feminine Form etabliert:
un avocat *ein Anwalt* → **une** avocat**e** *eine Anwältin*
ℹ Offiziell heißt es heute: Madame la Ministre *Frau Ministerin*.

B2 • ⚡ Kurzformen von Personenbezeichnungen sind unveränderlich:
le prof *der Lehrer* → **la prof** *die Lehrerin*
Will man verdeutlichen, dass es sich um eine Frau handelt, kann man la femme voranstellen: **la femme professeur** *die Lehrerin*.

B2 • Personenbezeichnungen nur in femininer Form: **la** vedette *der Star* (m./f.).
• Tiere haben meist eine maskuline und eine feminine Bezeichnung:
l'âne *der Esel* → l'ânesse *die Eselin*
le chien *der Hund* → la chienne *die Hündin*

A1
3.2 Der Plural

A1
Die regelmäßige Pluralbildung

• Die regelmäßige Pluralform des Substantivs wird durch ein nicht hörbares s-Suffix gekennzeichnet. Nur im Falle einer Liaison ist dieses Plural-s hörbar:

la femme [fam] *die Frau* → les femme**s** [fam] *die Frauen*
l'ami [lami] *der Freund* → les‿ami**s** [lezami] *die Freunde*

• ⚡ Substantive, bei denen sich die Aussprache im Plural ändert:

le bœuf [ləbœf] *das Rind* → les boeuf**s** [lebó] *die Rinder*
l'œuf [lœf] *das Ei* → les œuf**s** [lezó] *die Eier*

• Substantive, die im Singular auf -s, -x, -z enden, nehmen kein Plural-s an:

le bra**s** *der Arm* → les bra**s**
l'o**s** *der Knochen* → les o**s**
le ne**z** *die Nase* → les ne**z**
le pri**x** *der Preis* → les pri**x**

A2 • Folgende Substantive bilden den Plural mit -x:

Endung	Singular → Plural auf -x
-(e)au	le noy**au** *der Kern* → les noy**aux**, le mant**eau** *der Mantel* → les mant**eaux** ◐ Ausnahme: le land**au** *der Kinderwagen* → les land**aus**
-eu	le chev**eu** *das Haar* → les chev**eux**, ◐ Ausnahme: B1 le pn**eu** *der Reifen* → les pn**eus**
-ail	le trav**ail** *die Arbeit* → les trav**aux**
-al	le journ**al** *die Zeitung* → les journ**aux**, ◐ Ausnahmen: le b**al** *der (Tanz-)Ball* → les b**als**, le recit**al** *das Konzert* → les récit**als**

- ⚡ Die regelmäßige Pluralbildung von -ou ist -ous:
  le clou *der Nagel* → les clou**s**　　　le tab**ou** *das Tabu* → les tab**ous**
  ◐ Ausnahme: Substantive auf -ou mit -x im Plural:
  le bij**ou** *das Schmuckstück* → les bij**oux**
  Ebenso: le caillou *der Kieselstein*, le chou *der Kohl*, le genou *das Knie*, le hibou *die Eule*, le joujou *das Spielzeug*, le pou *die Laus*
- Akronyme und Eigennamen erhalten kein Pluralsuffix: les Duval *die Duvals*, les HLM (habitations à loyer modéré) *die Sozialwohnungen*.
- Substantive mit gänzlich unregelmäßiger Pluralbildung:

un œil *ein Auge* → des yeux　　　Madame → Mesdames
le ciel *der Himmel* → les cieux　　　Monsieur → Messieurs

- Bei Komposita mit Bindestrich erhalten Substantive und Adjektive eine Pluralendung, Verben und Präpositionen jedoch keine: B2

le chou-fleur *der Blumenkohl* → les chou**x**-fleur**s** (Subst./Subst.)
le sourd-muet *der Taubstumme* → les sourd**s**-muet**s** (Adj./Adj.)
le pèse-lettre *die Briefwaage* → les pèse-lettre**s** (Verb/Subst.)
l'après-midi *der Nachmittag* → les après-midi**s** (Präp./Subst.)
le chef-d'œuvre *das Meisterwerk* → les chef**s**-d'œuvre (Subst./Präp./Subst.)

- Nur im Singular bzw. nur im Plural kommen vor: B2

Substantive ohne Plural	Substantive ohne Singular
l'argent *das Geld*	les alentours *die Umgebung*
la faim *der Hunger*	les épinards *der Spinat*
la soif *der Durst*	les ténèbres *die Finsternis*

3.3 Die „falschen Freunde" B2

Faux amis *falsche Freunde* sind leicht zu verwechselnde Begriffspaare wie:
- Substantive, die sowohl in der französischen als auch in der deutschen Sprache existieren, jedoch mit unterschiedlicher Bedeutung:

le baiser	französisch: *der Kuss*	deutsch: *die Meringue (Backware)*
la jalousie	französisch: *die Eifersucht*	deutsch: *die Jalousie*
le couvert	französisch: *das Besteck*	deutsch: *der Briefumschlag*

- Substantive, die sich in ihrer Schreibweise (und Aussprache) ähneln:
  la course *das Rennen* – les courses *die Einkäufe* – le cours *der Kurs* – la cour *der Hof*
  le dessein *die Absicht* – le dessin *die Zeichnung*
  la boisson *das Getränk* – le poison *das Gift* – le poisson *der Fisch*

Zwischentest 3

A1 **1. Woran erkennt man das Genus eines Substantivs im Satz (zwei Antworten)?**

a. an der Stellung ☐
b. an der Endung ☐
c. an der Form ☐
d. am begleitenden Artikel ☐

A2 **2. Welches Substantiv ist feminin?**

a. cheminée ☐
b. pouvoir ☐
c. cortège ☐
d. comportement ☐

A2 **3. Welches Substantiv ist maskulin?**

a. bêtises ☐
b. allumettes ☐
c. lieux ☐
d. banlieues ☐

B2 **4. Wie heißt die feminine Form von héros?**

a. hera ☐
b. hérosse ☐
c. héroïne ☐
d. hérone ☐

B2 **5. Welcher Satz ist inhaltlich und grammatikalisch richtig?**

a. Ce bateau a de nouveaux voiles blanches. ☐
b. Ces bateaux a de nouvelle voile blanc. ☐
c. Ce bateau a de nouvelles voiles blanches. ☐
d. Ces bateaux ont des nouveau voile blanc. ☐

B1 **6. Welches Wort hat nie ein -s im Plural?**

a. banane ☐
b. SDF ☐
c. chien ☐
d. Madame ☐

A2 **7. Welches Wort ist zu ergänzen?**

Ma voisine est .... chez Peugeot.

a. technicienne ☐
b. technitrice ☐
c. technicien ☐
d. technique ☐

B1 **8. Welchen Artikel hat Marokko?**

.... Maroc est un pays où plein d'Européens acquièrent des maisons.

a. Le ☐
b. Les ☐
c. L' ☐
d. La ☐

9. Wie heißt der Plural von le chapeau? A1

a. les chapeaux
b. les chapeaus
c. les chapus
d. les chapelles

10. Was fragen die Schüler im Sommer? B2

a. On fait les cours dans le cours ?
b. On fait le cours dans la cour ?
c. On fait le cour dans la course ?
d. On fait les courses dans le cours ?

11. Woran ist der Plural zu erkennen (zwei Antworten)? B1

Les prix n'augmentent pas cette année.

a. an der Verb-Endung -ent
b. am -s von pas
c. am Artikel les
d. an der Endung -x von prix

12. Wie lautet die Übersetzung? B2

Er ist ein weltberühmter Star.

a. C'est un vedet connu dans le monde entier.
b. C'est une vedette connue dans le monde entier.
c. C'est un chantier connu dans le monde entier.
d. C'est un actrice connu dans le monde entier.

13. Welche beiden Artikel ergänzen den Satz? B2

Le fermier plante .... pomme de terre sous .... pommier.

a. le/les
b. les/les
c. la/le
d. le/la

14. Welches Wort bildet den Plural auf -x? B1

a. nez
b. oiseau
c. orange
d. pneu

15. Wie heißt der Plural von os? B1

a. oiseau
b. yeux
c. oses
d. os

Lösungen

1 b., d. 2 a. 3 c. 4 c. 5 c. 6 b. 7 a. 8 a. 9 a.
10 b. 11 a., c. 12 b. 13 c. 14 b. 15 d.

A1

4 Das Adjektiv

*J'aimais surtout ses **jolis** yeux,*
*Plus **clairs** que l'étoile des cieux,*
*J'aimais ses yeux **malicieux**.*

Paul Verlaine (1844–1896), *poète français*

*Mir gefielen vor allem ihre **hübschen** Augen,*
***klarer** als der Himmelsstern,*
*mir gefielen ihre **schelmischen** Augen.*

Paul Verlaine (1844–1896),
französischer Dichter

G Das Adjektiv drückt eine Eigenschaft aus und dient der näheren Bestimmung des zugeordneten Substantivs. Es wird in Genus und Numerus an das Bezugswort angepasst und kann attributiv und prädikativ verwendet werden.
Im Unterschied zum Deutschen steht das Adjektiv meistens nach dem Substantiv, auf das es sich bezieht.

4.1 Das Genus

A1

Formen

Die regelmäßige feminine Form der Adjektive wird gebildet, indem an die maskuline Form ein -e angehängt wird:

grand → grande *groß* joli → jolie *hübsch*

ⓘ Endet das Adjektiv mit einem Vokal, wird die feminine Form wie die maskuline ausgesprochen. Endet es mit einem Konsonanten, ist dieser bei der femininen Form hörbar: grand [grɑ̃] → grande [grɑ̃d].

Bei der unregelmäßigen Femininumbildung sind vier Gruppen zu unterscheiden:

- Adjektive, die im Maskulinum und Femininum verschiedene Endungen haben: A2

Endung	Aussprache	Adjektive
-c/-che	stumm/[ʃ]	blan**c** → blan**che** *weiß*
-c/-que	[k]/[k]	publi**c** → publi**que** *öffentlich*
-el/-elle	[ɛl]/[ɛl]	form**el** → form**elle** *förmlich*
-eil/-eille	[ɛj]/[ɛj]	par**eil** → par**eille** *gleich*
-il/-ille	[i]/[ij]	gent**il** → gent**ille** *freundlich*
-en/-enne	[ɛ̃]/[ɛn]	anci**en** → anci**enne** *alt*
-on/-onne	[ɑ̃]/[ɔn]	b**on** → b**onne** *gut*
-er/-ère	[e]/[ɛr]	enti**er** → enti**ère** *ganz*
-et/-ette	[ɛ]/[ɛt]	coqu**et** → coqu**ette** *kokett*
-et/-ète	[ɛ]/[ɛːt]	compl**et** → compl**ète** *vollständig*
-eur/-euse	[œr]/[øz]	ment**eur** → ment**euse** *verlogen*
-eur/-eure	[œr]/[œr]	intéri**eur** → intéri**eure** *inner(lich)/Innen-*
-teur/-trice	[?]/[tris]	conserva**teur** → conserva**trice** *konservativ*
-f/-ve	[f]/[v]	effecti**f** → effecti**ve** *wirksam/wirklich*
-g/-gue	stumm/[g]	lon**g** → lon**gue** *lang*
-ot/-otte	[o]/[ɔt]	s**ot** → s**otte** *dumm*
-ou/-olle	[u]/[ɔl]	f**ou** → f**olle** *verrückt*
-s/-sse	stumm/[s]	gro**s** → gro**sse** *groß/dick*
-x/-ce, -se	stumm/[z]	dou**x** → dou**ce** *sanft,* généreu**x** → généreu**se** *großmütig*

- Adjektive, die im Maskulinum in zwei Formen auftreten je nach Stellung vor einem vokalisch oder mit h muet oder einem konsonantisch anlautenden Wort: A2

Mask. vor Konsonant	Mask. vor Vokal + h muet	Femininum
le **beau** [bo] chateau	le **bel** [bɛl] avenir	la **belle** [bɛl] maison
das schöne Schloss	*die schöne Zukunft*	*das schöne Haus*
un **vieux** [vjø] chien	un **vieil** [vjɛj] éléphant	une **vieille** [vjɛj] girafe
ein alter Hund	*ein alter Elefant*	*eine alte Giraffe*

- Adjektive, die im Maskulinum und Femininum gleich enden. Dazu gehören auf -e endende sowie die Adjektive, die von einem Substantiv abgeleitet sind:
  ordinaire *gewöhnlich*, magnifique *wunderschön*, terrible *schrecklich*.
  un paysage pittoresque *eine malerische Landschaft* → une image pittoresque *ein malerisches Bild*

B2
- Adjektive mit völlig unregelmäßiger Bildung:
  un vent fra**is** *ein frischer Wind* → une bierre fraî**che** *ein kühles Bier*
  le frère jum**eau** *der Zwillingsbruder* → la soeur jum**elle** *die Zwillingsschwester*

C2
⚡ Das Substantiv les gens *die Leute* ist zwar maskulin, doch alle ihm vorangestellten Adjektive sind feminin, die nachgestellten hingegen maskulin:
Les bonnes gens me donnent à manger. *Die guten Leute geben mir zu essen.*
Aber: **Les gens âgés** ont beaucoup d'expérience de la vie. *Die alten Leute haben viel Lebenserfahrung.*

A1
4.2 Der Plural

Formen

Die regelmäßige Pluralbildung des Adjektivs geschieht wie beim Substantiv (▷ 3) durch Anhängen des Suffixes -s:

un petit garçon *ein kleiner Junge* → des petit**s** garçon**s** *kleine Jungen*

A2
Auch hier gibt es eine Reihe von Sonderformen, die im Maskulinum meist den Pluralsuffixen der Substantive entsprechen:

- Maskuline Adjektive, die auf -s oder -x enden, tragen kein Pluralsuffix:
  un gro**s** soucis *eine große Sorge* → des gro**s** soucis *große Sorgen*
  un enfant heureu**x** → des enfants heureu**x** *glückliche Kinder*
- Maskuline Adjektive auf -al und -au enden im Plural auf -aux:
  un nouve**au** pot *ein neuer Topf* → des nouve**aux** pots *neue Töpfe*

B2
◐ Ausnahmen: Den maskulinen Plural auf -s bilden: banal *banal*, fatal *fatal*, final *letzte(r)/Schluss-*, C1 naval *Schiffs-*, natal *Geburts-*.
des histoires banal**es** *banale Geschichten*, des combats naval**s** *Seeschlachten*

B2
Anders als im Deutschen kann sich ein Adjektiv, ohne wiederholt zu werden, auf mehrere Substantive im Singular beziehen. Es steht dann im Plural:

- Ist das Genus der Substantive gleich, richtet sich das Adjektiv nach dem gemeinsamen Genus:
  une jupe et **une** veste neu**ves** ***ein neuer*** *Rock und* ***eine neue*** *Jacke*
- Ist das Genus der Substantive verschieden, hat das Adjektiv die maskuline Pluralform:
  Elle a acheté **une** chaîne et **un** anneau doré**s**. *Sie hat* ***eine goldene*** *Kette und* ***einen goldenen*** *Ring gekauft.*

4.3 Besonderheiten

B2

- Bildet das Adjektiv grand *groß* mit einem femininen Substantiv ein zusammengesetztes Wort, stimmt es im Numerus, nicht aber im Genus mit diesem Substantiv überein: la gran**d**-mère *die Großmutter*, les gran**ds**-mères *die Großmütter*.
  Ce n'est pas gran**d**-chose. *Das ist nichts Wichtiges.*
- Stehen die Adjektive demi/mi *halb*, nu *nackt* und nouveau *neu* mit Bindestrich verbunden vor dem Substantiv, sind sie unveränderlich. Folgen sie jedoch auf das Substantiv, werden sie angepasst: une **demi**-livre *ein halbes Pfund* → une livre et **demie** *eineinhalb Pfund.*
  Il marche **nu**-pieds. → Il marche pieds **nus**. *Er läuft barfuß.*

C2

Einige Adjektive sind in Genus und Numerus unveränderlich. Dazu gehören:
- Farbadjektive, wenn sie zusammengesetzt sind: bleu clair *hellblau*, rouge foncé *dunkelrot*, gris vert *graugrün*.
  Il conduit une voiture **jaune citron**. *Er fährt ein* ***zitronengelbes*** *Auto.*
- Farbadjektive, die aus einem Substantiv hervorgegangen sind: orange *orangefarben*, paille *strohfarben*, lilas *lila*.
  Elle aime porter des robes **orange**. *Sie trägt gern* ***orangefarbene*** *Kleider.*
- Kurzformen wie sympa (sympathique) *nett*, impec (impeccable) *tadellos*, super *super*:
  Les films de Luis Bunuel sont **super** ! *Die Filme von Luis Bunuel sind* ***super****!*
- einige Lehnwörter: des chansons **pop** ***Pop****songs*, une veste **kaki** *eine* ***kakifarbene*** *Jacke.*

4.4 Das prädikative und das attributive Adjektiv

A2

Adjektive können prädikativ oder attributiv verwendet werden.

Das prädikative Adjektiv

Das prädikative Adjektiv folgt auf bestimmte Verben und muss an sein Bezugswort angepasst werden:

être *sein*	Elle est genti**lle**. *Sie ist freundlich.*
paraître *scheinen*	La voiture paraît vie**ille**. *Das Auto scheint alt zu sein.*
demeurer *bleiben*	Ils sont demeurés calme**s**. *Sie sind ruhig geblieben.*
rester *bleiben*	Elle est restée **seule**. *Sie ist allein geblieben.*
trouver *finden*	Je les trouve amusant**s**. *Ich finde sie lustig.*
croire *glauben/halten für*	Tu les crois jaloux ? *Glaubst du, sie sind eifersüchtig?*

Ebenso: connaître *kennen*, déclarer *erklären*, devenir *werden*, dire *sagen*, estimer *schätzen*, B1 faire in der Bedeutung von *wirken*, juger *halten für*, prétendre *vorgeben*, B1 rendre *machen zu*, se sentir *sich fühlen*, sembler *scheinen*

Das attributive Adjektiv

Attributive Adjektive stehen bei dem näher zu bestimmenden Substantiv, bilden mit ihm eine Nominalgruppe und werden angeglichen:
Ils veulent acheter une **grande voiture**. *Sie wollen ein **großes Auto** kaufen.*
Anders als im Deutschen stehen sie meist hinter ihrem Bezugswort:
Pierre est un C1 **député gaulliste**. *Pierre ist **gaullistischer Abgeordneter**.*

B1 **Gesonderte Vor- und Nachstellung**

Eine kleine Gruppe von Adjektiven wird in der Regel vorangestellt:

beau/bel, belle *schön*
bon, bonne *gut*
bref, brève *kurz*
grand, grande *groß*
gros, grosse *dick*
faux, fausse *schlecht*
haut, haute *hoch*
jeune *jung*
joli, jolie *hübsch*
mauvais, mauvaise *schlecht*
meilleur, meilleure *besser*
petit, petite *klein*
vieux/vieil, vieille *alt*

Ils ont acheté une **jolie maison**. *Sie haben **ein hübsches Haus** gekauft.*

B2 Adjektive mit Bedeutungswechsel in Abhängigkeit zur Stellung:

Bedeutung bei Voranstellung	Bedeutung bei Nachstellung
l'**ancienne** prison *das ehemalige Gefängnis*	la prison **ancienne** *das alte Gefängnis*
un **brave** homme *ein netter/anständiger Mann*	un homme **brave** *ein tapferer Mann*
certains faits *gewisse Tatsachen*	un fait **certain** *eine gesicherte Tatsache*
un **curieux** cas *ein merkwürdiger Fall*	une fille **curieuse** *ein neugieriges Mädchen*
la **dernière** semaine *die letzte Woche*	la semaine **dernière** *vorige Woche*
un **pauvre** homme *ein bedauernswerter Mann*	un homme **pauvre** *ein mittelloser Mann*
ses **propres** mains *seine eigenen Hände*	ses mains **propres** *seine sauberen Hände*
un **pur** hasard *ein bloßer Zufall*	un cœur **pur** *ein reines Herz*
le **seul** homme *ein einziger Mann*	un homme **seul** *ein einsamer Mann*
une **simple** question *nur eine Frage*	une question **simple** *eine einfache Frage*
un **vrai** problème *ein echtes Problem*	une histoire **vraie** *eine wahre Geschichte*

B2 Nachgestellt werden Adjektive, die gewöhnlich voranstehen:

- wenn eine unterscheidende Bedeutung betont werden soll:
  C'est vraiment une **fille belle**. *Sie ist wirklich ein **schönes Mädchen**.*
- wenn das Adjektiv durch ein kurzes Adverb ergänzt wird:
  C'est une **fille trop belle**. *Sie ist ein **zu schönes Mädchen**.*
- wenn das Adjektiv einen Vergleich einleitet:
  Il parle d'une **fille belle comme** un elfe. *Er spricht von einem Mädchen, **schön wie eine Elfe**.*

C2 Voran stehen gewöhnlich nachgestellte Adjektive mit affektiver Bedeutung:
C'est une **excellente idée** ! *Das ist eine **ausgezeichnete Idee**!*

4.5 Die Steigerung des Adjektivs

A2

Im Gegensatz zum Deutschen gibt es eine Aufwärts- sowie eine Abwärtssteigerung. Komparative und Superlative der Überlegenheit bzw. der Unterlegenheit bildet man mit plus bzw. moins + Adjektiv. Zudem kennt das Französische einen Komparativ der Gleichheit bzw. der Ungleichheit, die mit den Adverbien aussi bzw. si ausgedrückt werden. In allen Fällen gleicht sich das Adjektiv an:

	Überlegenheit	Unterlegenheit	Gleichheit	Ungleichheit
Komparativ	plus grand *größer*	moins grand *weniger groß*	aussi grand *genauso groß*	pas aussi/si grand *nicht so groß*
Superlativ	le/la/les plus grand *der/die/das größte*	le/la/les moins grand *der/die/das am wenigsten größte*		

Komparative werden meist in Vergleichssätzen verwendet. Der Vergleichsbezug wird mit que eingeleitet:
Il est **plus intelligent que** son frère. *Er ist **intelligenter als** sein Bruder.*
Son nez est **moins** grand **que** le tien. *Seine Nase ist **kleiner als** deine.*
Im Superlativ steht das Adjektiv meist nach dem zugehörigen Substantiv. Sowohl vor dem Substantiv als auch vor plus bzw. moins wird der bestimmte Artikel eingefügt. Steht der Superlativ voran, entfällt die Dopplung des bestimmten Artikels:
C'est **le bâtiment le plus haut** du monde. Ebenso möglich: C'est **le plus haut bâtiment** du monde. *Das ist **das höchste Gebäude** der Welt.*

B2

Beim Vergleich mit Zahlen oder Mengenangaben steht das Vergleichswort de:
Il travaille **moins de 10 heures** par semaine. *Er arbeitet **weniger als 10 Stunden** in der Woche.* Aber: Il travaille **moins que moi.** *Er arbeitet **weniger als ich.***
⚡ Das Adjektiv bon wird immer unregelmäßig gesteigert, petit und mauvais je nach Kontext regelmäßig oder unregelmäßig:

Positiv	Komparativ	Superlativ
bon *gut*	meilleur *besser*	le/la/les meilleur(e)(s) *der/die/das beste*
mauvais *schlecht*	plus mauvais *schlechter*	le/la/les plus mauvais(e)(s) *der/die/das schlechteste*
mauvais *schlimm*	pire *schlimmer*	le/la/les pire(s) *der/die/das schlimmste*
petit *klein*	plus petit *kleiner*	le/la/les plus petit(e)(s) *der/die/das kleinste*
petit *gering/unbedeutend*	moindre *geringer*	le/la/les moindre(s) *der/die/das geringste*

Les vins allemands sont **bons,** mais les vins français sont **meilleurs.** *Die deutschen Weine sind **gut**, aber die französischen Weine sind **besser.***
Nous avons justement recupéré **la plus mauvaise** chambre de l'hôtel. *Wir haben ausgerechnet **das schlechteste** Zimmer des ganzen Hotels erwischt.*

Zwischentest 4

A1 **1. Welches ist das Adjektiv?**

C'était par amour que Marie était jalouse.

a. amour ☐
b. est ☐
c. Marie ☐
d. jalouse ☐

A1 **2. Welche Adjektivform passt in die Lücke?**

Toutes ses filles sont ....

a. mignon ☐
b. mignonne ☐
c. mignonnes ☐
d. mignons ☐

A1 **3. Wie enden viele Adjektive im Plural?**

a. -s ☐
b. -m ☐
c. -é ☐
d. -ée ☐

A2 **4. Wie lautet die feminine Pluralform von dangereux?**

a. dangereus ☐
b. dangereuse ☐
c. dangereuses ☐
d. dangereuxes ☐

A2 **5. Welches Adjektiv passt?**

L'écrivain vivait dans un .... hôtel à Paris.

a. beau ☐
b. bel ☐
c. belle ☐
d. beaux ☐

A1 **6. Setzen Sie die korrekte Adjektivform ein.**

Ce matin j'ai vu une souris ....

a. grise ☐
b. grisé ☐
c. gris ☐
d. grises ☐

A2 **7. Mit welcher Ergänzung wird der Satz richtig?**

La France est .... que la Suisse.

a. aussi étendu ☐
b. plus étendue ☐
c. moins étendu ☐
d. le plus étendue ☐

B2 **8. Wie lautet die maskuline Form zu favorite?**

a. favorit ☐
b. favore ☐
c. favorité ☐
d. favori ☐

9. Welche Adjektivform muss im Satz stehen? B2

Depuis quelques mois les serveuses font un peu ....

a. paresseux ☐
b. poreuses ☐
c. paresseuses ☐
d. paresseus ☐

10. Jean stellt seinen früheren Lehrer vor. Was sagt er? B2

a. C'est ma ancienne professeur. ☐
b. C'est mon ancien professeur. ☐
c. C'est ma professeure ancienne. ☐
d. C'est mon professeur ancien. ☐

11. Welches Adjektiv hat im Femininum keinen Doppelkonsonanten? A2

a. italien ☐
b. norvégien ☐
c. américain ☐
d. breton ☐

12. Wie ist *der kürzeste Weg* zu übersetzen (2 Möglichkeiten)? A2

a. le chemin le plus court ☐
b. le plus court chemin ☐
c. le chemin court. ☐
d. le chemin plus court ☐

13. Welches ist die richtige Adjektivform? B2

Il m'a raconté des contes ....

a. banaux ☐
b. banals ☐
c. banalles ☐
d. banaus ☐

14. Welche Konjunktion muss auf plus folgen? B2

Ils n'ont pas envie de travailler plus .... trente cinq heures par semaine.

a. que ☐
b. sans ☐
c. de ☐
d. avec ☐

15. Welche Ergänzung passt? B2

Sans la .... raison, elle est nerveuse.

a. petite ☐
b. moins ☐
c. plus petite ☐
d. moindre ☐

Lösungen

1 d. 2 c. 3 a. 4 c. 5 b. 6 a. 7 b. 8 d. 9 c.
10 b. 11 c. 12 a., b. 13 b. 14 c. 15 d.

A2

5 Das Adverb

*Il levait **encore** la main.*
*Mais son beau-père la saisit **brusquement***
*et l'abaissa avec **tant** de force*
qu'il la heurta contre le bois du siège,
*et il cria **violemment**.*

Guy de Maupassant (1850–1893), écrivain français

***Erneut** erhob er die Hand,*
*aber sein Schwiegervater ergriff sie **plötzlich***
*und drückte sie mit **so viel** Kraft nieder,*
dass er sie gegen das Holz des Sessels stieß,
*und er schrie **heftig** auf.*

Guy de Maupassant (1850–1893),
französischer Schriftsteller

G Adverbien dienen der näheren Bestimmung von Verben, Adjektiven, weiteren Adverbien oder ganzen Sätzen. Sie können auch zwei Satzteile syntaktisch miteinander verbinden. Während Adjektive und Adverbien im Deutschen oft schwer zu unterscheiden sind, ist dies im Französischen leichter, da die meisten Adverbien eigene Formen haben. Wie im Deutschen ist das Adverb unveränderlich.

5.1 Einfache und abgeleitete Adverbien

A1

Man unterscheidet der Form nach einfache und abgeleitete Adverbien.

5.1.1 Die einfachen Adverbien

A1

Die einfachen oder ursprünglichen Adverbien haben eine nicht abgeleitete Form. Dazu gehören:

bien *gut*	**certes** *gewiß*	**enfin** *schließlich/endlich*	**encore** *noch*
hier *gestern*	**jamais** *nie*	**longtemps** *lange*	**mal** *schlecht*
parfois *manchmal*	**puis** *dann*	**toujours** *immer*	**vite** *schnell*

Déjà le matin, la température atteint trente degrés. ***Schon*** *morgens erreicht die Temperatur dreißig Grad.*

Die einfachen Adverbien sind nach ihrer Funktion zu unterscheiden:

Ortsangabe	**à droite** *rechts,* **à gauche** *links,* **ailleurs** *anderswo,* **en bas** *unten,* **en haut** *oben,* **droit** *geradeaus,* **derrière** *hinten,* **devant** *vorne, voraus,* **ici** *hier,* **là** *dort*
Zeitangabe	**aussitôt** *sogleich,* **après** *danach,* **aujourd'hui** *heute,* **avant** *vorher,* **bientôt** *bald,* **demain** *morgen,* **hier** *gestern,* **toujours** *immer*
Angabe der Art + Weise	**aussi … que** *ebenso,* **bien** *gut,* **debout** *aufrecht,* **d'habitude** *gewöhnlich,* **ensemble** *gemeinsam,* **mal** *schlecht,* **plutôt** *eher/lieber*
Angabe der Menge + des Grades	**assez** *genug,* **autant** *soviel,* **beaucoup** *viel,* **peu** *wenig,* **tant** *soviel,* **tout** *ganz,* **très** *sehr,* **trop** *zu sehr*
Verneinung	B2 **ne … aucunement** *durchaus nicht,* **ne … jamais** *niemals,* **ne … plus** *nicht mehr,* **non** *nein,* **pas du tout** *überhaupt nicht,* **ne … rien** *nichts*
Frage	**combien** *wie viel,* **comment** *wie,* **pourquoi** *warum,* **quand** *wann,* **où** *wo*
Ausdruck eines Ausrufs	**comme … !** *wie …!* **combien … !** *wie (sehr) …!*
Ausdruck der Folge, des Gegensatzes, der Einräumung	**donc** *folglich,* **mais** *aber,* **néanmoins** *dennoch,* **par contre** *dagegen,* **pourtant** *jedoch,* **oui** *ja,* **peut-être** *vielleicht*

⚡ Nicht zu verwechseln sind die gleichlautenden Formen:

après (Adverb) *danach*	–	après (Präposition) *nach*
avant (Adverb) *vorher*	–	avant (Präposition) *vor*
derrière (Adverb) *hinten*	–	derrière (Präposition) *hinten*
devant (Adverb) *vorne/voraus*	–	devant (Präposition) *vor*

Après il n'y a pas d'autre solution que de B2 foutre le camp. ***Danach** bleibt nichts anderes übrig als sich aus dem Staub zu machen.*

A2 **Besonderheiten**

- Das Adverb beaucoup *viel* kann ein Verb, ein Adjektiv oder ein anderes Adverb im Komparativ verstärken:
  - Verbverstärkung:
    Vous **parlez beaucoup**. *Sie **sprechen viel**.*
  - Adjektivverstärkung:
    Ton explication est **beaucoup plus simple**. *Deine Erklärung ist **viel einfacher**.*
  - Adverbverstärkung:
    Elle nage **beaucoup plus vite** que moi. *Sie schwimmt **sehr viel schneller** als ich.*
- Das Adverb très *sehr* bestimmt ein Adjektiv oder ein anderes Adverb näher:
  Cette salle de séjour est **très** B2 spacieuse. *Dieses Wohnzimmer ist **sehr** geräumig.*
  In einigen Ausdrücken steht **très** auch vor einem Substantiv:
  J'ai **très** faim. *Ich habe **großen** Hunger.*
- B1 Fort *sehr* ist in seiner adverbialen Bedeutung gleichbedeutend mit beaucoup und très, aber weniger gebräuchlich:
  Cela m'étonnerait **fort**. *Das würde mich **sehr** erstaunen.*
- Aussi *so/ebenso* steht als Adverb des Vergleiches mit Adjektiven oder Adverbien und erscheint häufig zusammen mit que:
  Elle ne lit pas **aussi** bien (**que** toi). *Sie liest nicht **so** gut (**wie** du).*
- Autant *so viel* und tant/si *so, so sehr, so viel* werden mit Verben verwendet:
  Il parle l'allemand **si** bien qu'on le prendrait pour un Allemand. *Er spricht **so** gut Deutsch, dass man ihn für einen Deutschen halten könnte.*
  J'aimerais **tant** vivre en Bretagne. *Ich würde **so gern** in der Bretagne leben.*
- Nach plus *mehr* und moins *weniger* steht im Vergleichssatz que, wenn ein Substantiv oder ein Pronomen folgt:
  Simone pèse **plus que** Marianne. *Simone wiegt **mehr als** Marianne.*
  Folgt eine Zahl auf plus *mehr* und moins *weniger*, steht de:
  Elle pèse **moins de** 50 kilos. *Sie wiegt **weniger als** 50 Kilo.*
- B1 davantage *mehr/länger* ist gleichbedeutend mit plus, wird aber seltener verwendet. Es steht meist ohne Ergänzung am Satzende:
  Elle a travaillé **davantage**. *Sie hat **mehr** gearbeitet.*

- ⚡ Plutôt, in einem Wort geschrieben, heißt *eher* im Sinne von *lieber*. Dagegen bedeutet plus tôt in zwei Wörtern und meistens in Verbindung mit que *früher/ eher als* und wird rein temporal verwendet:
  Tu veux une glace ou **plutôt** non ? *Möchtest du ein Eis oder* ***eher*** *nicht?*
  Aujourd'hui, il s'est levé **plus tôt** (qu'hier). *Er ist heute* ***früher*** *(als gestern) aufgestanden.*

5.1.2 Die abgeleiteten Adverbien

A2

Die abgeleiteten Adverbien werden durch Anhängen der Endung -ment an die feminine Form des entsprechenden Adjektivs gebildet. Existiert nur eine Adjektivform für Maskulinum und Femininum, wird diese herangezogen:

Adjektiv (maskulin)	Adjektiv (feminin)		Adverb
franc	franche	→	franche**ment** *offen(herzig)*
long	longue	→	longue**ment** *lang*
heureux	heureuse	→	heureuse**ment** *glücklich*
rare (m./f.)		→	rare**ment** *selten*

Enden Adjektive auf einen betonten Vokal, entfällt das -e der femininen Endung: B2

Adjektiv (maskulin)	Adjektiv (feminin)		Adverb
absolu	absolu-**e**	→	absolu**ment** *absolut*
poli	poli-**e**	→	poli**ment** *höflich*
vrai	vrai-**e**	→	vrai**ment** *wirklich*

⚡ Zu gai, gaie *fröhlich* gibt es drei Adverbvarianten: gaiment, gaîment, gaiement, die geläufigste ist heute gaiement. C1

Adjektive auf -ant bilden die Adverbien auf -amment: B1

Adjektiv (maskulin)	Adjektiv (feminin)	Adverb
const**ant** *beständig*	const**ante**	const**amment**
pes**ant** *schwerfällig*	pes**ante**	pes**amment**

Adjektive mit der Endung -ent bilden die Adverbien auf -emment. Die Aussprache der Endung ist [amɑ̃]: B1

Adjektiv (maskulin)	Adjektiv (feminin)	Adverb
évid**ent** *offensichtlich*	évid**ente**	évid**emment**
prud**ent** *vorsichtig*	prud**ente**	prud**emment**
viol**ent** *heftig*	viol**ente**	viol**emment**

B1 Einige Adverbien fügen einen Accent aigu hinzu:

Adjektiv (maskulin)	Adjektiv (feminin)	Adverb
énorme *riesig, groß*	énorme	énorm**é**ment
précis *genau*	précise	précis**é**ment
aveugle *blind*	aveugle	aveugl**é**ment

B1 Folgende abgeleitete Adverbien sind unregelmäßig:

Adjektiv (maskulin)	Adjektiv (feminin)	Adverb
bon *gut*	bonne	bien
bref *kurz*	brève	brièvement
gentil *freundlich*	gentille	gentiment
mauvais *schlecht*	mauvaise	mal

⚡ Vor femininen Adjektiven, die mit Konsonant oder h aspiré beginnen, muss das adverbiale tout *ganz* in Numerus und Genus angeglichen werden:
Marie est **toute** contente. *Marie ist **ganz** zufrieden.*

Stellung der ursprünglichen und der abgeleiteten Adverbien

Für die Stellung des Adverbs im Satz sind seine Bedeutung und seine syntaktische Funktion ausschlaggebend:

- Adverbien, die sich auf ein Verb in den einfachen Zeiten beziehen, werden in der Regel nachgestellt:

Adverb der Art + Weise	Tu as agi **courageusement**. *Du hast **mutig** gehandelt.*
Ortsangabe	Je t'attends **ici**. *Ich warte **hier** auf dich.*
unbestimmte Zeitangabe	Il arrivera **bientôt**. *Er wird **bald** kommen.*
Angabe des Grades	Il travaille **davantage**. *Er **arbeitet** mehr.*

- Adverbien der Art und Weise, des Grades sowie einige unbestimmte Zeitadverbien, die sich auf ein Verb in einer zusammengesetzten Zeit beziehen, stehen meistens vor dem Partizip Perfekt. Dazu gehören u. a.:

kurze Adverbien	bien *gut*, mal *schlecht*
unbestimmte Zeitadverbien	souvent *oft*, toujours *immer*, quelquefois *manchmal*
Adverbien der Menge + des Grades	beaucoup *viel*, trop *zu viel*, assez *genug*

Pourquoi les dinosaures ont-ils **soudain** disparu ? *Warum sind die Dinosaurier **plötzlich** verschwunden?*

B1 ⚡ Trop und toujours stehen bei zusammengesetzten Zeiten immer vor dem Partizip Perfekt:
L'enfant a **toujours** pleuré la nuit. *Das Kind hat nachts **immer** geweint.*

Ensemble *gemeinsam/zusammen* wird immer nachgestellt.
Ils font la cuisine **ensemble.** *Sie kochen **gemeinsam.***

- Adverbien, die verneinte Verben näher bestimmen, stehen nach dem zweiten Teil der Verneinung:
  Ce film n'était pas **tellement** intéressant. *Der Film war nicht **so** interessant.*
- Steht ein Adverb bei einem Infinitiv, wird es nachgestellt:
  Elle va soigner **tendrement** le chien. *Sie wird den Hund **liebevoll** versorgen.*
  Dagegen werden die kurzen Adverbien wie bien *gut*, mal *schlecht*, trop *zuviel* auch hier vorangestellt:
  Avec ce trafic, il faut **bien** faire attention. *Bei diesem Verkehr muss man **gut** aufpassen.*
- Adverbien, die Adjektive oder andere Adverbien näher bestimmen, werden vorangestellt: B1
  C'est **si incroyablement** faux ! *Das ist **so unglaublich** falsch!*
- Adverbien, die sich inhaltlich auf Satzteile oder ganze Sätze beziehen, insbesondere Orts- und Zeitangaben, stehen in der Regel am Anfang oder am Ende des Satzes, in seltenen Fällen in der Satzmitte:
  En avril, il va à Paris. **Là**, on peut admirer l'œuvre de Picasso. ***Im April** fährt er nach Paris. **Dort** kann man das Werk von Picasso bewundern.*
- Adverbien zum Ausdruck der persönlichen Stellungnahme stehen am Satzanfang oder hinter dem konjugierten Verb: B1
  Evidemment, elle n'est pas venue. ***Offensichtlich** ist sie nicht gekommen.*
- Die Adverbien sûrement *sicher(lich)* und certainement *gewiss* können nicht am Satzanfang stehen:
  Il est **sûrement** encore au bureau. *Er ist **sicherlich** noch im Büro.*

5.2 Adverbiale Wendungen B1

Substantivische Umschreibung

Von vielen Adjektiven wie apte *fähig*, critique *kritisch*, fâché *verärgert*, von Farbadjektiven und Partizipien kann kein Adverb abgeleitet werden. Man benutzt Umschreibungen mit einem Substantiv und einem Adjektiv. Sie können auch verwendet werden, wenn eine Adverbbildung möglich wäre:
Elle se coiffe **d'une** drôle **de façon/de façon** bizarre. *Sie frisiert sich merkwürdig.*

Präpositionale Wendungen

Viele präpositionale Wendungen haben die Funktion eines Adverbs:

à toute vitesse *(sehr) schnell*
avec attention *aufmerksam*
avec curiosité *neugierig*
par surprise *überraschend*
à la hâte *hastig*
en vain *umsonst*
de force *gewaltsam*
sans peine *mühelos*
en hâte *eilig*
par ruse *listig*
sans succès *erfolglos*
d'habitude *normalerweise*

B2 Adverbial gebrauchte Adjektive

Einige Verben bilden mit bestimmten Adjektiven feststehende Wendungen. Das Adjektiv ist in diesem Fall unveränderlich und steht nach dem Verb:

chanter faux/juste *falsch/richtig singen*
gagner/risquer gros *viel verdienen/riskieren*
parler bas/haut *leise/laut sprechen*
peser lourd *schwer wiegen*
sentir bon/mauvais *gut/schlecht riechen*
coûter/acheter/payer/vendre cher *teuer sein/kaufen/bezahlen/verkaufen*
filer doux *klein beigeben*
manger froid *kalt essen*
marcher droit *gerade gehen*
travailler dur *hart arbeiten*
tenir bon *standhalten*
refuser net *glatt ablehnen*

Dans cette affaire, tu ferais mieux de **filer doux**. *In dieser Angelegenheit solltest du lieber **klein beigeben**.*
À ce cabinet d'architecte, il **travaille dur** et il **gagne gros**. *In diesem Architekturbüro **arbeitet** er **hart** und **verdient viel**.*

C1 Adjektivisch gebrauchte Adverbien

Die Adverbien bien *gut*, mal *schlecht*, mieux *besser* können in bestimmten Bedeutungen adjektivisch gebraucht werden, bleiben aber weiterhin unveränderlich:
Ce livre n'est pas **mal**. *Dieses Buch ist nicht **schlecht**.*
C'est un monsieur très **bien**. *Das ist ein sehr **feiner** Herr.*

Nach rien *nichts*, quelque chose *etwas*, grand-chose *viel* werden bien, mal, mieux mit de angeschlossen:
Elle n'a jamais fait **grand-chose de bien**. *Sie hat nie **viel Gutes** getan.*

Adverbiale Verbindungselemente

Adverbiale Verbindungselemente sind Adverbien bzw. adverbiale Wendungen, die zwei Sätze oder Textpassagen miteinander verbinden. Sie sind meistens in den zweiten Satz(teil) eingegliedert.

Solche Elemente sind:

ainsi *so/folglich*
après cela *danach*
aussi *ebenso*
c'est pourquoi *deshalb*
d'abord *zuerst*
de toute manière *sowieso*
donc *schließlich/also*
en effet *tatsächlich*
en revanche *dagegen*
enfin *schließlich*
ensuite *dann/danach*
néanmoins *trotzdem*
par contre *dagegen*
pourtant *dennoch*
puis *dann*
d'une part ... d'autre part einerseits ... andererseits

B2 La ceinture de sécurité est obligatoire, **néanmoins** de nombreux conducteurs refusent de la mettre. *Der Sicherheitsgurt ist vorgeschrieben, **trotzdem** wird er von vielen Autofahrern abgelehnt.*

5.3 Die Steigerung des Adverbs

A2

Das Adverb bildet sowohl den Komparativ als auch den Superlativ auf die gleiche Weise wie das Adjektiv (▷ 4).

Die regelmäßige Steigerung

A2

	Überlegenheit	Unterlegenheit
Komparativ	**plus** facilement *leichter*	**moins** facilement *weniger leicht*
Superlativ	**le plus** facilement *am leichtesten*	**le moins** facilement *am wenigsten leicht*

Elle court **plus vite** qu'un lièvre. *Sie läuft schneller als ein Hase.*
On l'a B1 décoré **le plus officiellement**. *Er wurde **höchst offiziell** ausgezeichnet.*
Um die Gleichheit bzw. Ungleichheit auszudrücken, wird wie beim Adjektiv (▷ 4) aussi/si que *genauso*, autant que *genauso viel* bzw. ne pas aussi/ne pas si que *nicht so*, ne pas autant que *nicht so viel* verwendet:
Luc **ne** gagne **pas autant que** Marie. *Luc verdient **nicht so viel wie** Marie.*

Die unregelmäßige Steigerung

B1

Positiv	Komparativ	Superlativ
beaucoup *viel*	plus *mehr*	le plus *am meisten*
peu *wenig*	moins *weniger*	le moins *am wenigsten*
bien *gut*	mieux *besser*	le mieux *am besten*
mal *schlecht*	plus mal *schlechter*	le plus mal *am schlechtesten*

Interdit aux **moins** de 18 ans. *Für Jugendliche **unter** 18 Jahren verboten!*
Das deutsche *immer* vor Komparativ wird ausgedrückt durch de plus en plus *immer mehr*, de moins en moins *immer weniger*, de mieux en mieux *immer besser*:
Il reste une personnalité de la vie publique, mais il y prend **de moins en moins** part. *Er bleibt eine Person des öffentlichen Lebens, aber er nimmt **immer weniger** daran teil.*
Dem deutschen *je … desto* vor Komparativ entspricht im Französischen plus … plus *je mehr … desto mehr*, plus … moins *je mehr… desto weniger*, moins ... moins *je weniger ... desto weniger*:
Plus on lui donne, **plus** il demande. ***Je mehr** man ihm gibt, **desto mehr** verlangt er.*
Moins on travaille, **moins** on gagne de l'argent. ***Je weniger** man arbeitet, **desto weniger** Geld verdient man.*
In Redewendungen findet man noch das veraltete pis für pire *schlimmer*:

B2

tant pis *Pech gehabt/dumm gelaufen*	tant mieux *umso besser*
aller de mal en pis *immer schlimmer werden*	de pis en pis *immer schlimmer*

C'est **tant pis** pour toi ! *Da hast du **Pech gehabt**!*

Zwischentest 5

A1 **1. Welches Wort ist ein Adverb?**

Jaques n'a définitivement pas le droit de voyager seul.

a. n'a ☐
b. définitivement ☐
c. Jaques ☐
d. droit ☐

B1 **2. Wie lautet das Adverb von cher?**

a. chère ☐
b. chers ☐
c. chérie ☐
d. chèrement ☐

A2 **3. Was sagt der Künstler?**

« Cette maison me servait .... d'atelier de peinture. »

a. autrefois ☐
b. bientôt ☐
c. voilà ☐
d. maintenant ☐

A2 **4. An welcher Endung erkennt man das Adverb?**

a. -age ☐
b. -ège ☐
c. -eau ☐
d. -ment ☐

C1 **5. Was ergänzt den Satz?**

Dans ce restaurant ils ont payé ....

a. très bonne ☐
b. chèrement ☐
c. tant mieux ☐
d. cher ☐

B1 **6. Wie lautet das Adverb zu bref?**

a. bréfment ☐
b. brefmant ☐
c. brièvement ☐
d. brève ☐

A2 **7. Was muss in die Lücke?**

Monique ne dessine .... sa mère.

a. pas aussi bien que ☐
b. bon de ☐
c. pas aussi pire que ☐
d. aussi pas bien que ☐

B1 **8. Wo muss das Adverb poliment stehen?**

Vous (1) lui dites (2) que vous (3) préférez remettre le (4) rendez-vous à demain.

a. (1) ☐
b. (2) ☐
c. (3) ☐
d. (4) ☐

9. Wie heißt der Satz auf Französisch? B2

Er muss täglich verantwortungsvoll handeln.

a. Quotidien il est obligé d'agir responsable. ☐
b. Quotidiennement, il est obligé d'agir en homme responsable. ☐
c. Le quotidien l'oblige d'agir responsablement. ☐
d. Chaque jour, il doit agir responsablement. ☐

10. Welches Adverb wird unregelmäßig gesteigert? B1

a. curieusement ☐
b. facilement ☐
c. rapidement ☐
d. beaucoup ☐

11. Was sagt die begeisterte Gärtnerin? A2

Regardez les fleurs, ... elles sont belles !

a. comme ☐
b. joli ☐
c. après ☐
d. commes ☐

12. Wie heißt das Adverb *schnell*? A1

a. vite ☐
b. vitant ☐
c. évitant ☐
d. vitement ☐

13. Welche Aussage ist richtig? A2

a. Adverbien sind veränderlich. ☐
b. Steht ein Adverb bei einem Infinitiv, wird es nachgestellt. ☐
c. Adverbien müssen immer vor dem Infinitiv stehen. ☐
d. Adverbien dienen der näheren Beschreibung des Substantivs. ☐

14. Welche Form von tout passt? C1

Ses chaussures sont .... mouillées.

a. toutes ☐
b. tout ☐
c. toute ☐
d. tous ☐

15. Was ergänzt den Satz richtig? A2

Quel dommage ! Jeanne .... son argent de poche.

a. a gaspillé utile ☐
b. inutilement a gaspillé ☐
c. a inutile gaspillé ☐
d. a inutilement gaspillé ☐

Lösungen

1 b. 2 d. 3 a. 4 d. 5 d. 6 c. 7 a. 8 b. 9 b.
10 d. 11 a. 12 a. 13 b. 14 a. 15 d.

A1

6 Das Personalpronomen

*Mais, malheureuse, **tu** ne sais pas*
*qu'il **y** a le loup dans la montagne …*
*Que feras-**tu** quand **il** viendra ?*
***Je lui** donnerai des coups de corne,*
monsieur Séguin.

Alphonse Daudet (1840–1897), écrivain français

*Aber, **du** Unglückliche, weißt **du** denn nicht,*
dass der Wolf in den Bergen lebt …
*Was machst **du**, wenn **er** kommt?*
***Ich** werde **ihn** mit den Hörnern stoßen,*
Monsieur Séguin.

Alphonse Daudet (1840–1897),
französischer Schriftsteller

G Das Personalpronomen steht in der französischen wie in der deutschen Sprache stellvertretend für ein Substantiv. Es kann sowohl die Funktion des Subjekts haben als auch eines oder mehrere Objekte bezeichnen. Man unterscheidet das verbundene und das unverbundene Personalpronomen.
Zur Gruppe der Personalpronomen gehören auch die Adverbialpronomen **en** und **y** sowie die Reflexivpronomen.

6.1 Das verbundene Personalpronomen

A1

Formen

Das verbundene Personalpronomen ist unbetont und kann Subjekt (Nominativ), direktes Objekt (Akkusativ) oder indirektes Objekt (Dativ) sein:

Subjektpronomen	direktes Objektpronomen	indirektes Objektpronomen
je *ich* **Je** lis un livre. ***Ich** lese ein Buch.*	me *mich* Mon A2 voisin **me** salue. *Mein Nachbar grüsst **mich**.*	me *mir* Il **m'**a parlé hier. *Er hat gestern **mit mir** gesprochen.*
tu *du* **Tu** dis la vérité ? *Sagst **du** die Wahrheit?*	te *dich* Je **te** A2 conduis à la gare. *Ich fahre **dich** zum Bahnhof.*	te *dir* Il **te** l'expliquera. *Er wird es **dir** erklären.*
il *er* **Il** parle vite. *Er spricht schnell.*	le *ihn/es* Vous **le** reconnaissez ? *Erkennen Sie **ihn/es** wieder?*	lui *ihm* Tu **lui** offres à manger ? *Bietest du **ihm** Essen an?*
elle *sie* **Elle** aime chanter. ***Sie** singt gerne.*	la *sie* Je ne **la** connais pas. *Ich kenne sie nicht.*	lui *ihr* Donne-**lui** la clé. *Gib **ihr** den Schlüssel.*
nous *wir* **Nous** sommes bien arrivés. ***Wir** sind gut angekommen.*	nous *uns* Elle **nous** accompagne. *Sie begleitet **uns**.*	nous *uns* Il **nous** l'a permis. *Er hat es **uns** erlaubt.*
vous *ihr* **Vous** êtes A2 bienvenus. *Ihr **seid/Sie** sind willkommen.*	vous *euch/Sie* Ça **vous** B1 ennuie sûrement. *Das langweilt **euch/Sie** sicherlich.*	vous *euch/Ihnen* Je **vous** écrirai. *Ich werde **euch/Ihnen** schreiben.*
ils *sie* (m.) **Ils** sont venus me voir. ***Sie** haben mich besucht.*	les *sie* (m.) Je **les** ai vus hier. *Ich habe **sie** gestern gesehen.*	leur *ihnen* (m.) Le A2 voyage **leur** a plu. *Die Reise hat **ihnen** gefallen.*
elles *sie* (f.) **Elles** se sont rencontrées. ***Sie** haben sich getroffen.*	les *sie* (f.) Tu **les** as trouvées ? *Hast du **sie** gefunden?*	leur *ihnen* (f.) Il **leur** montre le chemin. *Er zeigt **ihnen** den Weg.*

Bei Nachstellung wird das direkte Objektpronomen ohne Präposition direkt an das Verb angeschlossen, das indirekte Objektpronomen aber mit einer Präposition:

Je regarde **Maxime**. *Ich schaue **Maxime** an.* (direktes Objekt, ohne Präposition)

Je pense **à lui**. *Ich denke **an ihn**.* (indirektes Objekt, mit à angeschlossen)

On parle **de lui**. *Wir sprechen **über ihn**.* (indirektes Objekt, mit de angeschlossen)

- Je, me, te, le, la werden apostrophiert, wenn ein Vokal oder h muet folgt:
  Personne ne **l'a** vu(e) aujourd'hui. *Niemand hat **sie/ihn** heute gesehen.*
- Das indirekte Objektpronomen unterscheidet sich nur in der 3. Person Singular und Plural von dem direkten Objektpronomen:
  Il **lui (leur)** donne des A2 cerises. *Er gibt **ihr/ihm (ihnen)** Kirschen.*

- Bei mit avoir gebildeten zusammengesetzten Zeiten gleicht das Partizip Perfekt in Numerus und Genus an voranstehende direkte Objektpronomen an (▷ 18):
  Tu **laves** la vaisselle ? Oui, je **l'**ai déjà fait**e**. *Spülst du ab? Ja, habe ich schon gemacht.*

Gebrauch

- Das Subjektpronomen wird nur in Verbindung mit einem finiten Verb verwendet.

A2
- Il kann sowohl *er* als auch *es* (unpersönliches Pronomen) bedeuten:
  Il arrive tard. ***Er** kommt spät.* **Il** pleut depuis lundi. ***Es** regnet seit Montag.*
- Die Pronomen der 2. Person Plural dienen auch als Höflichkeitsform:
  Je **vous** demande pardon. *Ich bitte **euch/Sie** um Verzeihung.*

B1
- Das Subjektpronomen nous *wir* wird in der Umgangssprache häufig durch on *man* ersetzt. On kommt nur als Subjekt vor und wird immer von einem Verb im Singular begleitet. Das begleitende Adjektiv und die mit Partizip Perfekt gebildeten Verbformen können sich in Genus und Numerus nach dem Wort richten, für das on steht, wenn der Zusammenhang dies deutlich erkennen lässt:
  On s'**est** rencontré**(e)s** à Lyon. ***Wir** haben uns in Lyon getroffen.*

B1
- Das Objektpronomen le *es* kann sich als Neutrum auf ein Adjektiv, ein Substantiv oder einen ganzen Satz beziehen:
  Il n'est pas **honnête** ? Si, il **l'**est. *Ist er nicht ehrlich? Doch, er ist **es**.* (Adjektivbezug)
  Ami de la nature, oui, il **l'**est sûrement. *Naturfreund, ja, **das** ist er sicherlich.* (Substantivbezug)
  Peux-tu aller acheter du pain ? D'accord, je **le** ferai. *Kannst du Brot kaufen? Alles klar, ich werde **es** machen.* (Bezug auf den ganzen Satz)
- Das indirekte Objektpronomen sowie das direkte Objektpronomen der 3. Person Plural les *sie* haben keine Genuskennzeichnung:
  Je **lui** montre la Tour Eiffel. *Ich zeige **ihm/ihr** den Eiffelturm.*
  Où est-ce que tu **les** as rencontré(e)s ? *Wo hast du **sie** getroffen?*

A2

6.2 Das unverbundene Personalpronomen

Das unverbundene Personalpronomen ist betont. Es steht ohne Verbindung zu einem Verb, außer beim bejahten Imperativ (▷ 15) und ist Subjekt oder Objekt.

Formen

1. Person	moi *ich*	nous *wir*
2. Person	toi *du*	vous *ihr/Sie*
3. Person	lui *er* (m.), elle *sie* (f.)	eux *sie* (m.), elles *sie* (f.)

Eux ont bien réussi. ***Sie** waren sehr erfolgreich.*

Gebrauch

Das unverbundene Personalpronomen wird gebraucht:

- zur Hervorhebung. Hierbei wird es durch das entsprechende unbetonte Personalpronomen wieder aufgenommen:
  Lui, il n'a jamais besoin d'aide. ***Er** braucht nie Hilfe.*
  Nach lui und eux können die Pronomen il und ils wegfallen:
  Eux (ils) ne sont pas venus non plus. ***Sie** sind auch nicht gekommen.*
- ohne Verb:
  Qui va faire les courses ? Pas **moi**. *Wer geht einkaufen? **Ich** nicht.*
  Ausnahme: Das unverbundene Personalpronomen tritt als Objektpronomen nach bejahtem Imperativ (▷ 15) auf:
  Écoute-**moi**. *Höre **mir** zu!* Regardez-**nous**. *Schaut **uns** an!*
- nach allen Präpositionen:
  Sans toi, la vie est triste. ***Ohne dich** ist das Leben traurig.*
- nach c'est/ce sont/c'était (u. a.) und zwischen c'est (u. a.) … qui/que: B1
  Ce ne **sont** pas **eux**/ce n'**est** pas **eux. C'est lui.** ***Das sind** nicht **sie. Das ist er.***
  C'est elle qui a sonné. ***Sie** hat geklingelt.*
- in Verbindung mit et *und*, où *wo*, ni … ni *weder noch*, ne … que *nur*: B1
  Je ne connais **ni lui ni** sa famille. *Ich kenne **weder ihn noch** seine Familie.*
- zur Betonung eines Besitzverhältnisses. Hierbei wird das Possessivpronomen (▷ 9) durch à + betontes Personalpronomen ersetzt: B1
  Nicolas est **un ami à moi** (un de mes amis). *Nicolas ist **ein Freund von mir.***
  Ils passent Noël chez ses parents **à elle** et le réveillon chez ses parents **à lui.**
  *Sie verbringen Weihnachten bei **ihren** Eltern und Silvester bei **seinen** Eltern.*
- Dem betonten Personalpronomen kann zur Verstärkung même *selbst* mit Bindestrich nachfolgen. Es wird im Numerus an das Subjekt angepasst: A2
  Ils font tout **eux-mêmes**. ***Sie** machen alles **selbst**.*
  Tu as B1 tricoté les chaussettes ? Oui, **moi-même**. *Hast du die Socken gestrickt? Ja, **ich selbst**.*

6.3 Das Reflexivpronomen A2

Das Reflexivpronomen ist Bestandteil der reflexiven Verben (▷ 11.4). Es ist ein Objektpronomen und bezieht sich auf die Person(en) des Subjekts. Auch hier ist eine verbundene und eine unverbundene Form zu unterscheiden.

Formen

Das verbundene Reflexivpronomen ist unbetont und hat für die 1. und 2. Person Singular und Plural dieselben Formen wie das verbundene, unbetonte Personalpronomen. Hinzu kommt se *sich* für die 3. Person Singular und Plural:

Verbundene unbetonte Reflexivpronomen	
me *mich, mir*	Je **me** demande pourquoi. *Ich frage **mich** warum.*
te *dich, dir*	Tu **te** prends des fruits. *Du nimmst **dir** Früchte.*
se *sich*	Il **se** lave les mains. *Er wäscht **sich** die Hände.*
nous *uns*	Nous **nous** sommes peut-être trompés. *Wir haben **uns** vielleicht getäuscht.*
vous *euch, sich* (Höflichkeitsform)	Voulez-vous **vous** plaindre ? *Wollt ihr **euch** beklagen? Wollen Sie **sich** beklagen?*
se sich	Ils/elles **se** B1 moquent de lui. *Sie machen **sich** über ihn lustig.*

Ebenso entsprechen die unverbundenen Formen des Reflexivpronomens der 1. und 2. Person denen des unverbundenen Personalpronomens der 1. und 2. Person: D'abord je pense à **moi**. *Zuerst denke ich an **mich**.* Dépêche-**toi** ! *Beeile **dich**!* Hinzu kommt als indefinites Reflexivpronomen der 3. Person die Form soi *sich*: Il/elle pense à **soi**. *Er/sie denkt an **sich**.*

B1

Gebrauch

Das Reflexivpronomen soi wird gebraucht:

- in Sätzen mit einem neutralen Subjektpronomen:
  Il faut avoir confiance en **soi**. *Man sollte Vertrauen in **sich** haben.*
- in Verbindung mit on *man*, chacun *jeder*, tout le monde *alle*, personne *niemand*, celui qui *derjenige welcher*, quiconque *wer auch immer*:
  Par un si beau temps, personne ne veut rester chez **soi**. *Bei so schönem Wetter möchte niemand (bei **sich**) zuhause bleiben.*
- in feststehenden Ausdrücken:

être soi-même *man selbst sein*	le chez-soi *das Zuhause*
cela va de soi *das ist selbstverständlich*	la confiance en soi *das Selbstvertrauen*
la conscience de soi *das Selbstbewusstsein*	la maîtrise de soi *die Selbstbeherrschung*

A2

6.4 Die Adverbialpronomen en und y

Die Adverbialpronomen (auch Pronominaladverbien) vertreten, wie auch die Objektpronomen, bestimmte Ergänzungen im Satz. Sie verweisen auf etwas bereits Bekanntes und sind in ihrer Form unveränderlich. Die durch en oder y ersetzten Ergänzungen haben im Satz die Funktion von direkten oder indirekten Objekten oder von präpositionalen Bestimmungen des Ortes.
Die Verwendung von en oder y hängt von der das Verb begleitenden Ergänzung ab:

de → en:	revenir de *zurückkehren von* → en revenir
à → y:	retourner à *zurückkommen zu* → y retourner

Das Adverbialpronomen en

En bezieht sich auf Sachen, nicht auf Personen. In der Umgangssprache wird es jedoch auch auf Personen bezogen:
Parle-t-il de ses voisins ? Oui, il **en** parle. *Spricht er über seine Nachbarn? Ja, er spricht **von ihnen**.* Korrekter wäre: Il parle **d'eux**.

- En steht für Ergänzungen mit de:
  Je viens **de Lyon**. → J'**en** viens. *Ich komme **aus Lyon**. Ich komme **von dort**.*
  Personne n'**en** doute qu'elle soit une B1 cantatrice célèbre. *Niemand zweifelt **daran**, dass sie eine berühmte Sängerin ist.* (douter de)
- En kann partitiv gebraucht werden und bezieht sich auf ein direktes Objekt, das von einem Teilungsartikel (▷ 2.3), einer Mengenangabe oder einem unbestimmten Artikel begleitet ist:
  Tu as acheté **des pêches** ? Oui, j'**en** ai acheté beaucoup. *Hast du **Pfirsiche** gekauft? Ja, ich habe viele (**davon**) gekauft.*
  Il a gagné deux mille d'euros mais il **en** a B1 gaspillé la moitié. *Er hat **zweitausend Euro** verdient, aber er hat die Hälfte (**davon**) verschwendet.*
- En in partitiver Funktion kann sich auch auf eine unbestimmte Menge beziehen:
  J'ai préparé de l'omelette. Vous **en** prenez ? *Ich habe Omelett gemacht, nehmen Sie (**davon**)?*
- Im verneinten Satz bedeutet en *kein(e)*:
  Tu prends **du vin** ? – Je **n'en** prends **pas**. *Nimmst du **Wein**? – Ich nehme **keinen**.*
- En kann sich auch auf den Inhalt eines vorangehenden Satzes beziehen:
  Je le croyais parti, mais il n'**en** est rien. *Ich dachte, er sei gefahren, aber es ist nicht der Fall.*
- En wird in folgenden Ausdrücken ohne grammatikalische Funktion verwendet: B1

Tu m'en veux ? *Bist du mir böse?*
Il n'en finit pas de pleuvoir. *Es hört nicht auf zu regnen.*
Où en sommes-nous ? *Wo sind wir stehen geblieben?*
Je n'en peux plus. *Ich kann nicht mehr.*
J'en ai assez. *Ich habe es satt/mir reicht es.*
Venons-en au fait. *Kommen wir zur Sache.*
Ne t'en fais pas. *Mach dir keine Sorgen.*

Das Adverbialpronomen y

Y kann sich nicht auf Personen beziehen, nur auf Sachen. Es vertritt Ortsadverbien und Ergänzungen, die mit à, dans, en und sur eingeleitet werden:
Je travaille **à Metz**. *Ich arbeite in Metz.* → J'**y** travaille. *Ich arbeite **dort**.*
Combien d'employés **y** travaillent ? *Wie viele Angestellte arbeiten **hier**?* (y = dans cette usine *in dieser Fabrik*)
Y kann sich auch auf den gesamten Inhalt eines vorangehenden Satzes beziehen:

Il aurait participé au Tour de France, mais je n'**y** crois pas. *Er soll an der Tour de France teilgenommen haben, aber ich glaube nicht* ***daran****.*

B1 Y wird in einigen Ausdrücken ohne grammatikalische Funktion verwendet:

Allons-y ! *Los geht's!*
Ça y est. *(Endlich) fertig!*
Il s'y connait vraiment. *Er kennt sich wirklich aus.*
Il s'y prend mal. *Er stellt sich ungeschickt an.*
Je n'y tiens pas. *Mir ist nicht danach.*

A2 6.5 Das Personal- und Adverbialpronomen im Satzgefüge

- Im Aussagesatz stehen die verbundenen Personalpronomen sowie die Adverbialpronomen unmittelbar vor dem konjugierten Verb bzw. dem konjugierten Hilfsverb:
  Viens, **on leur** dit au revoir. *Komm, sagen* ***wir ihnen*** *auf Wiedersehen.*
  J'**y** ai déjà pensé. *Ich habe schon daran gedacht.*
- Die Verneinungselemente (▶ 13) ne … pas *nicht*, ne … rien *nichts* usw. umschließen das Objektpronomen, das Adverbialpronomen und das konjugierte Verb:
  Je **n'y** vais **pas**. *Ich gehe nicht dorthin.*
  Il **n'en** mange **jamais**. *Er isst nie davon.*
- Im Fragesatz gilt für die verbundenen Objektpronomen und Adverbialpronomen die gleiche Stellung wie im Aussagesatz:
  Est-ce que tu **la** verras demain ? *Wirst du* ***sie*** *morgen sehen?*
- Zur Stellung beim Imperativ ▶ 15.
- Im Infinitivsatz stehen die Pronomen bei Verben der Wahrnehmung sowie bei faire *veranlassen* und laisser *lassen* vor dem konjugierten Verb:
  Tu **les** as vus danser ? *Hast du sie tanzen gesehen?*
  Le clown **les** fait rire. *Der Clown bringt sie zum Lachen.*
  Bei faire + Infinitiv ist das Personenobjekt immer ein indirektes Objekt:
  Je **lui fais descendre** l'escalier devant moi. *Ich* ***lasse ihn/sie*** *vor mir die Treppe hinuntergehen.*
- Beim Futur proche (▶ 12) sowie bei den Modalverben devoir *müssen*, pouvoir *können*, vouloir *wollen* werden die Pronomen vor den Infinitiv gesetzt. Ist der Infinitiv verneint, stehen sie außerhalb der Verneinungsklammer:
  Veuillez **me la** traduire (la lettre). *Würden Sie* ***ihn mir*** *bitte übersetzen.*
  Il ne peut pas **le lui** expliquer. *Er kann* ***es ihr/ihm*** *nicht erklären.*
  Ils vont **les leur** montrer (les photos). *Sie werden* ***sie ihnen*** *zeigen.*
- Haben Infinitiv und konjugiertes Verb je ein Objektpronomen, müssen diese vor die Verbform plaziert werden, auf welche sie sich beziehen:
  Je **les** ai entendus **en** parler (j'ai entendu les gens parler de ce film). *Ich habe* ***sie darüber*** *sprechen hören.*

- Mehrere Objektpronomen vor dem Verb können nur in einer bestimmten Reihenfolge erscheinen:

Dativpronomen		Akkusativpronomen		Dativpronomen		Adverbialpronomen
me	→					
te	→	le	→			
se	→	la	→	lui	→	y
nous	→	les	→	leur	→	en
vous	→					

Das direkte Objektpronomen steht direkt vor dem konjugierten Verb. Werden aber die Pronomen le, la, les in Verbindung mit lui oder leur kombiniert, steht das indirekte Objektpronomen unmittelbar vor dem konjugierten Verb.
L Es wird empfohlen, die Reihenfolge auswendig zu lernen, da diese Kombination der Objektpronomen häufig angewandt wird.

- ⚡ Zwei Objektpronomen können nur kombiniert werden, wenn eines davon das direkte Objektpronomen le, la oder les ist:

Erlaubte Kombinationen: me le te le le lui nous le vous le le leur

Ils **le leur** défendent. *Sie verbieten es ihnen.*

- Me, te, se, nous, vous können nur dann mit le, la, les kombiniert werden, wenn sie die Funktion eines indirekten Objekts haben. Sind sie direktes Objekt, wird das indirekte Objekt als unverbundenes Pronomen mit à angehängt. Diese Konstruktion steht häufig bei reflexiven Verben:
  Tu **t'**intéresses **à elle** ? *Interessierst du dich **für sie**?*
  Je pourrais **vous** recommander **à eux**. *Ich könnte **euch ihnen** empfehlen.*
- Die Adverbialpronomen en und y können mit allen verbundenen Pronomen kombiniert werden, wobei sie immer nach diesen und direkt vor dem Verb stehen. Weiterhin steht y vor en:
  Son cabinet d'architecte **s'y** trouve aussi. *Sein Architekturbüro befindet **sich** auch **da (dort)**.*
  Vous **vous en** souvenez ? *Erinnert ihr **euch daran**?*
- Die Verbindung y + en kommt nur vor in der Wendung il y en a *es gibt*:
  Est-ce qu'il y a encore du gâteau ? Non, **il** n'**y en a** plus. *Gibt es noch Kuchen? Nein, **es gibt** keinen mehr.*
- ⚡ Die Verbindungen lui/leur + y werden im Französischen gemieden, ferner m'y und l'y, wenn es sich um eine Ortsangabe handelt. Stattdessen wird y durch là(-bas) *dort/da* oder ici *hier* ersetzt:
  Remmène-le **là-bas**. *Nimm ihn **dorthin** mit.*

Zwischentest 6

A1
1. Welches ist das Subjektpronomen?

À vingt ans, il était au sommet de sa gloire.

a. vingt ☐
b. au ☐
c. il ☐
d. de ☐

A1
2. Wie heißt das direkte Objektpronomen der 2. Person Singular?

a. tu ☐
b. toi ☐
c. le ☐
d. te ☐

B1
3. Welche Form kann man durch on ersetzen?

a. moi ☐
b. des ☐
c. nous ☐
d. vous ☐

A2
4. Was muss in die Lücke?

Michel .... parle souvent.

a. elle ☐
b. en ☐
c. à le ☐
d. ils ☐

A1
5. Was zeichnet das verbundene Pronomen aus?

a. Es steht immer bei einem Verb. ☐
b. Es heißt moi oder toi. ☐
c. Es steht hinter dem Partizip Perfekt. ☐
d. Es ist Subjekt des Satzes. ☐

A2
6. In welchem Satz sind die hervorgehobenen Objekte richtig ersetzt?

J'ai donné les jouets à mon petit fils.

a. Je les ai donné lui. ☐
b. Je les lui ai donnés. ☐
c. Moi, j'ai donné les lui. ☐
d. J'ai les donné à lui. ☐

A1
7. Welches Subjektpronomen muss ergänzt werden?

.... n'a pas été trouvée.

a. Ils ☐
b. Lui ☐
c. Il ☐
d. Elle ☐

A2
8. Welche Kombination vor dem Verb ist richtig?

a. la me ☐
b. le lui ☐
c. le nous ☐
d. la te ☐

9. Welche Regel ist falsch? A2

a. En kann partitive Bedeutung haben. ☐
b. Y steht für Verb + à + Objekt. ☐
c. En steht für Verb + de + Objekt. ☐
d. Y bezieht sich immer auf Personen. ☐

10. Welche Antwort ist richtig? A2

C'est à qui ?
a. C'est à eux. ☐
b. C'est à tu. ☐
c. C'est à le. ☐
d. C'est à leur. ☐

11. Wie lautet die richtige Antwort? A2

Est-ce que tu as téléphoné à Marianne ?
a. Non, je ne l'ai pas téléphonée. ☐
b. Non, je ne lui ai pas téléphoné. ☐
c. Non, je ne pas l'ai téléphoné. ☐
d. Non, je ne veux pas la téléphoner. ☐

12. Wie ist der Satz zu übersetzen? A2

Er hat es absichtlich gemacht.
a. Il a fait ça intentionnel. ☐
b. Il l'a fait exprès. ☐
c. Il le a fait exprès. ☐
d. Il leur fait intentionnellement. ☐

13. In welchem Satz ist das Objekt korrekt ersetzt? A2

Il n'a jamais renoncé à sa bicyclette.
a. Il ne l'a jamais renoncée. ☐
b. Il n'a jamais y renoncé. ☐
c. Il ne lui a jamais renoncé. ☐
d. Il n'y a jamais renoncé. ☐

14. Was gehört in die Lücke? B1

Chacun pour .... et Dieu pour tous.
a. je ☐
b. soi ☐
c. les ☐
d. moi ☐

Lösungen
1 c. 2 d. 3 c. 4 b. 5 a. 6 b. 7 d. 8 b. 9 d.
10 a. 11 b. 12 b. 13 d. 14 b.

B1

7 Das Relativpronomen und der Relativsatz

Derrière le Maître-clerc était un énorme casier
***qui** garnissait le mur du haut en bas,*
*et **dont** chaque compartiment était bourré de lasses*
*d'**où** pendaient un nombre infini d'étiquettes*
et de bouts de fil rouge
***qui** donnent une physionomie spéciale*
aux dossiers de procédure.

Honoré de Balzac (1799–1850), romancier français

Hinter dem Bürovorsteher war ein riesengroßer Aktenschrank,
***der** die Wand von oben bis unten schmückte*
*und von **welchem** jedes Fach mit Aktenstößen voll gestopft war,*
***aus welchen** eine unbestimmte Menge Etiketten*
und roter Fadenenden heraushing,
***die** den Prozessakten ein spezielles Aussehen verliehen.*

Honoré de Balzac (1799–1850),
französischer Romanschriftsteller

G Der Relativsatz ist ein Nebensatz und dient der näheren Beschreibung von Personen, Dingen und Sachverhalten des Hauptsatzes. Wie im Deutschen wird er von Relativpronomen eingeleitet, die unterschiedliche Formen haben.

7.1 Das Relativpronomen

A1

Die unterschiedlichen Formen des Relativpronomens hängen wie im Deutschen von ihrer jeweiligen Funktion und von ihrem Bezugswort im Hauptsatz ab.

Formen und Gebrauch

Die Relativpronomen qui und que

	Gebrauch der Relativpronomen qui und que
qui *der/die/das/ welcher/welche/ welches*	Le peintre **qui** a dessiné ce tableau, vivait à Giverny. *Der Maler,* ***der*** *dieses Bild gemalt hat, lebte in Giverny.* Les gens **qui** habitent au premier étage ont fait du bruit toute la nuit. *Die Leute,* ***die*** *im ersten Stock wohnen, haben die ganze Nacht Lärm gemacht.* Comment s'appelle cette fille **qui** joue souvent dans les films de Truffaut ? *Wie heißt dieses Mädchen,* ***das*** *oft in Truffauts Filmen spielt?*
que *den/die/das/ was/welchen/ welche/welches*	La maison **que** Monet habitait se trouve à Giverny. *Das Haus,* ***das*** *Monet bewohnte, befindet sich in Giverny.* Les voisins **que** j'ai invités ont apporté le vin. *Die Nachbarn,* ***die*** *ich eingeladen habe, brachten den Wein mit.* Le bouquet **qu'**il m'a offert est vraiment joli. *Der Strauß,* ***den*** *er mir geschenkt hat, ist wirklich schön.* Je n'ai rien compris aux questions **qu'**elle m'a posées. *Ich habe nichts von den Fragen verstanden,* ***die*** *sie mir gestellt hat.*

Die Relativpronomen qui und que werden am häufigsten verwendet. Sie beziehen sich auf Personen und Dinge.

⚡ Qui und que sind in Genus und Numerus unveränderlich. Que wird vor Vokal und h muet apostrophiert, qui bleibt dagegen unverändert.

Steht qui ohne Präposition, hat es Subjektfunktion (Nominativ):
C'est quelque chose **qui** m' B1 inquiète depuis longtemps. *Das ist etwas,* ***das*** *mich seit langem beunruhigt.*
La personne **qui** nous a dit bonjour était mon ancien professeur. *Die Person,* ***die*** *uns guten Tag gesagt hat, war mein ehemaliger Lehrer.*

In Verbindung mit einer Präposition bezieht sich qui nur auf Lebewesen und ist indirektes Objekt:
Le monsieur **avec qui** je viens de parler est le père de Claudine. *Der Herr,* ***mit dem*** *ich gerade gesprochen habe, ist der Vater von Claudine.*
Il n'est pas le seul **à qui** je pense. *Er ist nicht der einzige,* ***an den*** *ich denke.*

Das Relativpronomen que hat die Funktion des direkten Objekts (Akkusativ):
Cette fille **que** j'ai accompagnée à l'école est la nièce de Michelle. *Dieses Mädchen,* ***das*** *ich in die Schule begleitet habe, ist die Nichte von Michelle.*

La voiture **que** tu as achetée est-elle neuve ou d'occasion ? *Ist das Auto, **das** du gekauft hast, neu oder gebraucht?*

B1 Das Relativpronomen que kann auch eine adverbiale Funktion als Relativadverb annehmen:
Chaque fois **qu'il** B2 triche aux cartes, il est surpris. *Jedes Mal, **wenn** er beim Kartenspielen betrügt, wird er ertappt.*

Ist der Relativsatz ein indirekter Fragesatz, müssen die Relativpronomen ce qui und ce que verwendet werden:
Je voudrais savoir **ce qui** la dérange. *Ich wüsste gerne, **was** sie stört.*
Il me demande **ce que** je voudrais savoir. *Er fragt mich, **was** ich wissen möchte.*

L! Wenn Sie sich nicht sicher sind, ob qui oder que einzusetzen ist, können Sie sich folgendermaßen orientieren: Steht direkt nach dem Relativpronomen ein Subjekt, muss das Relativpronomen que heißen.
Nach dem Subjekt fragt man mit *wer* oder *was*? → qui
Nach dem direkten Objekt fragt man mit *wen* oder *was*? → que
Nach dem indirekten Objekt fragt man *wem?* → Präposition + qui
Le jeune homme **qui** est passé chez toi, c'est mon frère. *Der junge Mann, **der** bei dir vorbeigekommen ist, ist mein Bruder.* (Wer ist vorbeigekommen?)
Le jeune homme **que** tu as vu hier, c'est mon frère. *Der junge Mann, **den** du gestern gesehen hast, ist mein Bruder.* (Wen hast du gesehen?)

A2 **Das Relativpronomen dont**
Das Relativpronomen dont ist unveränderlich und wird im Deutschen meist, aber nicht ausschließlich, mit dem Genitiv *dessen/deren* wiedergegeben. Dont vertritt:
- eine Ergänzung des Substantivs mit der Präposition de:
  Les Rigot adorent le calme **du quartier** où ils vivent. → Les Rigot vivent dans **un quartier dont** ils adorent le calme. *Die Rigots leben in einem Viertel, **dessen** Ruhe sie lieben.* (du → dont)
- eine Ergänzung des Verbs mit der Präposition de:
  Il **parle de** sa voisine sourde. → La voisine **dont il parle** est sourde. *Die Nachbarin, **von der er spricht**, ist taub.*
- eine Ergänzung des Adjektivs mit der Präposition de:
  Il est très **fier de** ce résultat. → C'est un résultat **dont** il est très fier. *Das ist ein Ergebnis, auf welches er sehr stolz ist.*

B1
- einen Teil einer Menge (partitiver Gebrauch). In diesem Fall hat dont kein Verb bei sich und bedeutet *darunter*:
  Quelques-uns sont venus, **dont** ton père. *Einige sind gekommen, **darunter** dein Vater.*

Anders als im Deutschen nimmt das Subjekt oder Objekt eines Relativsatzes mit dont einen Artikel zu sich, wenn es sich um Substantive handelt:

Les Pont, **dont la maison** a été détruite, habitent temporairement chez nous. *Die Ponts, **deren Haus** zerstört wurde, wohnen vorübergehend bei uns.*

Bezieht sich ein Relativpronomen auf quelqu'un *jemand*, quelque chose *etwas* oder eine ganze Nominalgruppe, wird immer dont gebraucht:
Elle est **quelqu'un dont** le comportement m'énerve. *Sie ist **jemand, dessen** Verhalten mich nervt.*
Il s'agit d'**un collègue de travail dont** j'ai oublié le nom. *Es geht um **einen Arbeitskollegen, dessen** Namen ich vergessen habe.* (Nominalgruppe).

Das Relativpronomen dont kann nicht an Stelle einer prädikativen Ergänzung des Ortes stehen. In diesem Fall verwendet man d'où *von wo, woher*:
Il revient **de** ce pays. → C'est le pays **d'où** il revient. *Das ist das Land, **aus dem** er zurückkommt.*

Die Relativpronomen ce qui, ce que, ce dont

A2

Die Relativpronomen ce qui, ce que *was* und ce dont *wovon/worüber* werden in Sätzen ohne persönliches oder sachliches Bezugswort verwendet. Sie beziehen sich auf etwas Unbestimmtes, meist auf den Inhalt eines ganzen Satzes.

Funktion der Relativpronomen ce qui, ce que, ce dont		
ce qui *was*	Subjekt	On ne peut pas deviner **ce qui** se trouve dans la boîte. *Man kann nicht erraten, **was** in der Schachtel ist.*
ce que *was*	direktes Objekt	Elle lui a confié un secret, **ce qu'**elle n'a jamais fait avant. *Sie hat ihm ein Geheimnis anvertraut, **was** sie nie zuvor getan hat.*
ce dont *wovon/worüber*	Ergänzung mit de	Je ne pense pas que **ce dont** tu as parlé soit correct. *Ich glaube nicht, dass das, **wovon** du gesprochen hast, richtig ist.*

Ce soir-là, il était marrant, **ce qui** m'étonne parce que normalement il ne dit pas grand-chose. *An diesem Abend war er lustig, **was** mich erstaunt, denn normalerweise spricht er nicht viel.*

Das Relativpronomen lequel

A2

Lequel *welcher* bezieht sich ebenfalls auf Personen und Sachen. Es ist das einzige Relativpronomen, das sich in Genus und Numerus nach seinem Bezugswort richtet. Zudem muss es an die vorangestellte Präposition angepasst werden und hat die gleichen Formen wie das Interrogativpronomen (▷ 10.1):

	m. Sing. **lequel** *welcher*	**f. Sing.** **laquelle** *welche*	**m. Pl.** **lesquels** *welche*	**f. Pl.** **lesquelles** *welche*
+ à	auquel	à laquelle	auxquels	auxquelles
+ de	duquel	de laquelle	desquels	desquelles

Il a B1 témoigné contre les accusés **lesquels** avaient B1 cambriolé une station-service. *Er hat zum Nachteil der Angeklagten ausgesagt,* ***die*** *eine Tankstelle ausgeraubt hatten.*
Le cheval **avec lequel** il sort de B2 l'écurie est très jeune. *Das Pferd,* ***mit dem*** *er aus dem Stall kommt, ist sehr jung.*
Les examens **auxquels** nous nous préparons auront lieu en novembre. *Die Prüfungen,* ***auf die*** *wir uns vorbereiten, werden im November stattfinden.*

Das Relativpronomen lequel kann immer anstelle der anderen Relativpronomen verwendet werden. Es muss obligatorisch stehen:

- bei Verwechslungsgefahr, um die grammatische Zugehörigkeit zu präzisieren:
  J'ai envoyé **une lettre** à mon neveu, **laquelle** devrait arriver demain. *Ich habe meinem Neffen einen Brief geschickt, der morgen ankommen sollte.* (Stünde qui, könnte es sich auch auf neveu beziehen)
- nach Präpositionen obligatorisch bei Bezug auf ein Sachsubstantiv, fakultativ bei Bezug auf ein Personensubstantiv:
  C'est la raison **pour laquelle** elle a froid. *Das ist der Grund,* ***weshalb*** *sie friert.*
  Roland est l'ami **auquel/à qui** elle tient le plus. *Roland ist der Freund,* ***an welchem*** *sie am meisten hängt.* (Das Bezugswort ist eine Person: auquel ist fakultativ.)
- immer nach entre *zwischen* und parmi *unter*:
  Les gens **parmi lesquels** je me trouve ici m'intéressent beaucoup. *Die Leute,* ***unter welchen*** *ich mich hier befinde, interessieren mich sehr.*
  Les pantalons **entre lesquels** j'ai choisi celui-ci sont tous assez démodés. *Die Hosen,* ***zwischen denen*** *ich diese hier ausgewählt habe, sind alle ziemlich altmodisch.*

A2 **Das Relativadverb où**

Das Interrogativpronomen (▷ 10) où ? *wo?* wird häufig auch in Relativsätzen als Relativadverb verwendet. Es bezeichnet den Ort und die Zeit:
C'était à l'époque **où** je faisais mes études. *Das war zu der Zeit,* ***als*** *ich studierte.*
C'est « Chez Julien » **où** tu mangeras les meilleures crevettes. *Im „Chez Julien" wirst du die besten Garnelen essen.*

Das Relativadverb où kann mit de *von*, par *durch* und jusque *bis* verbunden werden. Nach allen anderen Präpositionen muss lequel stehen:
La ligne **jusqu'où** son terrain s'étend est marquée par des pierres. *Die Linie,* ***bis zu welcher*** *sein Grundstück reicht, ist durch Steine markiert.*
La région **d'où** il vient est magnifique. *Die Region,* ***aus der*** *er kommt, ist wunderschön.*
Aber: La voiture **derrière laquelle** tu t'es garé a été B2 fracturée. *Das Auto,* ***hinter dem*** *du geparkt hast, wurde aufgebrochen.*

Das Relativpronomen quoi

B1

Das Relativpronomen quoi ist die betonte Form von que. Es bezieht sich nur auf Sachen und nie auf Personen. Quoi steht immer nach einer Präposition und wird gebraucht:

- in Bezug auf ce *das* sowie auf die Indefinitpronomen (▷ 8) quelque chose *etwas* oder rien *nichts*:
  Ce pour quoi il se fait des soucis est réellement négligeable. ***Das, worüber** er sich Sorgen macht, ist in Wirklichkeit unbedeutend.*
  Ce n'est **pas quelque chose à quoi** il pense toujours. ***Das ist keine Sache, an die** er immer denkt.*
  Il n'y a rien **de quoi** il parle de façon plus agitée. *Es gibt nichts, **worüber** er aufgeregter redet.*
- vor Infinitiv ohne Bezugswort und nach voilà *da/dort*:
  S'il te plaît, donne-moi **de quoi** me sécher les mains. *Gib mir bitte **etwas zum** Hände trocknen.*
  Voilà **en quoi** vous vous trompez. *Das ist es, **worin** ihr euch täuscht.*
- in Bezug auf einen vorangehenden Satz:
  Il a renvoyé un tiers des employés, **pour quoi** il avait été engagé. *Er hat ein Drittel der Angestellten entlassen, **wofür** er eingestellt worden war.*
- nach den Wendungen après quoi *woraufhin*, sans quoi *sonst*, faute de quoi *andernfalls*:
  Elle a fermé la porte, **après quoi** elle s'est aperçue qu'elle avait oublié les clés. *Sie hat die Tür geschlossen, **woraufhin** sie bemerkt hat, dass sie die Schlüssel vergessen hatte.*
  Elle doit se dépêcher, **sans quoi** elle manquera le bus. *Sie muss sich beeilen, **sonst** wird sie den Bus verpassen.*

7.2 Der Relativsatz

B1

Die Angleichung bei qui und que

- Im Relativsatz mit qui müssen die zugehörenden Adjektive und Partizipien in Genus und Numerus an das Bezugswort angepasst werden:
  Les élèves qui sont trop jeune**s** ne peuvent pas participer à ce cours. ***Die Schüler, die** zu jung sind, können an diesem Unterricht nicht teilnehmen.*
  La guêpe qui s'est posé**e** sur le jambon m'énerve. ***Die Wespe, die** sich auf dem Schinken niedergelassen hat, nervt mich.*
- Im Relativsatz mit que muss das Partizip der zusammengesetzten Zeiten in Genus und Numerus angepasst werden:
  Les femmes qu'on a rencontr**ées** hier étaient des amies de ma mère. ***Die Frauen, die** wir gestern **getroffen** haben, waren Freundinnen meiner Mutter.*

Stellung

A2 Der Relativsatz schließt immer direkt an das dazu gehörende Substantiv, an den zu ergänzenden Satzteil und die prädikative Ergänzung an. Im Unterschied zum Deutschen ist im Relativsatz die Wortstellung die gleiche wie im Aussagesatz:

Subjekt + Prädikat + Objekt/Ergänzung

Das Relativpronomen steht am Anfang des Relativsatzes. Gegebenenfalls wird eine Präposition eingefügt:
Le médecin, **qui** normalement est toujours à l'heure, n'est venu que l'après-midi.
Der Arzt*, *der *normalerweise immer pünktlich ist, ist erst nachmittags gekommen.*
Tu n'es pas **le premier à qui** ça arrive. *Du bist nicht* ***der erste*, *dem*** *das passiert.*

Der einschränkende und der erläuternde Relativsatz

Diese unterscheidet man nach dem Inhalt des Satzes:

- Der einschränkende Relativsatz ist zum Verständnis des Hauptsatzes notwendig und wird ohne Komma (▷ 1.1.5) angeschlossen:
  Est-ce que tu connais **la femme qui** marche devant nous ? *Kennst du* ***die Frau, die*** *vor uns geht?*
  Il suit **le convoi qui** transporte les dons humanitaires. *Er folgt* ***dem Konvoi, der*** *die Hilfsgüter transportiert.*
- Der erläuternde Relativsatz ist zum Verständnis des Hauptsatzes nicht notwendig und wird mit Komma abgetrennt:
  Elle a joué dans quelques films, **que** je n'ai pas vus. *Sie hat in ein paar Filmen gespielt,* ***die*** *ich nicht gesehen habe.* (Der Hauptsatz gibt auch ohne den Relativsatz einen Sinn.)

Der Subjonctif im Relativsatz

- Im Relativsatz wird der Subjonctif (▷ 16) gebraucht, wenn ein Wunsch, eine Möglichkeit, eine Absicht, ein Zweck oder eine Annahme ausgedrückt wird:
  Il nous faut quelqu'un **qui puisse** réparer la machine à laver. *Wir brauchen jemanden,* ***der*** *die Waschmaschine reparieren kann.* (Zweck)
  Il semble **qu'elle ait** oublié son rendez-vous. *Es macht den Anschein als habe sie ihren Termin vergessen.* (Möglichkeit)
  ⚡ Drückt der Satz eine unzweifelhafte Tatsache aus, steht er im Indikativ:
  Il semble **qu'il** en **a** assez. *Es scheint,* ***dass*** *er genug davon* ***hat.*** (Tatsache)
- Der Subjonctif wird weiterhin nach Superlativen und Ausdrücken wie le seul *der einzige*, le premier *der erste*, le dernier *der letzte*, l'unique *der einzige* gebraucht:
  Il est **l'unique qui puisse** me comprendre. *Er ist* ***der einzige, der*** *mich verstehen* ***kann.***
  C'est ma **seule cravate qui aille** avec cette chemise. *Das ist meine* ***einzige Krawatte, die*** *zu diesem Hemd* ***passt.***

Der Relativsatz bei beaucoup, chacun, tout und tous

A2

- An beaucoup *viel*, chacun(e) *jede/jeder/jedes*, tout *jedes*, tous *alle* kann der Relativsatz nicht direkt angeschlossen werden.
  Im Unterschied zum Deutschen ist beaucoup *viel* immer ein Adverb. Ein Relativsatz kann deshalb nur an eine Ergänzung zu beaucoup angeschlossen werden.
- Das deutsche *jeder, der …, jede, die …* kann nicht mit chacun ausgedrückt werden, sondern muss im französischen Relativsatz entweder durch quiconque *wer (auch immer)* ersetzt oder umschrieben werden. Quiconque kann nur Subjekt im Relativsatz sein.
- Tout und tous können einen Relativsatz nur in Verbindung mit einem Substantiv + qui/que oder mit einem Demonstrativpronomen (▷ 9) anschließen.

	Umschreibungsmöglichkeiten zur Bildung eines Relativsatzes	
beaucoup	beaucoup de …	beaucoup de gens + Relativpronomen *viele Leute* beaucoup de choses + Relativpronomen *viele Sachen*
chacun(e)	quiconque *jeder, der, wer (auch immer)* toute personne + Relativpronomen *alle*	
tout, tous	tout/toute + Substantiv, qui *jeder/jede/jedes,* que *der/den* tout ce qui/que *alles, was* tous ceux qui/que (m. Pl.)/toutes celles qui/que (f. Pl.) *alle, die*	

Tout enfant qui est à son âge aime se déguiser. ***Jedes Kind, das*** *in seinem/ihrem Alter ist, verkleidet sich gerne.*
Donne-le à **quiconque** le désire. *Gib es* ***jedem, der*** *es möchte.*
Il lit **tout ce qui** l'intéresse. *Er liest* ***alles, was*** *ihn interessiert.*
Dis-le à **tous ceux/toutes celles que** tu rencontres. *Sag es* ***allen, die*** *du triffst.*

Umschreibungsformen von Relativsätzen

Relativsätze können auch durch verkürzende Konstruktionen umgangen werden:

- Partizipialkonstruktion (▷ 18):
  Les enfants **jouant** au jardin sont les petits-enfants de Jean./Les enfants **qui** jouent … *Die Kinder,* ***die*** *im Garten* ***spielen****, sind die Enkel von Jean.*
- Infinitivkonstruktion (▷ 14) mit à oder pour:
  Elle voudrait connaître quelqu'un **pour sortir** le soir./… quelqu'un **avec qui** elle puisse sortir … *Sie würde gerne jemanden kennen,* ***mit dem*** *sie abends* ***ausgehen könnte/ … um … auszugehen.***
  C'est une chemise **à laver** sur l'envers./ … une chemise **qu'**il faut laver … *Das ist ein Hemd,* ***das*** *man auf links* ***waschen*** *sollte.*

Zwischentest 7

A1 **1. Welches ist das Relativpronomen im Satz?**

Voilà ce qui m'a étonné.

a. ce ☐
b. m'a ☐
c. qui ☐
d. voilà ☐

A1 **2. Welches Relativpronomen gehört in die Lücke?**

C'est son cœur .... j'entends battre.

a. qui ☐
b. duquel ☐
c. que ☐
d. pourquoi ☐

A2 **3. Welcher Satz ist kein Relativsatz?**

a. Il fait ce qu'on lui a dit. ☐
b. Il a dit qu'il n'en voulait plus. ☐
c. Il admire les idées dont il a entendu parler. ☐
d. Il ne veut jamais ce qu'elle veut. ☐

A2 **4. Welcher Satz ist ein Relativsatz?**

a. Il n'y a que Martine et nous. ☐
b. Je ne reste plus à moins que Martine soit là. ☐
c. Martine a dit qu'elle n'avait plus envie de rester. ☐
d. Marie, que j'ai rencontrée ici, est ma copine. ☐

B1 **5. Welches Substantiv kann lequel nicht vertreten?**

a. le coffre ☐
b. ma sœur ☐
c. l'entourage ☐
d. le paquet ☐

A2 **6. Welche Relativpronomen sind möglich?**

C'est le patron .... je viens de parler.

a. duquel/de qui ☐
b. quoi/duquel ☐
c. qui/à laquelle ☐
d. lequel/auquel ☐

A2 **7. Welche Aussage ist richtig?**

a. Quoi kann Personen und Dinge näher bezeichnen. ☐
b. An beaucoup kann kein Relativsatz angeschlossen werden. ☐
c. Der Relativsatz wird nie mit Komma angeschlossen. ☐
d. Lequel bezeichnet ausschließlich Sachen. ☐

8. Welches Relativpronomen passt? A2

C'est le jardin dans les allées .... on peut se promener.

a. de laquelle ☐ c. duquel ☐
b. pour qui ☐ d. auquel ☐

9. Vor welchem Relativpronomen kann à nicht stehen? A2

a. que ☐ c. laquelle ☐
b. quoi ☐ d. qui ☐

10. Welcher Relativsatz ist korrekt? B1

a. L'émission qui j'ai vu hier était intéressante. ☐
b. C'est une émission quoi m'intéresse peu. ☐
c. C'est une émission que m'intéresse beaucoup. ☐
d. C'est une émission que je n'ai jamais vue. ☐

11. In welchem Satz kann dont nicht stehen? A2

a. C'est un geste dont il n'est pas capable. ☐
b. C'est quelque chose dont j'ai beaucoup parlé. ☐
c. C'est l'Atlantique dont viennent ces poisons. ☐
d. Le cadeau dont j'ai parlé est pour son mari. ☐

12. Was wird durch où näher bestimmt? A2

a. Ort und Zeit ☐ c. Personen ☐
b. Präpositionen ☐ d. Verben ☐

13. Was gehört in die Lücke? B1

L'église .... toit va être refait est très vieille.

a. duquel ☐ c. de laquelle ☐
b. dont le ☐ d. à laquelle ☐

14. Was kann sich nicht auf Personen beziehen? A2

a. lesquels ☐ c. qui ☐
b. que ☐ d. quoi ☐

Lösungen

1c. 2c. 3b. 4d. 5b. 6a. 7b. 8c.
9a. 10d. 11c. 12a. 13b. 14d.

A2

8 Das Indefinitpronomen und -adjektiv

Il ne faut pas toujours dire ***tout****,*
*car ce serait sottise; mais ce qu'****on*** *dit,*
il faut qu'il soit ***tel*** *qu'****on*** *le pense,*
autrement c'est méchanceté.

Michel de Montaigne (1533–1592), philosophe,
moraliste et homme politique français

Man muss nicht immer ***alles*** *sagen,*
denn das wäre Dummheit, aber was ***man*** *sagt,*
muss ***das*** *sein, was* ***man*** *auch denkt,*
sonst wäre es Bosheit.

Michel de Montaigne (1533–1592),
französischer Philosoph, Moralist und Politiker

G Indefinita können adjektivisch oder pronominal gebraucht werden. Indefinitadjektive begleiten Substantive, während Indefinitpronomen Substantive oder eine Nominalgruppe ersetzen. Indefinita bezeichnen die Unbestimmtheit von Personen, Dingen oder Sachverhalten. Es ist zwischen veränderlichen und unveränderlichen Indefinita zu unterscheiden.

8.1 Das Indefinitadjektiv

A2

Formen

• Veränderliche Indefinitadjektive:

Sing. maskulin	Sing. feminin	Pl. maskulin	Pl. feminin
–	–	différents *verschiedene/ unterschiedliche*	différentes *verschiedene/ unterschiedliche*
–	–	divers *verschiedene/ unterschiedliche*	diverses *verschiedene/ unterschiedliche*
–	–	B1 maints *manche*	maintes *manche*
n'importe quel *irgendein*	n'importe quelle *irgendeine*	n'importe quels *irgendwelche*	n'importe quelles *irgendwelche*
quelque *irgendein*	quelque *irgendeine*	quelques *einige*	quelques *einige*

Quel gâteau veux-tu ? **N'importe quel** gâteau sans chocolat. *Welchen Kuchen möchtest du?* ***Irgendeinen/egal welchen*** *ohne Schokolade.*
Différents scientifiques ont averti du trou dans la couche d'ozone. ***Verschiedene*** *Wissenschaftler haben vor dem Ozonloch gewarnt.*

• Unveränderliche Indefinitadjektive:
chaque *jeder/jede* B2 quelconque *ein beliebiger/eine beliebige*
Von chaque gibt es nur die Singularform:
Je comprends **chaque** mot qu'il dit. *Ich verstehe* ***jedes*** *Wort, das er sagt.*

Gebrauch

• Chaque *jeder/jede* steht vor dem Substantiv:
Il perd **chaque** casquette qu'il achète. *Er verliert* ***jede*** *Kappe, die er kauft.*
Das deutsche *jedesmal, wenn* wird durch chaque fois que ausgedrückt:
Chaque fois qu'il descend à la cave, il faillit mourir de peur. ***Jedesmal, wenn*** *er in den Keller geht, stirbt er fast vor Angst.*
Dem deutschen *jeder zweite/dritte* usw. + Substantiv entspricht un + Substantiv + sur deux/trois:
Un sur deux se déclare incompétent. ***Jeder Zweite*** *hält sich für inkompetent.*

• Divers/diverses und différents/différentes haben je nach Stellung unterschiedliche Bedeutungen:

divers/diverses; différents/différentes	vorgestellt	→ *verschiedene*
	nachgestellt	→ *unterschiedliche*

Elle a lu **différents/divers romans**. *Sie hat* ***verschiedene*** *Romane gelesen.*

ℹ Les B2 faits divers bezeichnet eine Zeitungsrubrik und bedeutet *Vermischtes/Lokales*:
Ce papier était un morceau d'un **fait divers** dont le début manquait. *Dieses Papier war ein Stück (aus der Rubrik)* ***Vermischtes****, deren Anfang fehlte.*

- An n'importe *irgend-* können sich auch lequel/laquelle *welcher/welche*, où *wo*, quand *wann*, quoi *was*, comment *wie* usw. anschließen:
  Prends la glace que tu veux, **n'importe laquelle**. *Nimm das Eis, welches du möchtest,* ***egal welches****.*
  On pourrait se rencontrer **n'importe quand** et **n'importe où**. *Wir könnten uns* ***irgendwann*** *und* ***irgendwo*** *treffen.*
- B1 Maints *manche* ist literarisch und wird vorwiegend in festen Wendungen gebraucht: maintes fois *wiederholt*, à maintes reprises *zum wiederholten Male*, à maints égards *in mancher Hinsicht*.
  Je lui ai téléphoné à **maintes** reprises. *Ich habe ihn zum* ***wiederholten*** *Male angerufen.*
- Quelconque *ein beliebiger/eine beliebige* wird in der Regel nachgestellt:
  Anne est passée sous un prétexte **quelconque**. *Anne ist unter* ***irgendeinem*** *Vorwand vorbeigekommen.*
- Quelque *irgendein/ein gewisser* im Singular wird im heutigen Französisch nur noch selten gebraucht und meistens in feststehenden Wendungen: quelque part *irgendwo*, quelque temps *einige Zeit*, en quelque sorte *gewissermaßen*:
  Il a séjourné **quelque temps** au Japon. *Er hat* ***einige Zeit*** *in Japan verbracht.*
- B1 Les oder ces vor quelques entspricht dem deutschen *wenige*:
  Ces **quelques** spectateurs dans la salle sont tous des amis de l'acteur.
  Diese ***wenigen/paar*** *Zuschauer im Saal sind alle Freunde des Schauspielers.*

A2 8.2 Das Indefinitpronomen

Das Indefinitpronomen vertritt ein Substantiv oder eine Nominalgruppe.

Formen

- Veränderliche Indefinitpronomen sind: chacun/chacune *jeder/jede*, quelques-uns/quelques-unes *einige*, quelqu'un/quelqu'une *jemand*.
  J'ai proposé à **chacun** d'apporter quelque chose à manger. *Ich habe* ***jedem*** *vorgeschlagen, etwas zum Essen mitzubringen.*
- Unveränderliche Indefinitpronomen sind: B1 autrui *ein(e) andere(r)*, n'importe qui *jeder beliebige/irgendjemand*, n'importe quoi *irgendetwas*, on *man*, personne *niemand*, quelque chose *etwas*, B1 quiconque *wer auch immer*, rien *nichts*.
  Appelle-moi si tu as besoin de **n'importe quoi**. *Rufe mich an, wenn du* ***irgendetwas*** *brauchst.*

Gebrauch

- **Autrui** *ein anderer/eine andere/andere* wird nur noch selten gebraucht: B1
  Il pense rarement à **autrui**. *Er denkt selten an **andere**.*
- Chacun/chacune *jeder/jede* wird nur im Singular verwendet:
  Chacun devrait connaître ses limites. ***Jeder** sollte seine Grenzen kennen.*
  ⚡ Nach chacun kann kein Relativpronomen (▷ 7) folgen. Das deutsche *jeder, der* wird im Französischen mit toute personne qui oder quiconque wiedergegeben. Dem deutschen *jedermann* entspricht im Französischen tout un chacun:
  Comme **tout un chacun**, vous en avez sans doute entendu parler. *Wie **jedermann** haben Sie sicher davon gehört.*
- N'importe qui/quoi *irgendjemand/irgendetwas*. An n'importe können auch où *wo*, quand *wann*, comment *wie* angeschlossen werden.
  Pour un renseignement, adressez-vous à **n'importe qui** dans la salle. *Für eine Auskunft wenden Sie sich an **irgendjemanden** im Saal.*
- Personne *niemand* und rien *nichts* sind Elemente der Negation und werden in Verbindung mit einem konjugierten Verb von ne begleitet (▷ 13):
  Personne ne pouvait les renseigner. ***Niemand** konnte sie informieren.*
  Als Antwort auf eine Frage kann personne oder rien ohne ne stehen, auch in Verbindung mit einer Präposition:
  Qui a téléphoné ? **Personne**. *Wer hat angerufen? **Niemand**.*
  A quoi sert cette machine ? À **rien**, elle est cassée. *Wozu dient diese Maschine? Zu **nichts**, sie ist kaputt.*
- On *man* ist immer Subjekt und von einem Verb im Singular begleitet. Es kann nous *wir*, quelqu'un *jemand* oder tout le monde *jeder* bedeuten (▷ 6).
  Häufig steht aus phonetischen Gründen ein l' vor on, besonders nach et *und*, ou *oder*, où *wo*, à qui *wem*, que *wer* und si *wenn*:
  Si **l'on** n'agit pas directement contre la pollution, ça sera trop tard. *Wenn **man** die Umweltverschmutzung nicht direkt angeht, wird es zu spät sein.*
- Quelqu'un *jemand* kann nur Personen vertreten. Folgt ein Adjektiv, muss de eingefügt werden:
  Il est **quelqu'un de** très intelligent. *Er ist **jemand** sehr Intelligentes.*
  ⚡ Zwischen quelqu'un und quelqu'une wird nur dann genusspezifisch unterschieden, wenn man betonen will, dass es sich um eine Frau handelt:
  Il se demande si **quelqu'un**, ou plutôt **quelqu'une** l'aimera un jour. *Er fragt sich, ob **jemand**, vielmehr ob **eine Frau** ihn je lieben wird.*
- Quelque chose *etwas* kann nur für Dinge stehen. Folgt auf quelque chose ein Adjektiv, muss de eingefügt werden.
  ➕ Im Deutschen wird dies durch ein substantiviertes Adjektiv wiedergegeben:
  C'est **quelque chose de** très **beau**. *Das ist **etwas** sehr **Schönes**.*
- Quiconque *wer auch immer* ist selten und bedeutet n'importe qui: B1
  Je ne confierais pas cette tâche à **quiconque/n'importe qui**. *Ich würde diese Aufgabe nicht **irgendjemandem** anvertrauen.*

B1

8.3 Adjektivische und pronominale Indefinita

Formen

Sing. maskulin	Sing. feminin	Pl. maskulin	Pl. feminin
aucun *kein/keiner*	aucune *keine*	–	–
autre	autre	autres	autres
der andere/ein anderer	*die andere/eine andere*	*die anderen/andere*	*die anderen/andere*
certain	certaine	certains	certaines
(ein) gewisser	*(eine) gewisse*	*einige/gewisse/manche*	*einige/gewisse/manche*
même	même	mêmes	mêmes
derselbe/selbst	*dieselbe/selbst*	*dieselben/selbst*	*dieselben/selbst*
nul *kein/keiner*	nulle *keine/keine*		
pas un	pas une	–	–
kein einziger	*keine einzige*		
plus d'un	plus d'une	–	–
so mancher	*so manche*		
–	–	plusieurs *einige*	plusieurs *einige*
tel *ein solcher*	telle *eine solche*	tels *solche*	telles *solche*
tout	toute	tous	toutes
jeder/der ganze	*jede/die ganze*	*alle/die ganzen*	*alle/die ganzen*

Certains étaient en avance et d'**autres** en retard. ***Einige/gewisse*** *waren zu früh und* ***andere*** *zu spät.*
J'aimerais visiter d'**autres** pays. *Ich würde gerne* ***andere*** *Länder besuchen.*

Gebrauch

- Aucun und nul *kein(e)/keiner* werden im Genus an das Bezugswort angepasst. In Verbindung mit einer konjugierten Verbform werden sie mit ne gebraucht:
  Michel **n'**a fait **aucune** proposition. *Michel hat keinen Vorschlag gemacht.*
  Il **n'**a **nulle** envie de se promener. *Er hat* ***keine*** *Lust spazieren zu gehen.*
- Autre *der/die andere, ein/eine andere/r* ist veränderlich und hat auch die Bedeutung von différents *verschiedene* und encore un/des *noch ein/weitere*:
  Il en restent **d'autres**. *Es sind noch* ***andere*** *übrig.*
  Pronominal wird l'autre oft in Verbindung mit l'un gebraucht:
  L'un et **l'autre** ont soif. ***Der eine*** *wie* ***der andere*** *hat Durst.*
- Certain *gewisse/r* wird an das Bezugswort angepasst. Wird es dem Substantiv nachgestellt, hat es die Bedeutung von *echt/sicher/unbestreitbar*:
  J'en ai des preuves **certaines**. *Ich habe* ***sichere*** *Beweise dafür.*
  Aber: J'en ai **certaines** preuves. *Ich habe* ***gewisse*** *Beweise dafür.*
- Même *selbst* kann ein Pronomen oder Substantiv betonen:
  Il est la bonté **même**. *Er ist die Güte* ***selbst****.*
  Jean a réparé la voiture lui-**même**. ***Jean*** *hat das Auto* ***selbst*** *repariert.*

- Plus d'un/une *mancher/mehr als eine/r* steht mit dem unbestimmten Artikel:
  Plus d'un élève a raté l'examen. ***So mancher*** *Schüler hat die Prüfung nicht bestanden.*
- Plusieurs *mehrere* steht vor Substantiven im Plural und ist unveränderlich:
  J'ai vu **plusieurs** papillons. *Ich habe* ***mehrere*** *Schmetterlinge gesehen.*
- Tel hat die Bedeutung von *ein solcher*, *so* oder *wie* und wird angepasst:
  un homme **tel** que lui *ein Mann* ***wie*** *er*, une **telle** surprise ***so*** *eine Überraschung*

Das adjektivische tout

Das adjektivische tout wird an das Bezugswort angepasst.

- Tout vor einem bestimmten Artikel + Substantiv bezeichnet eine Gesamtheit und wird mit *der/die/das ganze* übersetzt: tout le pays *das ganze Land*.
- Tout vor Substantiv (ohne Artikel) hat die Bedeutung von chaque *jeder*:
  Pour **tout** renseignement s'adresser au guichet. *Für* ***(jede)*** *Auskunft wenden Sie sich an den Schalter.*
- Feststehende Wendungen mit tout sind:

à tous égards *in jeder Hinsicht*
à tout moment *jeden Augenblick*
à tout prix *um jeden Preis*
de toute façon *auf jeden Fall/sowieso*
de toute sorte *(von) jeder Art*
en tout cas *auf jeden Fall*
en tout genre *(von) jeder Art*
toutes sortes de *alle möglichen*

Das pronominale tout

Das pronominale tout ist unveränderlich und bedeutet *alles*:
Tout doit être fait pour les aider. ***Alles*** *muss getan werden, um ihnen zu helfen.*

- Ist tout direktes Objekt, steht es vor einem Infinitiv oder Partizip Perfekt:
  Il a tout vu. *Er hat alles gesehen.*
- Das deutsche *nicht alles* + Substantiv entspricht tout + verneintem Verb:
  Tout ce qui brille **n'**est **pas** d'or. ***Nicht alles*** *was glänzt ist Gold.*
- Bei tout *alles* vor einem substantivierten Adjektiv muss ce + Relativsatz (▷ 7) eingefügt werden:
  Il sait **tout ce qui** est nouveau. *Er weiß* ***alles, was*** *neu ist.*
- Tout *ganz* kann eine adverbiale Funktion annehmen (▷ 5):
  Il est **tout** content. *Er ist ganz zufrieden.*
- Feststehende Wendungen mit tout sind:

tout à coup *plötzlich*
à tout à l'heure *bis gleich*
tout de suite *sofort*
tout à fait *ganz und gar*
à toute heure *zu jeder Zeit*
une fois pour toutes *ein für allemal*

⚡ Man sagt tout le monde *alle/jedermann*, aber: le monde entier *die ganze Welt*.

- Das pronominale tous/toutes *alle* wird im Genus angeglichen:
  Ses filles sont **toutes** venues. *Seine/ihre Töchter sind* ***alle*** *gekommen.*

Zwischentest 8

A2 **1. Welches ist das Indefinitpronomen?**

Il ne faut pas acheter n'importe quoi.

a. Il ☐
b. n'importe quoi ☐
c. faut ☐
d. quoi ☐

B1 **2. Welches ist das Indefinitadjektiv?**

Si seulement j'avais une quelconque idée.

a. Si ☐
b. seulement ☐
c. quelconque ☐
d. idée ☐

A2 **3. Welcher Satz ist falsch?**

a. Aucune institutrice n'est si aimée que Mlle Dumont. ☐
b. Rien n'est parfait. ☐
c. Personne n'a sonné. ☐
d. Il est quelqu'un curieux. ☐

B1 **4. Welche Indefinita haben die gleiche Bedeutung?**

a. aucun/divers ☐
b. rien/quelqu'un ☐
c. aucun/pas un ☐
d. différents/chacun ☐

B1 **5. Wie ist die Lücke zu schließen?**

Sur cette image on voit des fruits ....

a. de toutes sortes ☐
b. on ☐
c. quiconque ☐
d. quelques ☐

A2 **6. Welcher Satz ist richtig?**

a. Raconte-moi quelques choses nouvelles. ☐
b. Raconte-moi quelque chose de nouveau. ☐
c. Raconte-moi quelque chose nouveau. ☐
d. Raconte-moi la quelque chose. ☐

A2 **7. Wie ist die Lücke zu schließen?**

Elle leur donnera l'argent de poche ....

a. à chacun. ☐
b. pour chaque. ☐
c. chaque ☐
d. à autre. ☐

8. Wie kann der Satz umformuliert werden? A2

Tout candidat se présentera au patron.

a. Le candidat se présentera au patron. ☐
b. Chaque candidat se présentera au patron. ☐
c. Un candidat sur deux se présentera au patron. ☐
d. Aucun candidat ne se présentera au patron. ☐

9. Was kann quiconque ersetzen? B1

a. n'importe quoi ☐
b. personne ☐
c. n'importe qui ☐
d. rien ☐

10. Welcher Satz ist richtig? A2

a. C'est quelque chose vraiment drôle. ☐
b. Il n'a aucune idée. ☐
c. Tous le monde est venu. ☐
d. Il mange plusieur olive en même temps. ☐

11. Wie ist der Satz zu ergänzen? B1

Paul et Marianne sont très attachés ....

a. elle à lui. ☐
b. un à une ☐
c. l'un à l'autre. ☐
d. l'autre à l'une. ☐

12. Was passt in die Lücke? B1

Il habite dans le .... quartier depuis son enfance.

a. chaque ☐
b. je pense ☐
c. aucun ☐
d. même ☐

13. Was zeichnet tout aus? B1

a. Tout kann ein Adjektiv sein. ☐
b. Tout muss immer angepasst werden. ☐
c. Tout und tel haben die gleiche Bedeutung. ☐
d. Tout steht immer allein. ☐

Lösungen

1b. 2c. 3d. 4c. 5a. 6b. 7a. 8b.
9c. 10b. 11c. 12d. 13a.

A2

9 Das Demonstrativ- und das Possessivpronomen

***C'est ma** sœur de lait, **cette** fille;*
nous avons grandi ensemble.
Elle a fait une faute, tant pis;
*mais je ne la jetterai pas dehors pour **cela**;*
*et s'il le faut, je l'élèverai, **cet** enfant.*
Alors Julien éclata:
Et nous aurons une propre réputation,
*nous autres, avec **notre** nom et **nos** relations.*

Guy de Maupassant (1850–1893), écrivain français

***Dieses** Mädchen ist **meine** Milchschwester;*
wir sind zusammen aufgewachsen.
Sie hat einen Fehler gemacht, was soll's,
*aber ich werde sie **deshalb** nicht hinauswerfen;*
*und wenn es sein muss, werde ich **dieses** Kind groß ziehen.*
Da brach es aus Julien hervor:
Und wir anderen werden einen lädierten Ruf haben,
*mit **unserem** Namen und **unseren** Beziehungen.*

Guy de Maupassant (1850–1893),
französischer Autor

G Die Demonstrativa weisen auf etwas Bestimmtes hin, die Possessiva zeigen ein Besitzverhältnis an. Im Französischen unterscheidet man Demonstrativadjektive und Demonstrativpronomen sowie Possessivadjektive und Possessivpronomen. Sie können die Funktion eines Adjektivs und eines Pronomens übernehmen. Als Adjektiv ergänzen sie das zu bezeichnende Substantiv, als Pronomen ersetzen sie das Substantiv.

9.1 Das Demonstrativpronomen und -adjektiv

A2

9.1.1 Das Demonstrativpronomen

A2

Man unterscheidet zwischen einfachen, zusammengesetzten und neutralen Demonstrativpronomen.

Formen

	einfache Formen		zusammengesetzte Formen	
	Singular	**Plural**	**Singular**	**Plural**
maskulin	celui *der(jenige)*	ceux *die(jenigen)*	celui-ci *der/dieser(hier)* celui-là *der/dieser (da)*	ceux-ci *die/diese (hier)* ceux-là *die/diese (da)*
feminin	celle *die(jenige)*	celles *die(jenigen)*	celle-ci *die/diese (hier)* celle-là *die/diese (da)*	celles-ci *die/diese (hier)* celles-là *die/diese (hier)*
neutral	ce *das*		ceci *dies*, cela/ça *das*	

Vor vokalischem Anlaut wird ce zu c' verkürzt: c'est, c'était usw. Vor a wird ce zu ç': ç'a été long *das hat lange gedauert.*

Gebrauch

Das Demonstrativpronomen vertritt Substantive. Es wird an das Substantiv, für das es steht, in Genus und Numerus angepasst:
Parmi toutes ces **tasses**, voici **celle** que je préfère. *Von allen **Tassen** mag ich **diese** am liebsten.*

Die einfachen Formen des Demonstrativpronomens können nicht allein gebraucht werden, sondern haben immer eine Ergänzung bei sich. Dies kann sein:

- eine Ergänzung mit de + Substantiv:
  Comme sa moto est en panne, il prend **celle de** son frère. *Da sein Motorrad kaputt ist, nimmt er **das** seines Bruders.*
- ein Relativsatz (▷ 7):
  À quelle B1 clientèle cible s'adresse ce livre ? À **ceux et celles qui** ont une certaine B1 formation préalable. *An welche Zielgruppe richtet sich dieses Buch? An **diejenigen, die** eine gewisse Vorbildung haben.*
- ein Partizip (Präsens oder Perfekt): B1
  Quelles photos regarde-t-il ? **Celles** prises au Mont Ventoux. *Welche Fotos schaut er an? **Die, die** auf dem Mont Ventoux aufgenommen wurden.*

Die zusammengesetzten Demonstrativpronomen sind Subjekt- oder Objektpronomen (▷ 6) und werden ohne Ergänzung verwendet. Sie haben hinweisende Funktion und können sich auf Lebewesen oder Dinge beziehen:
Tu mets quels bijoux ce soir ? **Ceux-ci.** *Welche Schmuckstücke/welchen Schmuck legst du heute Abend an?* ***Diese/diesen hier.***

B1 Die neutralen Demonstrativpronomen sind unveränderlich:
- Das neutrale ce wird nur in Verbindung mit être *sein* und als neutrales Subjekt gebraucht:
  Ce sont tes gants là ? *Sind* ***das*** *da deine Handschuhe?*
- Die neutralen ceci, cela und ça können Subjekt oder Objekt sein und verweisen auf einen bereits erwähnten oder als bekannt vorausgesetzten Sachverhalt:
  Ça doit être vrai puisque il l'a dit. ***Das*** *muss wahr sein, da er es gesagt hat.*
- ⓘ Vor Infinitiv steht ça … de und c'est … de:
  C'est gentil **de** passer nous voir. ***Es*** *ist nett, dass du uns besuchst.*
- Ceci/celui-ci/celle-ci und cela/celui-là/celle-là werden zur Gegenüberstellung gebraucht: ceci verweist auf den ersten oder näheren Gegenstand, cela auf den zweiten oder entfernteren:
  Ceci est à toi et **cela** est à lui. ***Das*** *gehört dir und* ***das/jenes*** *ihm.*
  Celui-ci est mon frère cadet tandis que **celui-là** est mon neveu. ***Dieser (hier)*** *ist mein jüngerer Bruder, während* ***jener (dort)*** *mein Neffe ist.*

A2

9.1.2 Das Demonstrativadjektiv

Formen

	Singular	Plural
maskulin	ce/cet *dieser*	ces *diese*
feminin	cette *diese*	ces *diese*

Vor einem Substantiv, das mit Vokal oder h muet beginnt, wird ce zu cet: **cet** ami ***dieser*** *Freund*, **cet** arbre ***dieser*** *Baum*, **cet** homme ***dieser*** *Mann.*

Gebrauch

Das Demonstrativadjektiv steht als Begleiter vor dem Substantiv und richtet sich in Genus und Numerus nach diesem. Es hat die Funktion eines hinweisenden Artikels und wird gebraucht:
- zum Hinweis auf Personen und Dinge, die nicht erwähnt wurden:
  Regarde **cet** B1 écureuil roux. *Schau,* ***dieses*** *rote Eichhörnchen.*
- zur Textverknüpfung, indem auf ein vorausgehendes oder nachfolgendes Satzglied hingewiesen wird:
  Il a acheté une maison dans le quartier. **Cette** maison date du 18ᵉ siècle. *Er hat ein Haus in dem Viertel gekauft.* ***Dieses*** *Haus stammt aus dem 18. Jahrhundert.*

- für verschiedene adverbialen Ergänzungen:

à cette époque *damals*
à cet égard *in dieser Hinsicht*
dans ce but *zu diesem Zweck*
à ce moment-là *in diesem Augenblick*
en ce moment *zur Zeit/gegenwärtig*
pour cette raison *aus diesem Grund/deshalb*

Das Demonstrativadjektiv kann durch -ci oder -là verstärkt werden: **ce cahier-là** *dieses Heft (da)*, **ces dettes-ci** *diese Schulden (hier)*.

9.2 Das Possessivpronomen und -adjektiv

A2

Possessivpronomen und Possessivadjektive zeigen den Besitz an. Das Possessivpronomen ersetzt ein Substantiv, das Possessivadjektiv begleitet es.

9.2.1 Das Possessivpronomen

A2

Formen

	Singular maskulin	feminin	Plural maskulin	feminin
1. Pers. Sing.	le mien *meiner*	la mienne *meine*	les miens *meine*	les miennes *meine*
2. Pers. Sing.	le tien *deiner*	la tienne *deine*	les tiens *deine*	les tiennes *deine*
3. Pers. Sing.	le sien *sein*	la sienne *ihre*	les siens *seine*	les siennes *ihre*
1. Pers. Pl.	le nôtre *unser*	la nôtre *unsere*	les nôtres *unsere*	les nôtres *unsere*
2. Pers. Pl.	le vôtre *euer/Ihr*	la vôtre *eure/Ihre*	les vôtres *eure/Ihre*	les vôtres *eure/Ihre*
3. Pers. Pl.	le leur *ihr*	la leur *ihre*	les leurs *ihre*	les leurs *ihre*

Gebrauch

Das Possessivpronomen vertritt im Französischen wie im Deutschen ein vorher erwähntes Substantiv und stimmt in Genus und Numerus mit ihm überein:

- Vor dem Possessivpronomen steht immer der bestimmte Artikel:
  C'est **ton stylo** ou c'est **le mien** ? *Ist das* ***dein Füller*** *oder* ***meiner****?*
- Les miens, les tiens, les siens kann die Bedeutung von *die Meinigen*, *die Deinigen*, *die Seinigen* im Sinne von *meine/deine/seine Angehörigen/Familie* haben:
  C'est important pour **les miens**. *Es ist wichtig für* ***meine Familie****.*

• Feststehende Ausdrücke mit dem Possessivpronomen sind:

à chacun le sien *jedem das Seine*
à la tienne/vôtre *auf dein/euer/Ihr Wohl*
en voilà bien des tiennes *das sieht dir ähnlich*
faire sienne l'opinion de qn. *sich jds. Meinung zueigen machen*
y mettre du sien *seinen Teil beitragen zu/sich Mühe geben*

A2

9.2.2 Das Possessivadjektiv

Formen

Handelt es sich um einen *einzigen* Besitzer, sind die Formen folgende:

	Singular maskulin	feminin	Plural maskulin	feminin
1. Pers.	**mon** cahier *mein Heft*	**ma** poche *meine Tasche*	**mes** cahiers *meine Hefte*	**mes** poches *meine Taschen*
2. Pers.	**ton** cahier *dein Heft*	**ta** poche *deine Tasche*	**tes** cahiers *deine Hefte*	**tes** poches *deine Taschen*
3. Pers.	**son** cahier *sein/ihr Heft*	**sa** poche *seine/ihre Tasche*	**ses** cahiers *seine/ihre Hefte*	**ses** poches *seine/ihre Taschen*

• Bei *mehreren* Besitzern sind folgende Formen möglich:

	Singular maskulin	feminin	Plural maskulin	feminin
1. Pers.	**notre** cahier *unser Heft*	**notre** poche *unsere Tasche*	**nos** cahiers *unsere Hefte*	**nos** poches *unsere Taschen*
2. Pers.	**votre** cahier *euer Heft*	**votre** poche *eure Tasche*	**vos** cahiers *eure Hefte*	**vos** poches *eure Taschen*
3. Pers.	**leur** cahier *ihr Heft*	**leur** poche *ihre Tasche*	**leurs** cahiers *ihre Hefte*	**leurs** poches *ihre Taschen*

Vor einem femininen Wort, das mit Vokal oder h muet beginnt, werden **ma**, **ta**, **sa** durch **mon**, **ton**, **son** ersetzt:

une B1 armoire → **son** armoire ***sein/ihr*** *Schrank*
C'est encore **son ancienne adresse.** *Das ist noch* ***seine/ihre*** *alte Adresse.*
Je ne crois pas à **son** histoire. *Ich glaube nicht an* ***seine/ihre*** *Geschichte.*

B1

Ausnahme: Vor **huitième** *der/die/das achte* und **onzième** *der/die/das elfte* bleiben **ma**, **ta**, **sa** unverändert:

C'est **ma huitième** crêpe. *Das ist* ***meine achte*** *Crêpe.*

Gebrauch

Das Possessivadjektiv steht als Begleiter vor einem Substantiv. Es stimmt in Genus und Numerus mit dem zugehörigen Substantiv überein:

Chacun pense à **ses** propres soucis. *Jeder denkt an **seine** eigenen Sorgen.*
Où est **ton** B1 maillot ? *Wo ist **dein** Badeanzug?*
Merci de **votre** aide. *Danke für **eure/Ihre** Hilfe.*

Im Französischen richtet sich das Possessivadjektiv der 3. Person nach dem Genus des Substantivs, vor dem es steht, und nicht wie im Deutschen nach dem Genus des Besitzers:

Possessivadjektiv der 3. Pers.	
→ **son/sa** ein Besitzer + ein Objekt	La mère aime **son** fils/**sa** fille. *Die Mutter liebt **ihren** Sohn/**ihre** Tochter.* Le père aime **son** fils/**sa** fille. *Der Vater liebt **seinen** Sohn/**seine** Tochter.*
→ **ses** ein Besitzer + mehrere Objekte	Il/elle aime **ses** enfants. *Er/sie liebt **seine/ihre** Kinder.*
→ **leur** mehrere Besitzer + ein Objekt	Ils aiment **leur** fils/**leur** fille. *Sie lieben **ihren** Sohn/**ihre** Tochter.*
→ **leurs** mehrere Besitzer + mehrere Objekte	Les élèves sonts contents de **leurs** professeurs. *Die Schüler sind mit **ihren** Lehrern zufrieden.*

Die Verwendung des Possessivadjektivs weicht im Französischen in einigen Fällen von der im Deutschen ab. Es steht:

- zur Bezeichnung von Kleidungsstücken:
  Elle veut garder **son** manteau. *Sie möchte **den** Mantel anbehalten.*
- in einigen feststehenden Ausdrücken: B1

de nos jours *heutzutage*
faire ses dents *Zähne bekommen*
prendre son temps *sich Zeit lassen*
prendre sa retraite *in Rente gehen*
faire son apparition *in Erscheinung treten*
faire son âge *so alt aussehen, wie man ist*
briller par son absence *durch Abwesenheit glänzen*
faire ses adieux à qn. *von jmd. Abschied nehmen*

- In einigen Ausdrücken ohne Possessivadjektiv:

changer d'avis *seine Meinung ändern*
être à bout de forces *am Ende seiner Kräfte sein*
plier bagage *seine Koffer packen*
faire/chercher fortune *sein Glück machen/suchen*

Treffen zwei Possessivadjektive zusammen, muss ein Possessivadjektiv durch ein Possessivpronomen ersetzt werden:

Nous avons comparé **vos** propositions et **les nôtres**. *Wir haben **Ihre** Vorschläge mit **unseren** verglichen.*

Zwischentest 9

A2 **1. Welches ist das Possessivpronomen?**

Je vais inviter ta famille et la mienne.

a. la mienne ☐
b. Je ☐
c. cette ☐
d. vais ☐

A2 **2. Welches ist das Demonstrativadjektiv?**

Où est-ce que tu as trouvé cet article ?

a. Où ☐
b. tu ☐
c. que ☐
d. cet ☐

A2 **3. Wie viele Possessivadjektive finden Sie hier?**

Tu mettras tes livres, ces papiers, ton ordinateur et sa valise dans leur chamb-re.

a. 1 ☐
b. 3 ☐
c. 2 ☐
d. 4 ☐

A2 **4. Was muss ergänzt werden?**

Tu veux bien me prêter ...., le mien est au nettoyage à sec.

a. tes chaussures ☐
b. ton manteau ☐
c. ta veste ☐
d. ta jupe ☐

A2 **5. Vor welchem Satz steht ça?**

a. .... te dérange ? ☐
b. .... jumeaux sont de vrais jumeaux. ☐
c. .... jeune fille est charmante. ☐
d. Il cherche .... jumelles. ☐

B1 **6. Welcher Satz ist richtig?**

a. Il fait la médecine dans le but. ☐
b. C'est le vôtre chien. ☐
c. C'est ma pelouse et pas la leur. ☐
d. Il s'agit de sa image. ☐

A1 **7. In welchem Satz ist leurs nicht richtig?**

a. Ils attendent leurs héritiers. ☐
b. Alain et ses frères sont des leurs. ☐
c. Il faut s'adresser à ceux qui s'occupent de leurs dossier. ☐
d. Ce ne sont pas mes cassettes, ce sont les leurs. ☐

8. Wo kann celle-ci nicht stehen? A2

a. Je préfère .... à celle-là. ☐
b. .... est plus jolie que celle-là. ☐
c. .... est ma cousine et celle-là est sa fille. ☐
d. .... jeune femme est la fille des Gabin. ☐

9. Welche Aussage ist richtig? A2

a. Vor Vokal wird ma zu mon. ☐
b. Vor m wird ce zu c'. ☐
c. Mon ist ein Demonstrativpronomen. ☐
d. Le tien steht immer vor einem Substantiv. ☐

10. In welchem Satz ist cet richtig? A2

a. Cet lapin est très mignon. ☐
b. Cet immeuble est tout neuf. ☐
c. Cet girafe vient de l'Afrique. ☐
d. Cet pays est son pays natal. ☐

11. Wie ist die Lücke zu schließen? B1

Notre voisin et .... sont frères.

a. le vôtre ☐
b. le votre ☐
c. le son ☐
d. mon ☐

12. Wie ist der Satz richtig zu ergänzen? A2

Il a eu une idée, ...
a. ces écrire un livre ☐
b. celui construire une cabane ☐
c. celle de faire installer une piscine dans son jardin ☐
d. ceux qui croient aux différences intellectuelles ☐

13. In welchem Satz ist son nicht richtig? B1

a. Son amie s'appelle Sabine. ☐
b. Elle a mis son autre robe. ☐
c. Son ancienne patronne est passée chez nous. ☐
d. C'était déjà son onzième voiture. ☐

Lösungen
1 a. 2 d. 3 d. 4 b. 5 a. 6 c. 7 c.
8 d. 9 a. 10 b. 11 a. 12 c. 13 d.

A2

10 Das Fragewort und der Fragesatz

***Quelle** mécanique incompréhensible a soumis les organes au sentiment et à la pensée ? **comment** une seule idée douloureuse **dérange-t-elle** le cours du sang, et **comment** le sang à son tour **porte-t-il** ses irrégularités dans l'entendement humain ?*

Voltaire (1694–1778), philosophe et écrivain français

***Welcher** unverständliche Mechanismus hat die Organe dem Gefühl und dem Verstand unterworfen? **Wieso** stört eine einzige schmerzhafte Vorstellung den Fluss des Blutes und **wieso** transportiert das Blut seinerseits seine Unregelmäßigkeiten in den menschlichen Verstand?*

Voltaire (1694–1778), französischer Philosoph und Schriftsteller

G Zur Bildung einer Frage stehen die Interrogativa zur Verfügung. Diese sind das Interrogativpronomen, das Interrogativadjektiv und das Interrogativadverb. Man unterscheidet im Französischen wie auch im Deutschen den direkten und den indirekten Fragesatz. Der Fragesatz kann mit oder ohne Interrogativ gebildet werden. Die Art der Formulierung hängt von der Sprachebene ab und davon, ob es sich um geschriebene oder gesprochene Sprache handelt.

10.1 Das Interrogativpronomen

A2

Man unterscheidet im Französischen das einfache und das zusammengesetzte Interrogativpronomen.

Formen und Gebrauch

Das einfache Interrogativpronomen

	Personen	Dinge
Subjekt	qui ? *wer?*	que/quoi ? *was?*
direktes Objekt	qui ? *wen?*	que/quoi ? *was?*
indirektes Objekt	à/de qui ? *an wen/von wem?*	à quoi/de quoi ? *woran/worüber?*
adverbiale Ergänzung	par/pour/avec qui ? *durch wen?/für wen?/mit wem?*	par/pour/avec quoi ? *durch/für/mit was?*

Das einfache Interrogativpronomen ist unveränderlich. Die Formen können folgendermaßen verstärkt werden:

	Personen	Dinge
Subjekt	qui est-ce qui ? *wer?*	qu'est-ce qui ? *was?*
direktes Objekt	qui est-ce que ? *wen?*	qu'est-ce que ? *was?*
indirektes Objekt	à/de qui est-ce que ? *an wen/von wem?*	à/de quoi est-ce que ? *an was/von was?*
adverbiale Ergänzung	par/pour/avec qui est-ce que ? *durch wen?/für wen?/mit wem?*	par/pour/avec quoi est-ce que ? *durch/für/mit was?*

Das Interrogativpronomen qui fragt sowohl nach dem Subjekt als auch nach dem Objekt und wird mit Präpositionen verbunden. Die verstärkte Form qui est-ce qui hat dieselbe Bedeutung wie die einfache Form qui:

Subjekt: **Qui/qui est-ce qui** est venu ? ***Wer** ist gekommen?*

dir. Obj.: **Qui/qui est-ce que** tu regardes ? **Qui** regardes-tu ? ***Wen** schaust du an?*

indir. Obj.: **À qui/à qui est-ce que** tu penses ? **À qui** penses-tu ? ***An wen** denkst du?*

Mit que wird nur nach einem Objekt gefragt. Es kann nicht mit Präpositionen verbunden werden und zieht immer eine Inversion nach sich, es sei denn, man gebraucht est-ce que:

Que fait-il ? Aber: **Qu'est-ce qu'il** fait ? ***Was** macht er?*

Que veux-tu ? Aber: **Qu'est-ce que** tu veux ? ***Was** willst du?*

Ausnahme: Que kann bei einigen unpersönlichen Verben Subjekt sein:
Que se passe-t-il ? ***Was*** *ist los?* **Qu'**arrive-t-il ? ***Was*** *passiert?*

Das Interrogativpronomen quoi dient der Frage nach dem Objekt oder einer adverbialen Ergänzung, sofern die Frage auf Dinge bezogen ist:
dir. Obj.: **Quoi** dire ? ***Was*** *soll ich sagen?*
adverb. Ergänzung: **Avec quoi** tu laves tes pull-overs ? ***Womit*** *wäschst du deine Pullover?*
In der indirekten Frage (▶ 24) bleiben qui und quoi unverändert:
Qui m'écoute ? ***Wer*** *hört mir zu?* → Je me demande **qui** m'écoute. *Ich frage mich,* ***wer*** *mir zuhört.*
Weiterhin werden in der indirekten Frage die Fragepronomen que und qu'est-ce que zu ce que sowie qu'est-ce qui zu ce qui:
Qu'est-ce que tu vois ? ***Was*** *siehst du?* → Il demande **ce que** tu vois. *Er fragt,* ***was*** *du siehst.*

B1 Die Fragepronomen qui und quoi können ohne Verb gebraucht werden: **Quoi** donc ? ***Was*** *denn?* **Qui** alors ? ***Wer*** *nun?*

B1 **Das zusammengesetzte Interrogativpronomen lequel**
Das Interrogativpronomen lequel wird aus den Formen des bestimmten Artikels und denen des Interrogativadjektivs quel (▶ 10.2) zusammengesetzt. Hierbei werden le/les + de zu du/des und le/les + à zu au/aux.

	maskulin	feminin
Singular	lequel ? *welcher?*	laquelle ? *welche?*
	duquel ? *von welchem?*	de laquelle ? *von welcher?*
	auquel ? *welchem?*	à laquelle ? *(an) welche/r?*
Plural	lesquels ? *welche?*	lesquelles ? *welche?*
	desquels ? *von welchen?*	desquelles ? *von welchen?*
	auxquels ? *(an)welche/n?*	auxquelles ? *(an) welche/n?*

Das Interrogativpronomen lequel ist in Genus und Numerus veränderlich und richtet sich nach seinem Bezugswort:
Il a acheté un château. **Lequel ?** *Er hat ein Schloss gekauft.* ***Welches?***

Lequel verhält sich wie ein Substantiv und kann Subjekt oder Objekt des Satzes sein. Mit lequel fragt man nach bestimmten Lebewesen oder Dingen, die aus einer bereits bekannten Gruppe hervorgehoben werden:
Lequel d'entre vous voudrait une glace ? ***Wer*** *von euch möchte gern ein Eis?*

Lequel kann auch eine Frage mit est-ce que sowie eine indirekte Frage einleiten:
Lesquelles est-ce que tu as rencontrées ? ***Welche*** *hast du getroffen?*
Il se demande **de laquelle** des rues on aurait la belle vue sur Paris. *Er fragt sich,* ***von welcher*** *Straße aus man die schöne Sicht über Paris haben soll.*

10.2 Das Interrogativadjektiv quel

A2

Formen

	maskulin	feminin	
Singular	quel ? *welcher?*	quelle ? *welche?*	quel bijou ? *welcher Schmuck?* quelle voiture ? *welches Auto?*
Plural	quels ? *welche?*	quelles ? *welche?*	quels garçons ? *welche Jungen?* quelles photos ? *welche Fotos?*

Gebrauch

Das Interrogativadjektiv quel begleitet wie ein Adjektiv ein Substantiv bzw. eine Nominalgruppe. Es richtet sich in Genus und Numerus nach dem Substantiv, zu welchem es gehört und leitet eine direkte oder eine indirekte Frage ein, worauf in der Regel eine Inversion folgt (▷ 24):
Quel jour sommes-nous ? ***Welcher*** *Tag ist heute?*
Dans **quel** but s'engage-t-il ? *Mit* ***welchem*** *Ziel engagiert er sich?*

Das Interrogativadjektiv quel dient auch zur Einleitung eines Ausrufs: B1
Quel dommage ! ***Wie*** *schade!* **Quelle** surprise ! ***Was für*** *eine Überraschung!*
Quel cauchemar ! ***Was für*** *ein Alptraum!* **Quelle** chance ! ***Was für*** *ein Glück!*

10.3 Das Interrogativadverb

A2

Formen

Interrogativadverb	Gebrauch
pourquoi ? *warum?*	**Pourquoi** paraît-il malheureux ? ***Warum*** *wirkt er unglücklich?* **Pourquoi** le musée est-il fermé ? ***Warum*** *ist das Museum geschlossen?*
quand ? *wann?*	**Quand** commence le cours ? ***Wann*** *beginnt der Unterricht?* **Quand** est-ce que tu viendras ? ***Wann*** *wirst du kommen?*
où ? *wo?*	**Où** ton chef veut-il installer un bureau ? ***Wo*** *möchte dein Chef ein Büro einrichten?* Par **où** est-ce que vous êtes venus ? *Von* ***wo*** *seid ihr/sind Sie gekommen?*
comment ? *warum?*	**Comment** fonctionne ce B1 distributeur ? ***Wie*** *funktioniert dieser Automat?* **Comment** tu t'appelles ? ***Wie*** *heißt du?* **Comment** cela ? ***Wieso/ warum?***
combien ? *wie viel?*	**Combien** de marchandises quittent chaque jour Rungis ? ***Wie viele*** *Waren verlassen Rungis täglich?* **Combien** est-ce que tu as payé ? ***Wie viel*** *hast du bezahlt?*

A2

10.4 Der Fragesatz

Im Französischen gibt es wie im Deutschen den direkten und den indirekten Fragesatz. (Zum indirekten Fragesatz: ▶ 24). Beim direkten Fragesatz werden folgende Fragetypen unterschieden:

Fragetyp	Anwendung	
Intonationsfrage ohne Fragewort ohne Inversion	gesprochene Sprache	Tu rentres tard ? *Kommst du spät?*
Fragewort nachgestellt	ugs., familiär	Il habite **où** ? *Wo wohnt er?* Tu l'as fait **comment** ? *Wie hast du das gemacht?*
Frage mit est-ce que kann mit Interrogativ-adverb kombiniert werden	gesprochene + Schriftspr.	**Est-ce qu**'il a réussi ses examens ? *Hat er die Prüfungen bestanden?* Avec qui **est-ce que** tu pars en vacances ? *Mit wem fährst du in Ferien?*
Inversionsfrage mit oder ohne Fragewort	Schriftspr. + geh. gespr. Sprache	Y **a-t-il** quelque chose qui t'en empêche ? *Gibt es etwas, das dich daran hindert?* Qu'**as-tu** dit ? *Was hast du gesagt?*
absolute Fragestellung mit komplexer Inversion	Schriftspr.	**Cela** suffit-**il** ? *Reicht das?* **Les arbres** sont-**ils** hauts ? *Sind die Bäume hoch?* Pourquoi **les hommes** sont-**ils** si cruels ? *Wieso sind Menschen so grausam?*

Weiterhin unterscheidet man zwischen der Gesamtfrage und der Teilfrage. Die Gesamtfrage wird durch kein Interrogativ eingeleitet und mit *ja* oder *nein* beantwortet. Die Teilfrage wird mit einem Interrogativ eingeleitet und in der Regel mit einem Antwortsatz beantwortet. Sie fragt nach einem bestimmten Satzteil.
Bei der Wortstellung im Fragesatz ist zu unterscheiden, auf welchem Sprachniveau die Frage formuliert wird und ob sie geschrieben oder gesprochen wird.
ℹ In der gesprochenen Sprache tritt oft die direkte Wortstellung des Aussagesatzes auf, während in der geschriebenen Sprache die Inversion dominiert.

Die Intonationsfrage

Die Intonationsfrage ist einfach zu bilden. Der normale Aussagesatz wird allein durch steigende Intonation zu einer Frage und kommt nur als Gesamtfrage vor:
Le repas n'est pas encore prêt ? *Ist das Essen noch nicht fertig?*

B1

Die Inversionsfrage

Die Inversionsfrage kann auf Teil- oder Gesamtfragen angewandt werden:

Teilfrage: Qui **as-tu** invité ? *Wen hast du eingeladen?*
Gesamtfrage: **Veut-il** partir ? *Möchte er abfahren?*

- Besteht das Subjekt aus einem Personalpronomen, wird es dem konjugierten Verb nachgestellt und mit Bindestrich angeschlossen: es-tu ? *bist du?* veut-il ? *möchte er?* connaissez-vous ? *kennt ihr/kennen Sie?*
- ⚡ Bei der 3. Person wird ein **t** eingefügt, wenn die Verbform auf a oder e auslautet: a-**t**-il ? *hat er?* mange-**t**-elle ? *isst sie?* s'en va-**t**-elle ? *geht sie weg?*
  ℹ Die deutsche Frage *kann ich?* wird mit puis-je ? oder est-ce que je peux ? übersetzt:
  Puis-je vous aider ? **Est-ce que je peux** vous aider ? ***Kann ich*** *euch/Ihnen helfen?*
- Keine Inversion erfolgt nach qui, quel oder lequel in Subjektfunktion. Dies gilt auch für à quoi, de quoi, à qui, de qui:
  Qui m'a appelé ? ***Wer*** *hat mich angerufen?*
  Lequel des fils fait du basket ? ***Welcher*** *Sohn spielt Basketball?*
  Quel loisir est le tien ? ***Was*** *ist deine Freizeitbeschäftigung?* (quel ist Subjekt)
- Wird mit qui, quel oder lequel nach einem Objekt gefragt, erfolgt die Inversion. Dies gilt auch für à quoi, de quoi, à qui, de qui:
  Qui as-tu appellé ? ***Wen*** *hast du angerufen?* (qui ist Objekt)
  Laquelle des robes **vas-tu** mettre ? ***Welches*** *Kleid wirst du anziehen?*

Die absolute Fragestellung

B1

Ist das Subjekt des Fragesatzes ein Substantiv, erfolgt die komplexe Inversion. Hierbei steht das Subjekt vor dem Verb, und ein darauf bezogenes Personalpronomen wird an das Verb angehängt:

La taxe carbone **devient-elle** un vrai B1 casse-tête fiscal ? *Wird die Kohleabgabe zu einer steuerlichen Zerreißprobe?*

Jeannine va-t-elle passer ce soir ? *Kommt Jeannine heute Abend vorbei?*

Um die komplexe Inversion zu vermeiden, kann der Fragesatz mit est-ce que gebildet werden:

Est-ce que Jeannine va passer ce soir ? *Kommt Jeannine heute Abend vorbei?*

Der Fragesatz mit nachgestelltem Fragewort

Der Fragesatz mit nachgestelltem Fragewort ist umgangssprachlich und nur auf die Teilfrage anwendbar:

Tu vas **où** ? ***Wohin*** *gehst du?*

Der Fragesatz mit est-ce que

Sowohl in der gesprochenen als auch in der geschriebenen Sprache wird die Frageform mit est-ce que für die Teil- und die Gesamtfrage verwendet. Die Wortstellung entspricht der des Aussagesatzes. Die Gesamtfrage wird mit est-ce que eingeleitet, die Teilfrage mit einem Fragewort, auf das est-ce que folgt:

Est-ce que tu as dit quelque chose ? *Hast du etwas gesagt?*

Où **est-ce qu'**il va ? *Wohin geht er?*

Zwischentest 10

A2 **1. Welches Wort ist ein Fragepronomen?**

Qui va inviter Michelle ?

a. qui ☐
b. inviter ☐
c. va ☐
d. Michelle ☐

A2 **2. Welches Wort ist ein Interrogativadverb?**

Comment peut-on consoler quelqu'un de si triste ?

a. consoler ☐
b. peut-on ☐
c. comment ☐
d. de ☐

A2 **3. Welche Antwort passt zu dieser Frage?**

Qu'est-ce que c'est ?

a. C'est mon voisin. ☐
b. C'est Pierre. ☐
c. C'est un dessin de ma fille. ☐
d. Ce sont Paul et Pierrot. ☐

A2 **4. Wie kann die Frage umgangssprachlich lauten?**

Est-ce que tu as déjà vu les photos ?

a. Qui a déjà vu les photos ? ☐
b. Qu'est-ce que tu as déjà vu ? ☐
c. Quel déjà-vu ! ☐
d. Tu as déjà vu les photos ? ☐

B1 **5. Wie wird *Was hast du gesagt* übersetzt?**

a. Que tu as dit ? ☐
b. Qu'as-tu dit ? ☐
c. Que fais-tu ? ☐
d. Est-ce que tu l'as dit ? ☐

B1 **6. Welche Frage ist eine absolute Frage?**

a. Qui a demandé sa main ? ☐
b. A Jean demandé sa main ? ☐
c. Jean a-t-il enfin demandé sa main ? ☐
d. Pourquoi est-ce qu'il l'a demandée en mariage ? ☐

A2 **7. Welche Frage kann zu dem Satz gebildet werden?**

C'est le ton qui fait la chanson.

a. Pourquoi fait la chanson ? ☐
b. Qu'est-ce que le ton fait ? ☐
c. Qui fait le ton ? ☐
d. Lequel ? ☐

8. Welcher Satz ist nicht richtig? A2

a. Que a il dit ? ☐
b. Quel âge avez-vous ? ☐
c. Comment va-t-elle ? ☐
d. Par où le bateau est-il arrivé au port ? ☐

9. Wie ist die Lücke zu schließen? A2

.... adresse habitez-vous ?

a. À quelle ☐ c. Où ☐
b. Quand ☐ d. Laquelle ☐

10. Wie kann man quoi de neuf ? umschreiben? B1

a. Qu'est-ce qu'il y a de nouveau ? ☐
b. Rien de nouveau. ☐
c. Qui est neuf ? ☐
d. Quelqu'un a neuf ans. ☐

11. Welcher Satz ist nicht richtig? A2

a. Que désirez-vous ? ☐ c. De quoi s'agit-il ? ☐
b. De que s'agit-il ? ☐ d. Qu'est-ce que lui est arrivé ? ☐

12. Welches Interrogativ passt? B1

Dis-moi, ... est plus jeune que toi ?

a. que ☐ c. qui est-ce qui ☐
b. quand ☐ d. pourquoi ☐

13. Welche Aussage ist richtig? A2

a. Ist qui Subjekt, folgt keine Inversion. ☐
b. Mit que fragt man nach Personen. ☐
c. Où ist kein Fragewort, sondern bedeutet *oder*. ☐
d. Quoi kann nicht mit Präpositionen stehen. ☐

14. Welches Interrogativ ist einzusetzen? B1

Des amis vont l'aider. .... ?

a. Quelles ? ☐ c. Que ? ☐
b. Lesquels ? ☐ b. Laquelle ? ☐

Lösungen

1 a. 2 c. 3 c. 4 d. 5 b. 6 c. 7 b. 8 a.
9 a. 10 a. 11 b. 12 c. 13 a. 14 b.

A1

11 Das Verb

*Je ne te **gronderai** pas, mon petit Franz,*
*tu **dois être** assez **puni** … voilà ce que **c'est**.*
*Tous les jours on **se dit**:*
*J'**ai** bien le temps. J'**apprendrai** demain.*
*Et puis tu **vois** ce qui **arrive** …*
*Ah ! ça **a été** le grand malheur de notre Alsace,*
*de toujours **remettre** son instruction à demain.*

Alphonse Daudet (1840–1897), écrivain et auteur dramatique français

*Ich **werde** dir nicht böse sein, mein kleiner Franz,*
*du **wirst** schon ausreichend **bestraft sein** ... so **ist es** nun mal.*
*Täglich **sagt** man **sich**:*
*Ich **habe** genug Zeit. Ich **werde** morgen **lernen**.*
*Und dann **siehst** du, was **passiert** …*
*Ah! Das **war** das große Unheil unseres Elsass,*
*die Bildung immer auf morgen zu **verschieben**.*

Alphonse Daudet (1840–1897),
französischer Schriftsteller und Dramatiker

G Das Verb dient der Beschreibung einer Handlung, eines Zustands oder eines Ereignisses.
Die Infinitivendungen französischer Verben (-er, -ir, -re, -oir) geben Auskunft über die Konjugationsgruppe, der ein Verb zugeteilt ist und damit über die Konjugationsendungen in den einfachen Zeiten. Außer dieser Zuordung lassen sich die Verben auch ihrer Funktion nach in Vollverben, Hilfs- und Modalverben sowie reflexive Verben einteilen.

11.1 Die Konjugation

A1

Die französischen Verben werden in drei Konjugationsgruppen eingeteilt:

Verben auf -er:	manger *essen*	Il **mange** une pomme. *Er **isst** einen Apfel.*
	jouer *spielen*	Nous **jouons** aux échecs. *Wir **spielen** Schach.*
Verben auf -ir:	finir *beenden*	Ils **finissent** leur A2 repas. *Sie **beenden** ihre Mahlzeit.*
	dormir *schlafen*	**Dors** bien ! ***Schlaf** gut!*
Verben auf -re/-oir:	perdre *verlieren*	Il a **perdu** son A2 chapeau. *Er hat seinen Hut **verloren**.*
	recevoir *bekommen*	Il **reçoit** une décoration. *Er bekommt eine Auszeichnung.*

Innerhalb dieser Konjugationsgruppen sind die regelmäßigen und die unregelmäßigen Verben zu unterscheiden.
(Zur Konjugationen der Verben in den verschiedenen Zeiten und Modi ▷ 12, 16, 17, Unregelmäßige Verben)

Formen

Die Verben auf -er

A2

Der Verbgruppe mit der Infinitivendung -er gehören etwa 90 % der französischen Verben an. Fast alle Verben dieser Gruppe werden regelmäßig konjugiert.

Die Verben auf -er enden im Präsens Indikativ (▷ 12) auf -e, -es, -e, -ons, -ez, -ent:
Quand tu arriv**es** à la porte, tu sonn**es** chez Sabine. *Wenn du an der Tür **bist**, **läutest** du bei Sabine.*
Sie bilden das Partizip Perfekt auf -é: mang**é** *gegessen*, allong**é** *hingelegt*, parl**é** *gesprochen*, condamn**é** *verurteilt*, vol**é** *gestohlen/geflogen*:
Le financement est souvent un problème B2 **exacerbé** par les rivalités politiques. *Die Finanzierung ist oftmals ein von politischen Rivalitäten **geschürtes** Problem.*
Après avoir **mangé**, on va se reposer. *Nach dem Essen ruhen wir uns aus.*

⚡ Besonderheiten bei der Rechtschreibung:

- bei Endungen, die mit -a oder -o beginnen, wird c → ç und g → ge:
  il commen**ça**it *er begann*, nous commen**ço**ns *wir beginnen*, nous bou**geo**ns [buʒɔ̃] *wir bewegen uns*, nous man**geo**ns [-ʒɔ̃] *wir essen*, ils na**gea**ient [naʒɛ] *sie schwammen*, nous ran**geo**ns [-ʒɔ̃] *wir räumen auf*

- vor stummem **e** wird das **y** des Stammes → **i**:
  employer → **j'emploie** *ich verwende*, **essayer** → **j'essaie** *ich versuche*
  Verben auf **-ayer** können jedoch das **y** vor stummem **e** behalten. Dies wirkt sich auf die Aussprache aus: **j'essaie** [ʒesɛ] und **j'essaye** [ʒesɛj] *ich versuche*
- bei den Verben auf **-eler** und **-eter** vor stummem **e** wird **l** → **ll** und **t** → **tt**:
  s'appeler → **je m'appelle** *ich heiße*, aber: **nous nous appelons** *wir heißen*
  jeter → **je jette** *ich werfe*, aber: **nous jetons** *wir werfen*

B1
- vor Endungen mit stummem **e** wird **-e** und **-é** → **-è**:
  se lever → **je me lève** *ich stehe auf*, aber: **nous nous levons** *wir stehen auf*
  répéter → **je répète** *ich wiederhole*, aber: **vous répétez** *ihr wiederholt/Sie wiederholen*

A2

Die Verben auf -ir

Zur Gruppe der Verben auf **-ir** gehören ca. 300 Verben, die in der Mehrheit regelmäßig sind.

Alle Verben auf **-ir** enden im Präsens auf **-s**, **-s**, **-t**, **-ons**, **-ez**, **-ent** und bilden das Partizip Perfekt auf **-i** (zur Konjugation (▷ 12)):
Tu n'as pas encore fini ? *Bist du noch nicht **fertig**?*
Vous avez bien dormi ? *Habt ihr/haben Sie gut **geschlafen**?*
Innerhalb der Verbgruppe auf **-ir** gibt es zwei Untergruppen: die Verben mit Stammerweiterung und die Verben ohne Stammerweiterung.

A2

Die Verben auf -ir mit Stammerweiterung

Sie erweitern den Stamm um den Vokal **i**: **finir** *beenden* → Stamm **fin-** erweitert → **fini-**.
Darüber hinaus wird in den Pluralformen des Präsens und allen davon abgeleiteten Formen **-ss-** an den erweiterten Verbstamm gefügt: **fini-** + **ss** + Endung:

Präsens Indikativ:	je finis	tu finis	il/elle finit
	nous finissons	vous finissez	ils/elles finissent

Zu dieser Gruppe gehören die meisten Verben auf **-ir**, z. B.:

B1 **abolir** *abschaffen*
B2 **aboutir** *führen zu*
avertir *warnen*
bâtir *bauen*
choisir *auswählen*
démolir *abreißen*
envahir *einfallen (in)*
B1 **fournir** *liefern*
grandir *wachsen*
guérir *heilen*
jouir *geniessen*
nourrir *ernähren*
obéir *gehorchen*
B1 **punir** *bestrafen*
ralentir *langsamer werden*
réagir *reagieren*
réfléchir *überlegen*
remplir *füllen*
réussir *Erfolg haben*
rougir *rot werden*
B1 **salir** *beschmutzen*
B1 **trahir** *verraten*
unir *vereinigen*
vieillir *altern*

On l'a averti, mais il n'a pas obéi. *Er wurde **gewarnt**, aber er hat nicht **gehorcht**.*
Ces arbres grandissent trop vite. *Diese Bäume **wachsen** zu schnell.*

Verben auf -ir ohne Stammerweiterung A2

Verben auf -ir ohne Stammerweiterung hängen die Endung direkt an den Verbstamm: z. B. dormir *schlafen* → Stamm dorm- + Endung → nous **dorm**-ons *wir schlafen*

⚡ Lautet die Endung auf Konsonant an und endet der Verbstamm ebenfalls auf Konsonant, entfällt der stammauslautende Konsonant:

Präsens Indikativ:	je dors	tu dors	il/elle dort
	nous dormons	vous dormez	ils/elles dorment

Wie dormir werden konjugiert:

B1 consentir *einwilligen*	s'endormir *einschlafen*	servir *dienen*
B1 pressentir *ahnen*	B1 se repentir *bereuen*	sortir *hinausgehen*
B1 ressentir *verspüren/merken*	mentir *lügen*	partir *abreisen/weggehen*
	sentir *wahrnehmen*	

Les Marcelin **sortent** tous les jours vers neuf heures du matin. *Die Marcelins **gehen** jeden Tag gegen neun Uhr morgens **aus dem Haus**.*

Nadine **part** deux ans à l'étranger. *Nadine **geht** für zwei Jahre ins Ausland.*

On vous **sert**, Madame ? *Werden Sie schon **bedient**, Madame?*

◐ Ausnahmen: Die Verben ouvrir *öffnen*, accueillir *empfangen*, couvrir *bedecken*, découvrir *entdecken*, offrir *anbieten*, souffrir *leiden* werden im Präsens wie die Verben auf -er konjugiert: B1

Singular:	j'ouvre	tu ouvres	il/elle ouvre
Plural:	nous ouvrons	vous ouvrez	ils/elles ouvrent

Quand tu **ouvres** les volets, fais attention aux fleurs. *Wenn du die Fensterläden **öffnest**, achte auf die Blumen.*

Ouvrez les livres. ***Schlagt** die Bücher **auf**!*

Sie bilden das Partizip Perfekt auf -ert: ouv**ert**, couv**ert**, découv**ert**, off**ert**, souff**ert**

Ces plantes ont **souffert** d'un manque de lumière. *Diese Pflanzen haben unter Lichtmangel **gelitten**.*

Die Verben auf -re B1

Es gibt ungefähr 180 französische Verben mit der Infinitivendung -re. Von diesen ist eine große Gruppe unregelmäßig, wenige, wie z. B. vendre *verkaufen*, sind regelmäßig.

Die regelmäßigen Präsensendungen sind -s, -s, (-), -ons, -ez, -ent:

Präsens Indikativ:	je vends	tu vends	il/elle vend
	nous vendons	vous vendez	ils/elles vendent.

Il **attend** le bus. *Er **wartet** auf den Bus.*

Je pense qu'il la **confond** avec une autre. *Ich denke, er **verwechselt** sie mit einer anderen.*

Regelmäßig werden konjugiert:

attendre *warten*	entendre *hören*	s'entendre *sich verstehen*
confondre *verwechseln*	fondre *schmelzen*	se détendre *sich entspannen*
correspondre *entsprechen*	perdre *verlieren*	se rendre *sich begeben*
défendre *verteidigen*	rendre *zurückgeben*	tendre *spannen/hinhalten*
dépendre *abhängen*	répondre *antworten*	vendre *verkaufen*
descendre *herunterkommen*		

Ausnahme: Bei rompre *zerbrechen* und den davon abgeleiteten Verben corrompre *bestehen* und interrompre *unterbrechen* endet die 3. Pers. Sing. auf -t: il/elle romp**t**, corromp**t**, interromp**t**.
Mon mari m'**interrompt** toujours, quand je lui explique quelque chose. *Mein Mann* ***unterbricht*** *mich immer, wenn ich ihm etwas erkläre.*
Die Verben coudre *nähen*, moudre *mahlen*, prendre *nehmen* sind unregelmäßig, ebenso die Verben auf -aindre, -eindre, -oindre wie craindre *fürchten*, feindre *vorgeben*, peindre *malen*, joindre *zusammenfügen*.

B1 **Die Verben auf -oir**
Die Verben auf -oir sind unregelmäßig. Zu ihnen gehören:

avoir *haben*	apercevoir *wahrnehmen*	devoir *müssen*
pleuvoir *regnen*	pouvoir *können*	savoir *wissen*
valoir *wert sein/kosten*	voir *sehen*	vouloir *wollen*

A2 **Die Ableitungsregeln**

Die einfachen Verbformen der regelmäßigen und vieler unregelmäßiger Verben lassen sich aus bestimmten Formen des Verbs oder aus deren Stamm ableiten. Das Imparfait (▷ 12.3.1) und das Partizip Präsens (Gerund) (▷ 18) werden vom Stamm der 1. Person Plural Präsens abgeleitet:

1. Pers. Pl. Präs.		1. Pers. Sing. Imparfait	Part. Präs.
nous **aim**ons *wir lieben*	→	j'**aim**ais *ich liebte*	**aim**ant
nous **finiss**ons *wir beenden*	→	je **finiss**ais *ich beendete*	**finiss**ant
nous **serv**ons *wir dienen*	→	je **serv**ais *ich diente*	**serv**ant
nous **fais**ons *wir machen*	→	je **fais**ais *ich machte*	**fais**ant
nous **all**ons *wir gehen*	→	j'**all**ais *ich ging*	**all**ant
nous **appréci**ons *wir schätzen*	→	j'**appréci**ais *ich schätzte*	**appréci**ant
nous **pouv**ons *wir können*	→	je **pouv**ais *ich konnte*	**pouv**ant

B1 Alle Singularformen und die 3. Person Plural des Subjonctif Präsens (▷ 16) können von der 3. Person Plural Präsens abgeleitet werden:

1. Pers. Pl. Präs.		1. Pers. Sing. + 3. Pers. Pl. Subj. Präs.
ils se lèvent *sie stehen auf*	→	que je me lève, qu'ils se lèvent
ils boivent *sie trinken*	→	que je boive, qu'ils boivent
ils deviennent *sie werden*	→	que je devienne, qu'ils deviennent
ils prennent *sie nehmen*	→	que je prenne, qu'ils prennent

Nicht abgeleitet werden können die Subjonctif-Formen von **avoir** *haben*, **être** *sein*, **aller** *gehen*, **faire** *machen*, **savoir** *wissen*, **pouvoir** *können*.
Das Futur und der Konditional I (▷ 17) werden bei den Verben auf **-er** von der 1. Person Singular Präsens abgeleitet:

Verben auf -er: 1. Pers. Sing. Präs.		Futur simple
je mange *ich esse*	→	je mangerai *ich werde essen*
je demande *ich frage*	→	je demanderai *ich werde fragen*
je regrette *ich bedauere*	→	je regretterai *ich werde bedauern*
je jette *ich werfe*	→	je jetterai *ich werde werfen*

Die Verben auf **-ir** leiten diese Formen vom Infinitiv ab:

Verben auf -ir: Infinitiv		Futur simple
finir *beenden*	→	je finirai *ich werde beenden*
choisir *(aus)wählen*	→	je choisirai *ich werde wählen*
partir *abreisen/weggehen*	→	je partirai *ich werde abreisen/weggehen*

Verben auf **-re** leiten das Futur simple und den Konditional I vom Infinitivstamm ab:

Infinitiv	Infinitivstamm		Futur simple
rendre *zurückgeben*	rendr-	→	je rendrai *ich werde zurückgeben*
connaître *kennen*	connaîtr-	→	je connaîtrai *ich werde kennen*
craindre *fürchten*	craindr-	→	je craindrai *ich werde fürchten*

Ausnahme: Nicht abgeleitet werden können die Futur-simple- bzw. Konditional-I-Formen von **aller** *gehen*, **avoir** *haben*, **devoir** *müssen*, **envoyer** *schicken*, **être** *sein*, **faire** *machen*, **falloir** *nötig sein/müssen*, **pouvoir** *können*, **savoir** *wissen*, **venir** *kommen*, **voir** *sehen*, **vouloir** *wollen*.

11.2 Die Verben avoir und être

A1

Avoir *haben* und **être** *sein* sind sowohl Voll- als auch Hilfsverben, mit denen die zusammengesetzten Zeiten gebildet werden:

avoir als Vollverb: **Il a une voiture rouge.** *Er **hat** ein rotes Auto.*
avoir als Hilfsverb: **J'ai perdu la clé.** *Ich **habe** den Schlüssel verloren.*

être als Vollverb: **Elle est ma sœur.** *Sie **ist** meine Schwester.*
être als Hilfsverb: Il **est** resté chez soi. *Er **ist** zuhause geblieben.*

Formen von avoir

Präsens	Imparfait	Passé simple
j'ai *ich habe* usw.	j'avais *ich hatte* usw.	j'eus *ich hatte* usw.
tu as	tu avais	tu eus
il/elle a	il/elle avait	il/elle eut
nous avons	nous avions	nous eûmes
vous avez	vous aviez	vous eûtes
ils/elles ont	ils/elles avaient	ils/elles eurent

Passé composé	Plus-que-parfait	Passé antérieur
j'ai eu *ich habe gehabt* usw.	j'avais eu *ich hatte gehabt* usw.	j'eus eu *ich hatte gehabt* usw.
tu as eu	tu avais eu	tu eus eu
il/elle a eu	il/elle avait eu	il/elle eut eu
nous avons eu	nous avions eu	nous eûmes eu
vous avez eu	vous aviez eu	vous eûtes eu
ils/elles ont eu	ils/elles avaient eu	ils/elles eurent eu

Futur simple	Futur antérieur	Konditional I	Konditional II
j'aurai *ich werde haben* usw.	j'aurai eu *ich werde gehabt haben* usw.	j'aurais *ich hätte* usw.	j'aurais eu *ich hätte gehabt* usw.
tu auras	tu auras eu	tu aurais	tu aurais eu
il/elle aura	il/elle aura eu	il/elle aurait	il/elle aurait eu
nous aurons	nous aurons eu	nous aurions	nous aurions eu
vous aurez	vous aurez eu	vous auriez	vous auriez eu
ils/elles auront	ils/elles auront eu	ils/elles auraient	ils/elles auraient eu

B1 Formen des Subjonctifs (▶ 16):

Gegenwart	Imparfait	Passé	Plus-que-parfait
que j'aie	que j'eusse	que j'aie eu	que j'eusse eu
que tu aies	que tu eusses	que tu aies eu	que tu eusses eu
qu'il/elle ait	qu'il/elle eût	qu'il/elle ait eu	qu'il/elle eût eu
que nous ayons	que nous eussions	que nous ayons eu	que nous eussions eu
que vous ayez	que vous eussiez	que vous ayez eu	que vous eussiez eu
qu'ils aient	qu'ils/elles eussent	qu'ils/elles aient eu	qu'ils/elles eussent eu

Infinitiv, Imperativ, Partizip und Gerund (▷ 14, 15, 18): B1

	Präsens	Perfekt
Infinitiv	avoir	avoir eu
Imperativ	aie/ayons/ayez	aie eu/ayons eu/ayez eu
Partizip	ayant	eu/ayant eu
Gerund	en ayant	en ayant eu

Avoir *haben*, être *sein* sowie aller *gehen* sind die einzigen Verben, die in der 1. und 2. Person Singular Präsens eigene Formen haben:

j'ai *ich habe* → tu as *du hast*
je suis *ich bin* → tu es *du bist*
je vais *ich gehe* → tu vas *du gehst*

Gebrauch von avoir

Avoir dient als Hilfsverb zur Bildung der zusammengesetzten Zeiten bei:

- avoir und être:
  J'**avais eu** peur. *Ich **hatte** Angst **gehabt**.*
  Elle **a été** majeure cette année. *Sie **ist** dieses Jahr volljährig **geworden**.*
- allen transitiven Verben: A2
  Il **a essuyé** ses larmes. *Er **hat** die Tränen **weggewischt**.*
  Ces deux employés **ont estimé** avoir le droit de donner leur avis. *Diese beiden Angestellten **glaubten**, das Recht zu haben, ihre Meinung zu sagen.*
- Die meisten intransitiven Verben (außer den reflexiven Verben ▷ 11.4), darunter auch alle unpersönlichen Verben (▷ 11.5): A2
  Il **a grandi**. *Er **ist groß geworden**.*
  Les prix **ont augmenté**. *Die Preise **sind gestiegen**.*
  Il **a plu** toute la semaine. *Es **hat** die ganze Woche **geregnet**.*

Ausnahme: arriver *geschehen* wird mit être konjugiert:
Qu'est-ce qui t'**est** arrivé ? *Was **ist** dir passiert?*
Il y **est arrivé**. *Er **hat** es geschafft.*

Im Unterschied zum Deutschen werden im Französischen auch die Verben, die eine Bewegungsart ausdrücken, mit avoir verbunden, z. B.:

avancer *vorrücken*
courir *laufen*
B1 errer *umherirren*
fuir *fliehen*
grimper *klettern*
marcher *laufen*
nager *schwimmen*
reculer *zurückfahren/gehen*
rouler *rollen*
sauter *springen*
voler *fliegen*
voyager *reisen*

Il **a couru** très vite. *Er **ist** sehr schnell **gelaufen**.*
Nous **avons** nagé dans ce fleuve. *Wir **sind** in diesem Fluss **geschwommen**.*

🛈 **Avoir** kommt auch in der Verbindung **avoir à** + Infinitiv vor, welche gleichbedeutend mit **devoir** *müssen* ist:
J'ai encore **à ranger** la cuisine. *Ich **muss** noch die Küche **aufräumen**.*

Formen von être

B1

Präsens	Imparfait	Passé simple
je suis *ich bin* usw.	j'étais *ich war* usw.	je fus *ich war* usw.
tu es	tu étais	tu fus
il/elle est	il/elle était	il/elle fut
nous sommes	nous étions	nous fûmes
vous êtes	vous étiez	vous fûtes
ils/elles sont	ils/elles étaient	ils/elles furent

Passé composé	Plus-que-parfait	Passé antérieur
j'ai été *ich bin gewesen* usw.	j'avais été *ich war gewesen* usw.	j'eus été *ich war gewesen* usw.
tu as été	tu avais été	tu eus été
il/elle a été	il/elle avait été	il/elle eut été
nous avons été	nous avions été	nous eûmes été
vous avez été	vous aviez été	vous eûtes été
ils/elles ont été	ils/elles avaient été	ils/elles eurent été

Futur simple	Futur antérieur	Konditional I	Konditional II
je serai *ich werde sein* usw.	j'aurai été *ich werde gewesen sein* usw.	je serais *ich wäre* usw.	j'aurais été *ich wäre gewesen* usw.
tu seras	tu auras été	tu serais	tu aurais été
il/elle sera	il/elle aura été	il/elle serait	il/elle aurait été
nous serons	nous aurons été	nous serions	nous aurions été
vous serez	vous aurez été	vous seriez	vous auriez été
ils/elles seront	ils/elles auront été	ils/elles seraient	ils/elles auraient été

B1 Formen des Subjonctifs (▷ 16):

Gegenwart	Imparfait	Passé	Plus-que-parfait
que je sois	que je fusse	que j'aie été	que j'eusse été
que tu sois	que tu fusses	que tu aies été	que tu eusses été
qu'il/elle soit	qu'il/elle fût	qu'il/elle ait été	qu'il/elle eût été
que nous soyons	que nous fussions	que nous ayons été	que nous eussions été
que vous soyez	que vous fussiez	que vous ayez été	que vous eussiez été
qu'ils/elles soient	qu'ils fussent	qu'ils aient été	qu'ils eussent été

Infinitiv, Imperativ und Gerund (▷ 14, 15, 18): B1

	Präsens	Perfekt
Infinitiv	être	avoir été
Imperativ	sois/soyons/soyez	aie été/ayons été/ayez été
Partizip	étant	été/ayant été
Gerund	en étant	en ayant été

Être *sein*, faire *machen* und dire *sagen* sind die einzigen Verben mit der Endung -tes in der 2. Person Plural Präsens: vous êtes *ihr seid*, vous faites *ihr macht*, vous dites *ihr sagt*. A2

Gebrauch von être

Être als Hilfsverb wird gebraucht zur Bildung: A2

- aller Passivformen (▷ 6):
  Les piscines **seront rouvertes** le mois prochain. *Die Schwimmbäder **werden** nächsten Monat wieder **geöffnet werden**.*
- der zusammengesetzten Zeiten der reflexiven/reflexiv gebrauchten Verben (▷ 11.4):
  Ils étaient fachés, mais ils **se sont expliqués**, se **sont réconciliés** et **se sont** finalement **serré** la main. *Sie hatten Streit, aber sie **haben sich ausgesprochen, sich wieder versöhnt** und **sich** schließlich die Hand **gegeben**.*
- der zusammengesetzten Zeiten einiger intransitiver Verben, die eine Bewegungsrichtung ausdrücken:

aller *gehen*
arriver *kommen*
descendre *hinuntergehen/-kommen*
entrer *eintreten*
monter *hinaufgehen/-kommen*
partir *abreisen/weggehen*
rentrer *nach Hause gehen/kommen*
rester *bleiben*
retourner *zurückkehren*
sortir *hinausgehen/ausgehen*
tomber *fallen*
venir *kommen*

Tu **es descendu** à la cave ? ***Bist** du in den Keller **gegangen**?*
Marie **est venue** me chercher. *Marie hat mich abgeholt.*
Auch die Komposita dieser Verben werden mit être konjugiert wie remonter *wieder hinaufsteigen*, B1 parvenir *gelangen*, B2 survenir *plötzlich auftauchen*, intervenir *eingreifen*:
À cause d'un grand bouchon, elle **est rentrée** très tard. *Wegen eines großen Staus **ist** sie sehr spät **nach Hause gekommen**.*

- der zusammengesetzten Zeiten von:

B2 décéder *sterben*
devenir *werden*
mourir *sterben*
naître *geboren werden*

Sa fille **est décédée** il y a treize ans. *Seine Tochter* ***ist*** *vor dreizehn Jahren* ***verstorben.***

⚡ Das Partizip Perfekt der mit être gebildeten Verbformen muss an das Subjekt angepasst werden (▷ 18).

B1
Zusammengesetzte Zeiten mit avoir und être

Einige intransitive Verben, die eine Bewegungsrichtung bezeichnen, können auch transitiv mit direktem Objekt gebraucht werden. Intransitiv bilden sie die zusammengesetzten Zeiten mit être, transitiv mit avoir, wobei sich ihre Bedeutung ändert:

	mit être konjugiert	mit avoir konjugiert
descendre	*herabsteigen/heruntergehen*	*etw./jdn. herunterbringen/-heben*
monter	*hinaufsteigen/-gehen*	*hinauf-/heraufbringen/-heben*
sortir	*ausgehen/hinausgehen*	*herausnehmen/herausholen*
rentrer	*nach Hause kommen/gehen*	*hinein-, zurückbringen/fahren*
retourner	*zurückkehren*	*zurückschicken/etw. umdrehen*

Elle **a monté** les cartons au grenier. *Sie* ***hat*** *die Kartons auf den Dachboden* ***hinaufgebracht.***
Elle **est montée** se coucher. *Sie* ***ist hinaufgegangen****, um ins Bett zu gehen.*
Elle **est sortie** tard hier soir. *Sie* ***ist*** *gestern spät* ***ausgegangen.***
Elle **a sorti** les mouchoirs du tiroir. *Sie* ***hat*** *die Taschentücher aus der Schublade* ***genommen.***

A2
11.3 Das Modal- und Hilfsverb

Modalverben drücken aus, ob eine Tätigkeit erwünscht, möglich oder gefordert wird. Nach dem konjugierten Modalverb folgt der Infinitiv. Modalverben sind:

aimer (faire qc.) *etw. gerne tun*
préférer (faire qc.) *etw. lieber tun*
vouloir (faire qc.) *etw. wollen*
devoir (faire qc.) *etw. müssen/sollen*
savoir (faire qc.) *etw. können/zu tun verstehen*
pouvoir (faire qc.) *etw. können/dürfen*

Elle **devrait** rentrer vers huit heures. *Sie* ***müsste*** *gegen acht Uhr nach Hause kommen.*
J'**aurais dû** faire attention. *Ich* ***hätte*** *aufpassen* ***müssen.***

Das Verb aller *gehen* kann zur Bildung des Futur composé (▷ 12.2.2) die Funktion eines Hilfsverbs übernehmen:
Ils **vont faire** une promenade. *Sie* ***werden*** *einen Spaziergang* ***machen.***
Est-ce qu'il **va pleuvoir** cette nuit ? ***Wird*** *es heute Nacht* ***regnen****?*

B1

⚡ Folgt ihm ein Infinitiv, ist das Partizip Perfekt eines Modalverbs unveränderlich, auch wenn der Infinitiv nicht direkt erwähnt wird:
J'ai consulté tous les médecins que j'ai **pu** (consulter). *Ich habe alle Ärzte um Rat gefragt, die ich (um Rat fragen)* ***konnte.***
Les tâches que j'**ai voulu** achever hier ne sont toujours pas faites. *Die Arbeiten, die ich gestern abschließen* ***wollte,*** *sind noch immer nicht erledigt.*

11.4 Das reflexive Verb

A2

Das reflexive Verb führt ein Reflexivpronomen mit, das sich auf das Subjekt (Person oder Sache) bezieht. Es kann dabei direktes oder indirektes Objekt sein. Das Pronomen steht in der Regel vor dem konjugierten Verb.
(Zur Stellung beim Imperativ ▷ 15, beim Futur composé ▷ 12.2.2)
Alle reflexiven Verben werden mit être konjugiert. Das Partizip Perfekt (▷ 18) muss in der Regel angeglichen werden.

Formen

Präsens	Passé composé
je me coiffe *ich frisiere mich*	je me suis coiffé(e) *ich habe mich frisiert*
tu te coiffes *du frisierst dich*	tu t'es coiffé(e) *du hast dich frisiert*
il/elle se coiffe *er/sie frisiert sich*	il/elle s'est coiffé(e) *er/sie hat sich frisiert*
nous nous coiffons *wir frisieren uns*	nous nous sommes coiffé(e)s *wir haben uns frisiert*
vous vous coiffez *ihr frisiert euch*	vous vous êtes coiffé(e)s *ihr habt euch/Sie haben sich frisiert*
ils/elles se coiffent *sie frisieren sich*	ils/elles se sont coiffé(e)s *sie haben sich frisiert*

Gebrauch

Reflexiv im Französischen vs. (überwiegend) nicht reflexiv im Deutschen:

B1 **s'écrier** *ausrufen*
s'efforcer *versuchen/anstreben*
s'en aller *weggehen*
s'endormir *einschlafen*
B1 **s'enfuir** *fliehen*
s'envoler *davonfliegen*
B1 **s'évader** *ausbrechen*
s'évanouir *ohnmächtig werden*
B1 **se fier à** *vertrauen*
se marier *heiraten*
se méfier de *misstrauen*
se moquer de *sich lustig machen über/etw. nicht ernst nehmen*
B2 **s'obstiner à** *beharren auf*
se réveiller *aufwachen*
se réfugier *Zuflucht suchen*
se répentir *bereuen*
se taire *schweigen*
B1 **se traîner** *herumlungern*

Elle **s'**en **moque** pas mal (ugs.). *Das ist ihr völlig egal.*
L'année prochaine ils vont **se marier**. *Nächstes Jahr werden sie* ***heiraten.***

B1 Nicht reflexiv im Französischen vs. reflexiv im Deutschen:

avoir honte *sich schämen*
bouger *sich bewegen*
changer *sich ändern*
B2 **différer de qn./qc.** *sich von jdm./etw. unterscheiden*
diminuer *sich verringern*
divorcer *sich scheiden lassen*
doubler *sich verdoppeln*
en résulter *sich daraus ergeben*
être à l'aise *sich wohl fühlen*
évoluer *sich entwickeln*
patienter *sich gedulden*
prendre rendez-vous *sich verabreden/anmelden*
prendre son temps *sich Zeit lassen*
remuer *sich bewegen*
séjourner *sich aufhalten*
tourner *sich drehen*

Prenez votre temps. ***Lassen Sie sich*** *Zeit.*
Depuis le mois de mars le nombre des B2 sans-abris **a doublé**. *Seit März hat* ***sich*** *die Zahl der Obdachlosen* ***verdoppelt****.*

B1 Verben mit unterschiedlicher Bedeutung der reflexiven und nicht reflexiven Form:

nicht reflexiver Gebrauch	reflexiver Gebrauch
arrêter *anhalten/verhaften/aufhören*	s'arrêter *stehen bleiben/anhalten*
attendre *warten*	s'attendre à *gefasst sein auf*
appeler *rufen/anrufen*	s'appeler *heißen*
entraîner *mitnehmen/verleiten*	s'entraîner *trainieren*
passer *fahren/vorbeikommen*	se passer de *verzichten können/passieren*
rappeler *zurückrufen*	se rappeler *sich erinnern*
reposer *zurücklegen/-stellen*	se reposer *sich ausruhen*

Arrête de te plaindre. ***Hör auf,*** *dich zu beklagen!*
Le bus **s'arrête** juste devant ma porte. *Der Bus* ***hält*** *direkt vor meiner Tür.*
Elle m'a **appelé** hier afin de me dire qu'elle **s'appelait** Claudine. *Sie hat mich gestern* ***angerufen****, um mir zu sagen, dass sie Claudine* ***heiße****.*

B2 Reflexive Satzkonstruktionen können Passivsätze ersetzen, wobei das Subjekt des Reflexivsatzes meist ein Sachsubstantiv ist. Die handelnde Person ist unbestimmt und bleibt in der reflexiven Konstruktion unerwähnt. Sie wird jedoch im Aktivsatz mit on *man* erwähnt:

reflexive Satzkonstruktion		passive Satzkonstruktion
Les bottes **se portent** en hiver. *Die Stiefel* ***werden*** *im Winter* ***getragen****.*	→	Les bottes **sont portées** en hiver. **On porte** les bottes en hiver.
Ce mot **s'écrit** avec deux m. *Dieses Wort* ***schreibt man*** *mit zwei m.*	→	Ce mot **est écrit** avec deux m. **On écrit** ce mot avec deux m.
Le raisin **se récolte** au mois d'octobre. *Der Wein* ***wird*** *im Oktober* ***geerntet****.*	→	Le raisin **est récolté** au mois d'octobre. **On récolte** le raisin au mois d'octobre.

11.5 Das unpersönliche Verb

A2

Unpersönliche Verben haben kein eigentliches Subjekt, sondern nur das grammatische Subjekt il *es*. Es sind Verben und unpersönliche Ausdrücke wie:

- il y a *es gibt*:
  Il y a des gens qui habitent dans une B1 caravane. ***Es gibt*** *Leute, die in einem Wohnwagen wohnen.*
- il faut *man muss/es ist nötig*:
  Il faut toujours penser à tout. ***Man muss*** *immer an alles denken.*
- il faut qc. à qn. *brauchen/nötig haben*:
  Il lui faut de nouvelles chaussures de marche. ***Er braucht*** *neue Wanderstiefel.*
- il est *es ist*:
  Il est important que tu t'inscrives. ***Es ist*** *wichtig, dass du dich einschreibst.*
  Il est temps. ***Es ist*** *Zeit.*
- il pleut *es regnet*, il B2 grêle *es hagelt*, il neige *es schneit*, il vente *es windet*, il B2 fait beau/mauvais *es ist schönes/schlechtes Wetter*, il fait chaud/froid *es ist warm/kalt* (Witterungsverben, die das Wetter beschreiben):
  En hiver **il** ne **fait** pas vraiment **froid** à Paris et **il neige** rarement. *Im Winter* ***ist es*** *in Paris nicht wirklich* ***kalt****, und* ***es schneit*** *selten.*
  Il vente tellement que le B1 voilier a failli se retourner. ***Es windet*** *so sehr, dass das Segelboot beinahe gekentert wäre.*

Gebrauch

Unpersönliche Verben stehen immer mit il oder ce im Sinne von *es* und der 3. Person des Verbs. Sie können nicht mit anderen Pronomen oder mit einem Substantiv kombiniert werden.

Il y a und il faut wird in der gesprochenen Sprache sehr häufig gebraucht. Auf il faut folgt der Infinitiv (▶ 14), auf il faut que folgt der Subjonctif (▶ 16):
Il a déclaré qu'**il fallait** réaliser un Paris incarnant « le vrai et le beau ». *Er hat erklärt,* ***es solle*** *ein Paris realisiert werden, das „das Wahre und das Schöne" verkörpere.*

Das Partizip Perfekt der unpersönlichen oder unpersönlich gebrauchten Verben ist unveränderlich: C1

Les tempêtes qu'**il y a eu** en 1990 ont détruit les forêts. *Die Stürme, die* ***es*** *1990* ***gab****, haben die Wälder zerstört.*
Les B1 averses qu'**il a fait** hier ont tout B1 mouillé. *Die Regenschauer, die* ***es*** *gestern* ***gab****, haben alles durchnässt.*

Zwischentest 11

A1 **1. Welches ist das Verb in diesem Satz?**

Danielle vivait en bonne harmonie avec son entourage.

a. Danielle ☐
b. bonne ☐
c. vivait ☐
d. avec ☐

A1 **2. Welches Verb wird mit être konjugiert?**

a. tomber ☐
b. manger ☐
c. avoir ☐
d. être ☐

A1 **3. Welches Verb wird mit avoir konjugiert?**

a. se coiffer ☐
b. arriver ☐
c. aller ☐
d. devoir ☐

B1 **4. Welche Antwort ist richtig?**

Quel temps faisait-il hier à Paris ?

a. Il avait chaud. ☐
b. Il faisait chaud. ☐
c. Le temps a eu chaud. ☐
d. Elle a froid. ☐

B1 **5. Wie wird der Infinitiv Perfekt von avoir gebildet?**

a. avoir ☐
b. avoir eu ☐
c. avoir été ☐
d. être eu ☐

B1 **6. Welches ist das Modalverb?**

Je voudrais les accompagner en ville.

a. Je ☐
b. accompagner ☐
c. voudrais ☐
d. ville ☐

B1 **7. Welches Verb fehlt?**

Tu prépares tes skis, la neige .... toute la nuit.

a. a tombé ☐
b. s'a tombé ☐
c. est tombée ☐
d. s'est enfui ☐

A2 **8. Wie lautet das Imparfait zu nous avons trahi?**

a. nous trahions ☐
b. nous avons trahi ☐
c. nous trahissions ☐
d. nous trahissons ☐

9. Wie lautet die Übersetzung? A1

Habt ihr gut geschlafen?

a. Est-ce que vous êtes bien dormi ?
b. Est-ce que vous avez bien dormi ?
c. Est-ce que vous dormez bien ?
d. Tu dors mal ?

10. Wann wird g zu ge? A2

a. vor stummem -e
b. vor Endungen, die mit a beginnen
c. nach h muet
d. vor ça

11. Wie lautet das Passé composé zu ils seront? A2

a. ils sont été
b. ils seraient
c. il a été
d. ils ont été

12. Welche Aussage ist falsch? A2

a. Unpersönliche Verben werden nur in der 3. Person gebraucht.
b. Étée ist die feminine Form von été.
c. Soyons ist eine Imperativform von être.
d. Entrer wird mit être konjugiert.

13 Von welchem Verb ist das Partizip Perfekt anzupassen? A2

a. deviner
b. être
c. falloir
d. pouvoir

14. Welcher Satz ist nicht richtig? A2

a. Les pommes sont tombées de l'arbre.
b. Elle s'est coiffée.
c. Elles se sont dépêchées.
d. Elle s'a demandée pourquoi.

Lösungen

1c. 2a. 3d. 4b. 5b. 6c. 7c. 8c.
9b. 10b. 11d. 12b. 13a. 14d.

A1

12 Der Indikativ

***Est**-ce sa faute, à cette fille, si elle **a failli** ? On lui **avait promis** mariage, et j'en **connais** plus d'une qu'on **respecte** bien aujourd'hui et qui en **a fait** tout autant. Ça, c'**est** vrai, **répondirent** les trois hommes.*

Guy de Maupassant (1850–1893), écrivain français

***Ist** es die Schuld dieses Mädchens, wenn es **gefehlt hat**?*
*Die Ehe **war** ihr **versprochen worden**,*
*und ich **kenne** mehr als eine, die heute wohl **geachtet ist***
*und die es ganz genauso **gemacht hat**.*
*Das **ist** wahr, **antworteten** die drei Männer.*

Guy de Maupassant (1850–1893), französischer Schriftsteller

G Der Indikativ ist neben dem Konjunktiv, dem Subjonctif und dem Imperativ einer der vier Modi des französischen Verbs. Er dient zum Ausdruck von Tatsachen und ist der Modus der zeitlichen und objektiven Darstellung.
Im Indikativ gibt es mit dem Passé simple und dem Passé antérieur zwei im Deutschen unbekannte Zeiten. Dem deutschen Präteritum entsprechen das Imparfait und das Passé composé, die in der Anwendung zu unterscheiden sind. Das Passé simple und das Passé antérieur werden nur noch in der geschriebenen Sprache verwendet.

12.1 Das Präsens

A1

Formen

1. Konjugationsgruppe: Verben auf -er	3. Konjugationsgruppe: Verben auf -re
j'aime *ich liebe*	j'entends *ich höre*
tu aim**es** *du liebst*	tu entend**s** *du hörst*
il/elle aim**e** *er liebt*	il/elle entend *er/sie hört*
nous aim**ons** *wir lieben*	nous entend**ons** *wir hören*
vous aim**ez** *ihr liebt*	vous entend**ez** *ihr hört*
ils/elles aim**ent** *sie lieben*	ils/elles entend**ent** *sie hören*

2. Konjugationsgruppe: Verben auf -ir mit Stammerweiterung	2. Konjugationsgruppe: Verben auf -ir ohne Stammerweiterung
je fin**is** *ich beende*	je dor**s** *ich schlafe*
tu fin**is** *du beendest*	tu dor**s** *du schläfst*
il/elle fin**it** *er/sie beendet*	il/elle dor**t** *er/sie schläft*
nous fin**issons** *wir beenden*	nous dorm**ons** *wir schlafen*
vous fin**issez** *ihr beendet/Sie beenden*	vous dorm**ez** *ihr schlaft/Sie schlafen*
ils/elles fin**issent** *sie beenden*	ils/elles dorm**ent** *sie schlafen*

Die Verben der 3. Gruppe auf -oir sind unregelmäßig (▷ Unregelmäßige Verben).
(Zur Konjugation der Verbgruppen sowie zu avoir und être ▷ 11)

Gebrauch

A2

Das Präsens wird gebraucht zum Ausdruck von:

- Geschehen, die in der unmittelbaren Gegenwart stattfinden und somit zeitlich meist mit der Aussage zusammenfallen:
  Où **est**-il en ce moment ? *Wo **ist** er gerade?* Il **est** à Paris. *Er **ist** in Paris.*
  Ils **semblent** oublier tout ce qui se **passe** autour d'eux. *Sie **scheinen** alles zu vergessen, was um sie herum **geschieht**.*
- Gewohnheiten oder immer wiederkehrenden Ereignissen:
  Il se **brosse** les dents trois fois par jour. *Er **putzt** sich dreimal täglich die Zähne.*
- zeitlos gültigen Feststellungen:
  Quatre et trois **font** sept. *Vier und drei **macht** sieben.*
- ein zukünftiges Geschehen, das sicher stattfinden wird:
  Le lundi, je **pars** pour Paris et j'y **reste** une semaine. *Am Montag **fahre** ich nach Paris und **bleibe** eine Woche dort.*
- Geschehen in der Vergangenheit. Dieses *historische Präsens* hat stilistische Funktion und steht oft im Wechsel mit dem Passé simple (▷ 13.3.4):
  En 1942, la Résistance **connaît** un indiscutable B1 essor. *1942 **erlebt** der Widerstand einen unbestreitbaren Aufschwung.*

- Inhaltsangaben:
  Dans ce texte, il s'agit de Marie qui **dit** que le mariage **est** une chose grave.
  *In diesem Text geht es um Marie, die **sagt**, dass die Ehe eine ernste Sache **sei**.*

ℹ Als Présent progressif bezeichnet man die Wendung être en train de + Infinitiv. Diese drückt einen gerade ablaufenden Vorgang aus und wird übersetzt mit *(gerade) dabei sein, etwas zu tun*:
On ne peut pas visiter le clocher, ils **sont en train** de le rénover. *Man kann den Kirchturm nicht besichtigen, er **wird gerade** renoviert.*

A1

12.2 Das Futur

Im Französischen unterscheidet man das Futur simple, das Futur composé und das Futur antérieur.
ℹ Das Futur simple und das Futur composé werden in der gesprochenen Sprache oft verwendet, in der geschriebenen Sprache überwiegt das Futur simple. Das Futur erscheint im Französischen wesentlich häufiger als im Deutschen, wo auch für Zukünftiges meistens das Präsens benutzt wird.

A1

12.2.1 Das Futur simple

Formen

Das Futur simple der Verben auf -er und -ir wird vom Infinitiv abgeleitet, an den die Endungen -ai, -as, -a, -ons, -ez, -ont angehängt werden. Das Futur simple der Verben auf -re wird vom Infinitiv abgeleitet, wobei das Endungs-e entfällt. Die meisten Verben auf -re bilden das Futur simple regelmäßig:

Verben auf -er	Verben auf -ir	Verben auf -re
j'aimer**ai**	je finir**ai**	j'entendr**ai**
ich werde lieben usw.	*ich werde beenden* usw.	*ich werde hören* usw.
tu aimer**as**	tu finir**as**	tu entendr**as**
il/elle aimer**a**	il/elle finir**a**	il/elle entendr**a**
nous aimer**ons**	nous finir**ons**	nous entendr**ons**
vous aimer**ez**	vous finir**ez**	vous entendr**ez**
ils/elles aimer**ont**	ils/elles finir**ont**	ils/elles entendr**ont**

Das Futur der Verben auf -oir ist unregelmäßig. (Zum Futur der Verben avoir und être ▷ 11)

Gebrauch

A2 Das Futur simple wird gebraucht:

- zur Bezeichnung einer zukünftigen Handlung/eines zukünftigen Zustands:
  D'après la météo, il **pleuvra**. *Laut Wetterbericht **wird** es **regnen**.*

Je pense qu'elle **passera** cet après-midi. *Ich denke, dass sie am Nachmittag **vorbeikommt**.*
Ça ne se **fera** pas en un jour. *Das **geschieht** nicht an einem Tag.*

- in Nebensätzen nach espérer *hoffen* und promettre *versprechen*, wenn die Handlung in der Zukunft liegt:
  J'espère que tu **reviendras**. *Ich hoffe, dass du **zurückkommst**.*
- in Verbindung mit avoir und être zum Ausdruck einer Vermutung:
  Le nouveau train **sera** rapide. *Der neue Zug soll schnell sein.*
- um Aussagen zu modellieren; es drückt höfliche Zurückhaltung oder auch eine Absicht, Verpflichtung oder Drohung aus: B1
  Vous **prendrez** bien un verre de vin ? ***Möchten** Sie gern ein Glas Wein?*
  Le septième jour de la semaine **sera** un jour de repos. *Der siebte Tag der Woche **soll** ein Ruhetag **sein**.*

ⓘ Der deutschen Wendung *wird/soll wohl* zum Ausdruck einer Vermutung entspricht im Französischen in der Regel nicht das Futur simple, sondern Wendungen wie ce doit être *das muss sein* oder c'est sans doute *das ist sicherlich*: A2
C'est sans doute B1 le facteur. ***Das ist sicherlich** der Briefträger.*

12.2.2 Das Futur composé A1

Formen

Das Futur composé (auch Futur proche) wird mit den Formen des Präsens von aller *gehen* und dem Infinitiv gebildet, wobei aller die Funktion eines Hilfsverbs (▷ 11.3) übernimmt:

von der Gegenwart aus betrachtet	von der Vergangenheit aus betrachtet
je vais rester *ich werde bleiben* usw.	j'allais rester *ich hatte vor zu bleiben* usw.
tu vas rester	tu allais rester
il/elle va rester	il/elle allait rester
nous allons rester	nous allions rester
vous allez rester	vous alliez rester
ils/elles vont rester	ils/elles allaient rester

Gebrauch

Das Futur composé drückt einen unmittelbar bevorstehenden Vorgang aus:
Camille **va** m'**accompagner**. *Camille **wird** mich **begleiten**.*
Ils **vont déménager** au mois d'août. *Sie **werden** im August **umziehen**.*

Es kann wie das Futur simple eine Aufforderung ausdrücken, hat aber einen unfreundlicheren und entschiedeneren Befehlscharakter:
Tu **vas monter** les cartons au grenier. ***Bring** die Kartons auf den Dachboden!*

B1 **Futur simple vs. Futur composé**

Der im Futur simple dargestellte Vorgang ist meist unbestimmter als der im Futur composé beschriebene und wird meist durch temporale Angaben präzisiert. Das Futur simple drückt eine klar von der Gegenwart abgegrenzte Zukunft aus. Das Futur composé zeigt dagegen an, dass die Voraussetzungen für die zukünftige Handlung bzw. das Geschehen erfüllt sind. Wird dieses Geschehen in Bezug zur Gegenwart gesehen, wird das Futur composé gebraucht.

Im rein temporalen Gebrauch sind die beiden Formen des Futurs gleichwertig. In wenigen Fällen kann allerdings nur das Futur simple gebraucht werden:

- im Bedingungssatz (▷ 17)
- für Vorhersagen:
  L'année prochaine, ces idées **seront** réalisées. *Nächstes Jahr **werden** diese Pläne **realisiert (werden)**.*
- nach adverbialen Bestimmungen wie un jour *eines Tages* und toujours *immer*:
  Elle **pensera** toujours à vous. *Sie **wird** immer an euch **denken**.*
- in verneinten Sätzen, besonders mit ne … jamais *niemals* und ne … plus *nie mehr*:
  Tu **ne l'insulteras plus jamais**. *Du **wirst** ihn **nie wieder beschimpfen**!*
  Je **ne mettrai plus jamais** les pieds dans ce magasin ! *Ich **werde nie wieder** einen Fuß in diesen Laden **setzen**!*

A2 **12.2.3 Das Futur antérieur**

Formen

Das Futur antérieur wird mit dem Futur simple der Hilfsverben avoir und être und dem Partizip Perfekt des Verbs gebildet:

mit avoir konjugierte Verben	mit être konjugierte Verben
j'aurai aimé *ich werde geliebt haben* usw.	je serai resté(e) *ich werde geblieben sein* usw.
tu auras aimé	tu seras resté(e)
il/elle aura aimé	il/elle sera resté(e)
nous aurons aimé	nous serons resté(e)s
vous aurez aimé	vous serez resté(e)s
ils/elles auront aimé	ils/elles seront resté(e)s

(Zu Formen des Futur antérieur von avoir und être ▷ 11.2)

Gebrauch

Das Futur antérieur beschreibt Ereignisse oder Handlungen, die zu einem Zeitpunkt in der Zukunft oder vor einem weiteren Geschehen in der Zukunft bereits abgeschlossen sind. Im Deutschen wird dafür meist das Perfekt verwendet:

Prends tes clés, nous **serons** sans doute **partis** avant ton retour. *Nimm deine Schlüssel mit, wir **sind** wahrscheinlich vor deiner Rückkehr schon **weg**.*

Das Futur antérieur wird weiterhin modal zum Ausdruck einer Vermutung gebraucht, die sich auf ein vergangenes Ereignis bezieht:
Les voleurs **auront réussi** à emporter le B1 coffre-fort en dix minutes. *Den Dieben* ***muss*** *es* ***gelungen sein****, den Tresor in zehn Minuten wegzutragen.*

12.3 Die Vergangenheit

A1

Die Vergangenheitszeiten sind das Imparfait, das Passé composé, das Passé simple, das Plus-que-parfait, das Passé antérieur und das Passé récent.

12.3.1 Das Imparfait

A1

Formen

Das Imparfait wird gebildet, indem an den Stamm der 1. Person Plural Präsens Indikativ die Endungen -ais, -ais, -ait, -ions, -iez, -aient angehängt werden:

Verben auf -er	Verben auf -ir mit Stammerweiterung	Verben auf -ir ohne Stammerweiterung
j'aim**ais** *ich liebte* usw.	je finiss**ais** *ich beendete* usw.	je dorm**ais** *ich schlief* usw.
tu aim**ais**	tu finiss**ais**	tu dorm**ais**
il/elle aim**ait**	il/elle finiss**ait**	il dorm**ait**
nous aim**ons**	nous finiss**ions**	nous dorm**ions**
vous aim**iez**	vous finiss**iez**	vous dorm**iez**
ils/elles aim**aient**	ils/elles finiss**aient**	ils/elles dorm**aient**

(Zum Imparfait der Verben avoir und être ▷ 11.2)

Gebrauch

A2

Das Imparfait wird gebraucht:

- zur Beschreibung einer Handlung oder eines Zustands in der Vergangenheit, die als nicht abgeschlossen angesehen wird:
  Le médecin **était** B1 un réfugié. *Der Arzt* ***war*** *ein Flüchtling.*
  Il **avait** beau écouter, il ne **comprenait** pas cette langue étrangère. *Er* ***konnte*** *noch so gut zuhören, er* ***verstand*** *diese fremde Sprache nicht.*
- zur Beschreibung des Hintergrunds einer Handlung oder Geschichte:
  Il **neigeait** depuis B1 la veille, j'**avais** froid et le chauffage **était** en panne. *Seit dem gestrigen Abend* ***schneite*** *es, ich* ***fror****, und die Heizung* ***war*** *kaputt.*
  En 1980, nous **habitions** à Rennes. *1980* ***wohnten*** *wir in Rennes.*
- zur Wiedergabe von Gewohnheiten und sich wiederholenden Vorgängen:
  Ses journées se **passaient** toutes pareillement : il se **levait** vers huit heures, puis il **prenait** le métro et **visitait** des musées. *Seine Tage* ***verliefen*** *alle gleich: Er* ***stand*** *um 8 Uhr* ***auf****, dann* ***fuhr*** *er mit der Métro und* ***besuchte*** *Museen.*

B1 • in modaler Verwendung zum Ausdruck einer höflichen Aussage oder Bitte. Meist in Wendungen wie je voulais *ich wollte*, je désirais/souhaitais *ich wünschte*, j'allais im Sinne von *ich wollte*, je tenais à + Infinitiv *ich legte Wert darauf*:
Je **désirais** te demander quelque chose de sérieux. *Ich **wollte** dich etwas Ernstes **fragen**.*
C'est ce que **j'allais** te dire aussi. *Das **wollte** ich dir auch sagen.*

B1 • in einer irrealen Aussage in Bezug auf die Vergangenheit:
Encore un jour et il **mourait** de faim. *Noch ein Tag und er **wäre verhungert**.*

• im Bedingungssatz (▷ 17)

A1 12.3.2 Das Passé composé

Formen

Das Passé composé wird mit dem Präsens der Hilfsverben avoir und être und dem Partizip Perfekt des Verbs gebildet:

Verben auf -er: mit avoir konjugiert	Verben auf -er: mit être konjugiert
j'ai aimé *ich habe geliebt* usw.	je suis resté(e) *ich bin geblieben* usw.
tu as aimé	tu es resté(e)
il/elle a aimé	il/elle est resté(e)
nous avons aimé	nous sommes resté(e)s
vous avez aimé	vous êtes resté(e)s
ils/elles ont aimé	ils/elles sont resté(e)s

Verben auf -ir	Verben auf -re
j'ai fini *ich habe beendet* usw.	j'ai entendu *ich habe gehört* usw.
tu as fini	tu as entendu
il/elle a fini	il/elle a entendu
nous avons fini	nous avons entendu
vous avez fini	vous avez entendu
ils/elles ont fini	ils/elles ont entendu

⚡ Avoir und être selbst bilden das Passé composé mit avoir (▷ 11.2): j'**ai** eu *ich habe gehabt*, j'**ai** été *ich bin gewesen*.
Die zusammengesetzten Zeiten der reflexiven Verben und der Verben der Bewegungsrichtung werden mit être gebildet (▷ 11.2): je me **suis** promené(e) *ich bin spazieren gegangen*, je **suis** allé(e) *ich bin gegangen*.
Mit être konjugierte Verben gleichen das Partizip Perfekt in der Regel an das Subjekt an. Mit avoir konjugierte Verben gleichen das Partizip Perfekt (▷ 18) an das direkte Objekt an, wenn dieses vor dem konjugierten Verb steht.

Gebrauch

Das Passé composé beschreibt: A2

- Ereignisse, die sich in der Vergangenheit ereignet haben und deren Folgen sich auf die Gegenwart auswirken:
  Les trois derniers mois, les prix **ont progressé** dans l'ensemble de 1,7%.
  *Die letzten drei Monate sind die Preise insgesamt um 1,7% **gestiegen**.*
- Ereignisse, die sich in der Vergangenheit ereignet haben und bereits abgeschlossen sind:
  Cinq personnes **ont trouvé** la mort dans un B1 tremblement de terre. *Fünf Personen **kamen** bei einem Erdbeben **zu Tode**.*
- Ereignisse, die sich hintereinander ereignet haben und abgeschlossen sind:
  Je l'**ai connue** il y a deux ans et finalement on **s'est mariés**. *Ich **lernte** sie vor zwei Jahren **kennen**, und schließlich **haben** wir **geheiratet**.*

12.3.3 Das Passé simple

B1

ℹ Das Passé simple kommt im heutigen Französisch nur in der geschriebenen Sprache vor, vorwiegend in literarischen Texten, Biografien oder Zeitungstexten.

Formen

Das Passé simple wird gebildet aus dem Infinitivstamm, an den die Endungen der jeweiligen Verbgruppe gehängt werden:

Verben auf -er: parler *sprechen*	**Verben auf -ir: finir** *beenden*
je parl**ai** *ich sprach* usw.	je fin**is** *ich beendete* usw.
tu parl**as**	tu fin**is**
il/elle parl**a**	il/elle fin**it**
nous parl**âmes**	nous fin**îmes**
vous parl**âtes**	vous fin**îtes**
ils/elles parl**èrent**	ils/elles fin**irent**

Verben auf -re: entendre *hören*	**Verben auf -tre: connaître** *kennen*
j'entend**is** *ich habe gehört* usw.	je conn**us** *ich habe gekannt* usw.
tu entend**is**	tu conn**us**
il/elle entend**it**	il/elle conn**ut**
nous entend**îmes**	nous conn**ûmes**
vous entend**îtes**	vous conn**ûtes**
ils/elles entend**irent**	ils/elles conn**urent**

Die Verben der 3. Konjugationsgruppe bilden das Passé simple teils wie Verben auf -er bzw. -ir bzw. unregelmäßig (▶ Unregelmäßige Verben).
(Zum Passé simple der Verben avoir und être ▶ 11.2)

Gebrauch

Das Passé simple wird überwiegend in der 3. Person Singular und Plural verwendet:
Van Gogh **vécut** misérablement à Arles. *Van Gogh **lebte** armselig in Arles.*
Elles se firent cambrioler. ***Sie wurden** überfallen.*

Das Passé simple wird gebraucht:

- zur Darstellung eines zu einem Zeitpunkt in der Vergangenheit komplett abgeschlossenes Ereignisses:
  Il **passa** trois mois à Nantes. *Er **verbrachte** drei Monate in Nantes.*
  Les enquêteurs **procédèrent** dans la nuit à l'audition des témoins. *Die Ermittler **führten** die Zeugenvernehmungen in der Nacht **durch**.*
- zum Ausdruck eines andauernden Zustands oder Ereignisses:
  Ils se **cachèrent** toute la journée. *Sie **versteckten** sich den ganzen Tag.*
  Il **eut** faim. *Er **hatte** Hunger.*
- wie das Passé composé zur dynamischen Gestaltung eines Textes, wenn mehrere zeitlich abgeschlossene Handlungen oder Ereignisse aufeinander folgen:
  Il **entra**, **ôta** son manteau et **alla** silencieusement s'asseoir au coin. *Er **trat ein**, **legte** seinen Mantel **ab** und **setzte sich** still in die Ecke.*

Imparfait vs. Passé composé und Passé simple

Das Französische verfügt mit dem Imparfait und dem Passé composé über zwei Vergangenheitsformen, die beide dem deutschen Präteritum entsprechen.
Im Deutschen wird der Unterschied zwischen dem durativen und dem punktuellen Imperfekt häufig mit Hilfe von Adverbien oder adverbialen Ausdrücken wie *plötzlich*, *da*, *in diesem Augenblick* oder mit verbalen Umschreibungen wie *gerade dabei sein* gekennzeichnet. Das Französische kann diese Nuancen durch den Gebrauch der Vergangenheitsformen ausdrücken, wobei Passé composé und Passé simple dieselben Funktionen übernehmen.

- Das Imparfait kennzeichnet den durativen Aspekt der Vergangenheit. Es drückt einen Zustand oder eine Hintergrundhandlung aus, deren Beginn und Ende nicht bekannt ist. Es dient zur Beschreibung von Landschaften, Stimmungen, Gemütsverfassungen und Zuständen:
  Quand il **était** célibataire, il **habitait** à Marseille. *Als er Junggeselle **war**, **lebte** er in Marseille.*
  Pendant que mon mari **travaillait** au jardin, je **lisais** le journal et notre petite-fille **faisait** ses devoirs. *Während mein Mann im Garten **arbeitete**, **las** ich die Zeitung, und unsere Enkelin **machte** ihre Hausaufgaben.*
- Laufen mehrere Handlungen in der Vergangenheit gleichzeitig ab, wird ebenfalls das Imparfait verwendet:
  Il **faisait** beau, le soleil **brillait** et elle **était** bien à l'aise. *Es **war** schönes Wetter, die Sonne **schien**, und sie **fühlte** sich wohl.*

- Das Passé composé/Passé simple wird dagegen gebraucht, wenn mehrere Handlungen aufeinander folgen und dabei eine Handlung vor Beginn der nächsten bereits abgeschlossen ist:
  Il **a sonné** chez Marianne, qui **est sortie** directement et ils **sont allés** au cinéma. *Er **hat** bei Marianne geklingelt, sie **kam** direkt **heraus**, und sie **sind** ins Kino **gegangen**.*

Beginnt eine neue Handlung, während eine andere noch andauert, so steht die neu einsetzende Handlung im Passé composé/Passé simple, die andauernde Handlung im Imparfait:
Ils **parlaient** de choses et d'autre, brusquement il s'**est levé** et il **a quitté** la pièce. *Sie **sprachen** über dies und das, plötzlich **stand** er **auf** und **verließ** das Zimmer.* (Ils parlaient: andauernd, il s'est levé/il a quitté: neue, plötzlich eintretende Handlung)
Les sirènes **sonnaient** et une vingtaine de pompiers **ont été mobilisés** pour combattre le sinistre. *Die Sirenen **heulten**, und ungefähr zwanzig Feuerwehrleute **wurden losgeschickt**, den Brand zu bekämpfen.*

Nicht die Dauer eines Geschehens ist ausschlaggebend, sondern das zeitliche Verhältnis eines Vorgangs zu einem bestimmten Zeitpunkt oder zu einem anderen Vorgang: Hat ein Vorgang vor einem zweiten Vorgang begonnen, ist er bereits abgeschlossen oder dauert er noch an?
Das Imparfait antwortet auf die Frage: Was war schon?, das Passé composé/ Passé simple antwortet auf die Frage: Was geschah dann? … und dann?

Der Bedeutungsunterschied zwischen Imparfait und Passé composé/Passé simple wird im Deutschen gelegentlich durch unterschiedliche Verben ausgedrückt:

Imparfait	Passé composé/Passé simple
Il **avait** faim. *Er **hatte** Hunger.*	Il a **eu**/**eut** faim. *Er **bekam** Hunger.*
La maison **était** construite.	La maison **a été**/**fut** construite.
*Das Haus **war** gebaut.*	*Das Haus **wurde** gebaut.*
Je la **connaissais** depuis longtemps.	Je l'**ai connue**/la **connus** il y a un an.
*Ich **kannte** sie seit langem.*	*Ich **lernte** sie vor einem Jahr **kennen**.*
Je ne **savais** pas comment.	Je l'**ai su**/le **sus** après.
Ich wusste nicht wie.	*Ich **erfuhr** es danach.*
Ils **se taisaient**. *Sie **schwiegen**.*	Ils **se sont tus**/**se turent**. *Sie **verstummten**.*
Il **voyait**/**apercevait** les avions.	Il **a vu**/**a aperçu**/**vit**/**aperçut** les avions.
*Er **sah/bemerkte** die Flugzeuge.*	*Er **erblickte** die Flugzeuge.*

12.3.4 Das Plus-que-parfait

A2

Das Plus-que-parfait ist die Vorvergangenheit. Es beschreibt abgeschlossene Handlungen, die vor anderen Geschehen in der Vergangenheit stattfanden.

Formen

Das Plus-que-parfait wird mit dem Imparfait der Hilfsverben avoir und être und dem Partizip Perfekt des Verbs gebildet:

mit avoir konjugierte Verben	mit être konjugierte Verben
j'avais mangé *ich hatte gegessen* usw.	j'étais resté(e) *ich bin geblieben* usw.
tu avais mangé	tu étais resté(e)
il/elle avait mangé	il/elle était resté(e)
nous avions mangé	nous étions resté(e)s
vous aviez mangé	vous étiez resté(e)s
ils/elles avaient mangé	ils/elles étaient resté(e)s

(Zum Plus-que-parfait der Verben avoir und être ▷ 11.2)

Gebrauch

Wie das Imparfait dient auch das Plus-que-parfait in einer Erzählung dazu, den Hintergrund des Geschehens zu schildern:

L'enfant s'**était** toujours **levé** le premier. *Das Kind* ***war*** *immer als erstes* ***aufgestanden****.*

Il **avait trouvé** un vieux morceau de journal, qui B2 relatait un fait divers. *Er* ***hatte*** *ein altes Stück Zeitung* ***gefunden****, das eine Lokalnachricht beschrieb.*

On vous **avait invités** à venir dîner. Qu'est-ce qui s'est passé ? Désolé, je l'**avais oublié**. *Wir* ***hatten*** *Sie zum Essen* ***eingeladen****. Was ist passiert? Tut mir leid, ich* ***hatte*** *es* ***vergessen****.*

Im Deutschen verwendet man anstelle des Plusquamperfekts oft das Perfekt. Im Französischen sind die beiden Vergangenheitsformen nicht austauschbar:

Il **avait choisi** toutes les idées essentielles du texte. *Er* ***hat/hatte*** *alle wesentlichen Gedanken aus dem Text* ***herausgesucht****.*

Les étudiants **avaient dressé** des barricades à Paris. *Die Studenten* ***haben/hatten*** *in Paris Barrikaden* ***errichtet****.*

Das Plus-que-parfait kann in vorzeitiger Funktion zu einem Verb im Präsens gebraucht werden:

Je n'**avais** pas **entendu** mon réveil, mais me voilà, je suis là. *Ich* ***habe*** *meinen Wecker nicht* ***gehört****, aber jetzt bin ich da.*

Le garçon ne me sert pas ce que j'**avais demandé**. *Der Kellner bringt mir nicht, was ich* ***bestellt habe****.*

Darüber hinaus findet sich das Plus-que-parfait in höflichen Formulierungen wie:

Je m'**étais dit** que vous pourriez sûrement m'expliquer la route pour le Petit Palais. *Ich* ***habe*** *mir* ***gesagt****, dass Sie mir sicherlich den Weg zum Petit Palais erklären könnten.*

(Zum Plus-que-parfait im Bedingungssatz ▷ 17, in der indirekten Rede ▷ 24)

12.3.5 Das Passé antérieur

B1

Formen

Das Passé antérieur wird mit dem Passé simple der Hilfsverben avoir und être und dem Partizip Perfekt des Verbs gebildet:

mit avoir konjugierte Verben	mit être konjugierte Verben
j'eus mangé *ich hatte gegessen* usw.	je fus resté(e) *ich war geblieben* usw.
tu eus mangé	tu fus resté(e)
il/elle eut mangé	il/elle fut resté(e)
nous eûmes mangé	nous fûmes resté(e)s
vous eûtes mangé	vous fûtes resté(e)s
ils/elles eurent mangé	ils/elles furent resté(e)s

(Zum Passé antérieur der Verben avoir und être ▷ 11.2)

Gebrauch

Das Passé antérieur beschreibt eine lange zurückliegende und abgeschlossene Handlung. Es ist ein literarisches Tempus und gehört der gehobenen Sprache an. Im Unterschied zum Passé simple betont das Passé antérieur die Schnelligkeit eines Geschehens:

Lorsqu'il **eut achevé** son travail, il se rendit au salon. *Als er seine Arbeit **beendet hatte**, ging er ins Wohnzimmer.*

Im Hauptsatz wird das Passé antérieur in Verbindung mit einer adverbialen Bestimmung wie aussitôt que *sobald*, après que *nachdem*, à peine que *kaum*, bientôt *bald*, enfin *schließlich/endlich*, quand *als*, vite *schnell* verwendet:

A peine **fut**-il **couché** qu'il s'endormait. *Kaum **war** er **im Bett**, schlief er ein.*

Il **eut** vite **fait** le tour de la propriété. *Er **machte** schnell einen Besichtigungsrundgang über das Anwesen.*

12.3.6 Das Passé récent

A2

Möchte man ausdrücken, dass eine Handlung soeben beendet wurde, kann man die Wendung venir de + Infinitiv *gerade etw. getan haben* gebrauchen. Sie kommt nur im Präsens oder Imparfait vor und kann durch juste *gerade* verstärkt werden:

Je **viens de vider** la poubelle. *Ich **habe gerade** den Mülleimer **geleert**.*

Ils **venaient** juste **de rentrer**. *Sie **waren soeben** nach Hause **gekommen**.*

Ils **viennent d'augmenter** B1 la vitesse de transmission. *Sie **haben soeben** die Übertragungsgeschwindigkeit **erhöht**.*

C'est toi qui **viens d'appeler** ? ***Hast** du **soeben angerufen**?*

Zwischentest 12

A1 **1. Welches ist das Imparfait?**

Il doit comprendre qu'il ne m'était pas possible de garder le perroquet.

a. Vous ☐ c. devez ☐
b. était ☐ d. garder ☐

A1 **2. Welches ist eine Zeit der Vergangenheit?**

a. ils sortiront ☐ c. elle rentre ☐
b. nous buvons ☐ d. vous deviniez ☐

A1 **3. Welche Form ist ein Futur composé?**

a. il a demandé ☐ c. ils vont demander ☐
b. nous demanderons ☐ d. tu demandes ☐

A2 **4. Wie lautet der Satz im Passé composé?**

Elle rentre le plat dans le four.

a. Elle a rentré le plat dans le four. ☐
b. Elle rentrera le plat dans le four. ☐
c. Elle aura rentré le plat dans le four. ☐
d. Elle rendit le plat dans le four. ☐

B1 **5. Welcher Satz enthält eine Androhung?**

a. As-tu faim ? ☐ c. Il veut aller danser. ☐
b. Je ne comprends rien. ☐ d. Tu finiras par t'abîmer tes yeux. ☐

B1 **6. Wie muss der Satz richtig heißen?**

a. Il était minuit, le téléphone a sonné, il n'a pas répondu. ☐
b. Il était minuit, le téléphone sonne, il n'a pas répondu. ☐
c. Il est minuit, le téléphone a sonné, il n'a pas répondu. ☐
d. Il était minuit, le téléphone sonnait, il ne répondrait pas. ☐

A2 **7. Wie lautet der Satz im Présent progressif?**

Ils prennent un bain de mer.

a. Ils sont en train de prendre un bain de mer. ☐
b. Ils ont pris un bain de mer. ☐
c. Ils prisent un bain de mer. ☐
d. Ils avaient pris un bain de mer. ☐

8. Wie lautet die richtige Antwort auf die Frage? A2

Patrick est à la maison ?

a. Non, il vient rentre. ☐
b. Oui, il vient de rentrer. ☐
c. Oui, il a rentré. ☐
d. Non, il rentrait. ☐

9. Bei welchen Zeiten kommt der Auslaut -a vor? A1

a. Présent/Passé composé ☐
b. Futur/Présent ☐
c. Imparfait/Futur. ☐
d. Futur/Passé simple ☐

10. Welche Aussage ist richtig? A2

a. Passé composé drückt Gleichzeitigkeit zweier Handlungen aus. ☐
b. Imparfait beschreibt Zustände, Landschaften und Stimmungen. ☐
c. Imparfait dient nicht dem Ausdruck von Gewohnheiten. ☐
d. Passé composé ist eine Zeit der Zukunft. ☐

11. Wie lautet das Futur simple von ils adoraient? A1

a. ils adorent ☐
b. ils adoront ☐
c. ils adore ☐
d. ils adoreront ☐

12. Wie heißt der Satz im Futur composé? A2

Le sportif .... la compétition mardi au 2e tour du tournoi.

a. reprendra ☐
b. reprenait ☐
c. va reprendre ☐
d. reprendrera ☐

13. Welcher Satz ist falsch? A2

a. En 1834 il vivait à Avignon. ☐
b. Tous les soirs il s'asseyait sur le banc du Boulevard. ☐
c. La Lune était un satellite de la Terre. ☐
d. Il va régulièrement au théâtre. ☐

14. Welcher Zeit gehört die Endung -îmes an? B1

a. Imparfait ☐
b. Passé simple ☐
c. Passé composé ☐
d. Futur composé ☐

Lösungen

1 b. 2 d. 3 c. 4 a. 5 d. 6 a. 7 a. 8 b.
9 d. 10 b. 11 d. 12 c. 13 c. 14 b.

A1

13 Die Verneinung

Rien n'*est si contagieux que l'exemple*
et nous ***ne*** *faisons* ***jamais*** *de grands biens,*
ni *de grands maux qui* ***n'****en produisent de*
semblables.

François VI, Duc de la Rochefoucauld (1613–1680),
moraliste et mémorialiste français

Nichts *ist so ansteckend wie das Vorbild, und wir tun* ***niemals*** *etwas besonders Gutes oder etwas besonders Schlechtes, das* ***nicht*** *ähnlich Gutes oder Schlechtes hervorbrächte.*

François VI., Herzog von la Rochefoucauld (1613–1680),
französischer Moralist und Aphoristiker

G Der bejahte Satz wird durch Verneinungselemente in einen verneinenden Satz umgewandelt. In der Regel besteht die Verneinung im Französischen aus zwei Elementen, welche das konjugierte Verb umschließen.

13.1 Die Verneinungselemente

A1

Formen

Zur Verneinung stehen verschiedene Verneinungselemente zur Verfügung. Die weitaus häufigste Verneinungsform, die den Satz insgesamt verneint, ist ne ... pas:

Elle **ne** veut **pas** chanter aujourd'hui parce qu'elle **ne** se sent **pas** à l'aise. *Sie möchte heute **nicht** singen, denn sie fühlt sich **nicht** wohl.*

Daneben gibt es eine Reihe weiterer Elemente, die verschiedene Nuancen der Verneinung ausdrücken:

Verneinungselemente	
ne … pas *nicht*	Le bébé **n'**a **pas** dormi cette nuit. *Das Baby hat heute Nacht **nicht** geschlafen.*
ne … guère *kaum*	Pendant l'année dernière il **n'**a **guère** été malade. *Im letzten Jahr ist er **kaum** krank gewesen.*
ne … jamais *nie/niemals*	Cet avare **ne** donne **jamais** un sou. *Dieser Geizhals gibt **niemals** einen Pfennig her.*
ne … personne *niemand*	Je **ne** vois **personne**. *Ich sehe **niemanden**.*
ne … plus *nicht mehr*	Je **ne** trouve **plus** les chaussettes. *Ich finde die Socken **nicht mehr**.*
ne … plus jamais *nie mehr*	Ils **ne** veulent **plus jamais** y habiter. *Sie wollen hier **nie mehr** wohnen.*
ne … que *nur/erst*	Elles **n'**ont **qu'**un seul frère. *Sie haben **nur** einen Bruder.*
ne … rien *nichts*	Il **n'**en sait **rien**. *Er weiß **nichts** davon.*
ne … ni … ni *weder … noch*	Je **ne** vois **ni** l'un **ni** l'autre. *Ich sehe **weder** das eine **noch** das andere.*
ne … nulle part *nirgends*	Je **ne** l'ai trouvé **nulle part**. *Ich habe es nirgends gefunden.*
ne … aucun/aucune *(überhaupt) kein(e)*	Il **n'**a gardé **aucun** souvenir de cet anniversaire. *Er hat **(überhaupt) keine** Erinnerung an diesen Geburtstag.*
ne … point *gar nicht*	Dans ce magasin, les soldes **ne** sont **point** intéressants. *In diesem Laden sind die Sonderangebote **gar nicht** interessant.*

Vor Vokal und h muet wird ne zu n' verkürzt:
Elle **n'**a **rien** à regretter. *Sie hat **nichts** zu bereuen.*

Stellung

Die Verneinungselemente umschließen das konjugierte Verb, das verneint werden soll.

- Abweichend vom Deutschen stehen das Objektpronomen (▷ 6.1) sowie das Reflexivpronomen (▷ 6.3) zwischen dem Verneinungspartikel ne und vor dem konjugierten Verb:
  Il **ne s'**est **pas** montré à la réunion. *Er hat **sich** bei der Versammlung **nicht** gezeigt.*

- Auch die Adverbialpronomen **y** und **en** (▷ 6.4) stehen vor dem konjugierten Verb und folgen auf ne:
  Il **n'en** parle **pas**. *Er spricht **nicht darüber**.*
  Et il **n'y** pense **jamais**. *Und er denkt **nie daran**.*
- Bei den zusammengesetzten Zeiten umschließen die Verneinungselemente das Hilfsverb und die begleitenden Pronomen:
  Tu **ne** t'es **pas** encore renseigné. *Du hast dich **noch nicht** informiert.*
  Je **ne** l'ai **pas** vue depuis trois mois. *Ich habe sie seit drei Monaten **nicht** gesehen.*
  Ausnahme: Bei ne … personne befindet sich personne hinter dem Partizip Perfekt und nach dem Infinitiv:
  Je **n'ai rencontré personne**. *Ich habe **niemanden getroffen**.*
  J'espère **ne blesser personne**. *Ich hoffe, **niemanden zu beleidigen**.*
- Beim Futur composé und bei Modalverben befinden sich die Pronomen außerhalb der Verneinungsklammer vor dem Infinitiv:
  On **ne peut jamais le** savoir. *Man **kann es nie** wissen.*
  Il cherche ses chaussures, mais **il ne va pas les** y trouver. *Er sucht seine Schuhe, aber **er wird sie** hier **nicht finden**.* (Futur composé)

B1
- Ist das verneinte Verb ein Partizip oder Gerund (▷ 18), wird es ebenfalls von den Verneinungselementen umschlossen:
  Ne pouvant plus dormir, il s'est levé. ***Da er nicht mehr** schlafen **konnte**, ist er aufgestanden.*

(Zur Verneinung beim Infinitiv ▷ 14, beim Imperativ ▷ 15, beim Fragesatz ▷ 10)

Gebrauch

Im Französischen gibt es keinen gleichbedeutenden Ausdruck für das deutsche *kein/keine/keiner*. Diese Formen müssen umschrieben werden mit Indefinitadjektiven (▷ 8.1) wie aucun/aucune *kein einziger/keine einzige* in der Bedeutung von *überhaupt kein*, nul/nulle *kein/keiner/keine*, ferner mit pas un/une:
Il **n'a nulle** autre chance. *Er hat **keine** andere Chance.*
Non, je **n'ai** vu **aucun** B1 faisan. *Nein, ich habe **keinen** Fasan gesehen.*

Ne … aucun muss an das Bezugswort angepasst werden:
Elle **n'aime aucune** comédie musicale. *Sie mag **(überhaupt) kein Musical**.*

B2

Das Verneinungselement ne

Das Verneinungselement ne kann allein ohne nachfolgendes pas stehen. Es hat dabei meist auch verneinenden Sinn:
- in bestimmten feststehenden Wendungen:
  n'importe qui/quoi/où/comment/quand *wer/was/wo/wie/wann auch immer*:
  N'importe comment, chaque automne elle a C1 le cafard. ***Wie auch immer/ irgendwie** bekommt sie jeden Herbst Depressionen.*

- in Verbindung mit Verben wie pouvoir *können*, oser *wagen*, savoir *wissen*, cesser *aufhören*:
  Je **n'**ose (pas) la déranger. *Ich wage **nicht**, sie zu stören.*
  C2 Je **ne saurais** vous contredire. *Ich **kann** Ihnen **nicht** widersprechen.*
- in der Kombination von ne … ni … ni *weder … noch*. Diese gehört vorwiegend der geschriebenen Sprache an: C1
  Ils **ne** sont **ni** riches **ni** pauvres. *Sie sind **weder** reich **noch** arm.*
  D'après des analyses, il y a en Allemagne quatre millions de personnes qui **ne** savent **ni** lire **ni** écrire. *Untersuchungen zufolge gibt es in Deutschland vier Millionen Menschen, die **weder** lesen **noch** schreiben können.*
- in den Verbindungen rien, personne, aucun, pas un mit nachgestelltem ne, wenn sie Subjekt des Satzes sind:
  Rien n'intéresse Paul. *Paul interessiert **nichts**.*
  Pas un seul **ne** l'a contacté. ***Kein** einziger hat ihn kontaktiert.*
  Personne n'a sonné. ***Niemand** hat geläutet.*
  Aucune de ces fleurs **ne** me plaît. ***Keine** dieser Blumen gefällt mir.*

Das pleonastische ne C1

Nach bestimmten Verben hat das alleinstehende ne ohne pas (ne explétif) keine verneinende Bedeutung. Es ist optional und hat hier lediglich die Funktion eines Füllwortes zur flüssigeren Formulierung. Solche Verben sind:

- die Verben des Fürchtens, z. B. craindre *fürchten*, avoir peur *Angst haben*, redouter *fürchten*
  Je crains qu'il **ne** parte. *Ich fürchte, dass **er abreist**.*
  Bei verneinender Bedeutung muss aber die vollständige Klammer stehen:
  Je crains qu'il **ne** parte **pas**. *Ich fürchte, dass er **nicht** abreist.*
- die Verben der Ablehnung, z. B. douter *zweifeln*, nier *verneinen*, contester *bestreiten*, empêcher *verhindern*:
  Je ne doute pas qu'il **ne** revienne. *Ich zweifle nicht daran, dass er zurückkommt.*
  Il faut empêcher que ce malheur **ne** se reproduise. *Es muss verhindert werden, dass sich dieses Unglück wiederholt.*

Ferner kann das pleonastische ne in Vergleichssätzen erscheinen. Diese Konstruktion ist besonders in der gehobenen Sprache häufiger anzutreffen: C1

Elle est moins intelligente que je **ne** le croyais. *Sie ist weniger intelligent, als ich dachte.*

Ebenso kann es nach Konjunktionen wie avant que *bevor*, à moins que *sofern nicht/es sei denn*, de peur que *damit nicht* stehen:

Il faut partir **avant qu'il ne** pleuve. *Ich muss losfahren, bevor es regnet.*

Elle se présente aux élections **à moins** que sa famille **ne** soit contre cette idée. *Sie lässt sich zur Wahl aufstellen, **sofern** ihre Familie **nichts** dagegen hat.*

A2

Die Verneinungselemente pas, point, jamais und rien

Die Verneinungselemente pas, point, jamais, rien usw. stehen ohne ne:

- in kurzen Sätzen ohne Verb:
  Quand veux-tu venir ? **Pas aujourd'hui.** *Wann willst du kommen?* ***Heute nicht.***
  As-tu déjà été à Paris ? **Jamais.** *Warst du schon in Paris?* ***Niemals.***
  À quoi penses-tu ? À **rien.** *Woran denkst du? An* ***nichts.***
- wenn nicht der ganze Satz, sondern nur ein Teil davon verneint wird:
  Ils connaissent toute l'Europe, mais **pas** la Normandie. *Sie kennen ganz Europa, nur* ***nicht*** *die Normandie.*

B1

Besonderer Gebrauch von jamais, personne und rien

- Enthält ein Satz bereits eine Verneinung, kann im Französischen durch Hinzufügen von jamais, personne und rien eine doppelte Verneinung erfolgen. Diese wird im Deutschen, das keine doppelte Verneinung kennt, in positiver Bedeutung mit *jemals, jemand* und *etwas* wiedergegeben:
  Il **n'a jamais rien** fait de mal. *Er hat* ***nie etwas*** *Böses getan.*
  Personne n'y a **jamais** pensé. ***Keiner*** *hat* ***jemals*** *daran gedacht.*
- Jamais *jemals*, personne *jemand* und rien *nichts* ohne ne stehen als Vergleichswort nach einem Komparativ:
  Je la trouve **plus belle que jamais.** *Ich finde sie* ***schöner denn je.***
  C'est **mieux que rien.** *Das ist* ***besser als nichts.***
- Jamais ohne ne kann nach hypothetischem si ebenfalls die Bedeutung von *jemals* annehmen:
  Si jamais tu viens en France … *Solltest du* ***jemals*** *nach Frankreich kommen …*
- Jamais hat weiterhin die Bedeutung *jemals* nach Verben des Zweifelns:
  Je doute qu'il ait **jamais** dit cela. *Ich bezweifle, dass er das* ***jemals*** *gesagt hat.*
- Nach sans mit Infinitiv oder sans que mit Subjonctif haben personne und rien kein ne bei sich:
  sans rien faire et **sans** voir **personne** ***ohne etwas*** *zu tun und* ***ohne jemanden*** *zu sehen*
  Il est parti **sans que personne** s'en soit aperçu. *Er ist gegangen,* ***ohne dass*** *es* ***jemand*** *bemerkt hätte.*

A2

Ne, non oder pas?

In einigen Fällen kann wahlweise ne, non oder pas verwendet werden:

- moi non, moi pas, pas moi *ich nicht*:
  Nous allons à la plage. **Moi non.** *Wir gehen zum Strand.* ***Ich nicht.***
- et pas, et non, et non pas *und nicht*:
  Elle est Italienne **et pas** Portugaise. *Sie ist Italienerin* ***und nicht*** *Portugiesin.*
  Je m'appelle Tim **et pas** Tom. *Ich heiße Tim* ***und nicht*** *Tom.*
  Je parle du passé **et non** du présent. *Ich spreche von der Vergangenheit* ***und nicht*** *von der Gegenwart.*

- ou non, ou pas *oder nicht*:
  Tu restes ici, que ça te plaise **ou non.** *Du bleibst hier, ob es dir gefällt **oder nicht.***
  Vous y allez **ou non/ou pas** ? *Gehen Sie/geht Ihr hin **oder nicht**?*

13.2 Die verstärkte Verneinung

A2

Die Verneinung kann durch Zufügen bestimmter Zusätze wie Adverbien (▷ 5) verstärkt werden:

- Ne … pas, ne … plus, ne … rien und ne … point können durch du tout *überhaupt* verstärkt werden:
  Il **n'**a **plus du tout** soif. *Er hat **überhaupt keinen** Durst **mehr.***
  Je **n'**ai **pas du tout** envie. *Ich habe **überhaupt keine** Lust.*
  Il **n'**a **rien** compris **du tout**. *Er hat **aber auch gar** nichts verstanden.*
  ℹ Ne ... point gilt in der gesprochenen Sprache als veraltet und wird nur noch literarisch verwendet.
- Ne ... pas kann auch durch non plus *auch nicht* oder pas encore *noch nicht* verstärkt werden:
  Je **ne** le connais **pas non plus.** *Ich kenne ihn **auch nicht.***
  Cette loi **ne** va **pas encore** dans le bon sens. *Dieses Gesetz geht **noch nicht** in die richtige Richtung.*

13.3 Die eingeschränkte Verneinung

A2

Auch zur Einschränkung der Verneinung stehen mehrere Möglichkeiten zur Verfügung:

- Mit ne … que *nur* oder seulement *nur* werden alle Satzglieder außer dem Subjekt eingeschränkt:
  M. Xavier **n'a qu'**un seul fils. *Herr Xavier hat **nur** einen Sohn.*
  On vit une fois **seulement.** *Man lebt **nur** einmal.*
- Bei den Angaben von Zeit und Alter hat ne ... que die Bedeutung von *erst*:
  Le train **ne** part **qu'**à deux heures. *Der Zug fährt **erst** um 2 Uhr.*
  Il **n'**avait **que** dix-sept ans. *Er war **erst** siebzehn (Jahre alt).*
- Das Subjekt wird durch seul *nur/einzig* eingeschränkt, wobei seul angeglichen werden muss:
  Seules les deux sœurs habitent chez les parents. ***Nur** die zwei Schwestern leben bei den Eltern.*
- ⚡ Wenn ein Satz mit que *dass* folgt, wird ausschließlich seulement *nur* verwendet:
  J'ai **seulement** dit que le soleil brillait. *Ich habe **nur** gesagt, dass die Sonne scheint.*

Zwischentest 13

A1 **1. Welches Wort ist verneint?**

Alain ne viendra pas ce soir.

a. Alain ☐
b. viendra ☐
c. ce ☐
d. soir ☐

A1 **2. Woran erkennt man einen verneinten Satz?**

a. am Subjekt ☐
b. am konjugierten Verb ☐
c. an den Verneinungselementen ☐
d. aus dem Kontext ☐

A1 **3. Was heißt auf Französisch *ich weiß nicht*?**

a. Je ne pas sais. ☐
b. Je sais. ☐
c. Je sais ne pas. ☐
d. Je ne sais pas. ☐

A2 **4. Wie lautet die Antwort auf die Frage?**

Qui vas-tu rencontrer ?

a. Rien. ☐
b. Ne personne. ☐
c. Personne. ☐
d. Jamais. ☐

A2 **5. Wie ist loin in dem Satz zu verneinen?**

Olivier habite loin de Dijon.

a. ne ☐
b. pas ☐
c. ne … pas ☐
d. ne … jamais ☐

A2 **6. Wie ist die Frage zu beantworten?**

Qu'est-ce qui s'est passé rue de Rivoli ?

a. Rien. ☐
b. Aucun ☐
c. Ne … plus. ☐
d. Ne … jamais. ☐

B1 **7. Wie kann der einleitende Satz verneint werden?**

Étant invité, je ne peux pas y aller.

a. N'étant pas invité, je ne peux pas y aller. ☐
b. Ne pas étant invité, je ne peux pas y aller. ☐
c. Ne pas avoir invité, je ne peux pas y aller. ☐
d. N'invite pas, je ne peux pas y aller. ☐

8. Wie ist die Frage verneint zu beantworten? A2

Est-ce que quelqu'un a pu vous renseigner ?

a. Non, personne a pu me renseigner. ☐
b. Non, rien a pu me renseigner. ☐
c. Non, personne n'a pu me renseigner. ☐
d. Non, personne peut me renseigner. ☐

9. Welcher Satz ist falsch? A1

a. Nous n'avons pas du tout regretté son départ. ☐
b. Annabelle et Mirabelle ne sont ni des jumelles ni des sœurs. ☐
c. Il est le meilleur ami que j'ai jamais eu ☐
d. À Nice on peut ne faire pas du ski. ☐

10. Wie lautet die Antwort *Ich nicht* zu folgendem Satz? A1

Qui a pris du chocolat ?

a. Pas moi. ☐
b. Je pas. ☐
c. Je non. ☐
d. Et pas. ☐

11. Wie kann der Satz verneint werden? B1

Certaines lettres ont été traduites.

a. Certaines lettres ne sont traduites. ☐
b. Quelques lettres n'ont été pas traduites. ☐
c. Aucune lettre n'a été traduite. ☐
d. Les meilleures lettres n'ont été traduites. ☐

12. Wo steht pas in dem Satz? B2

(1) Vous ne (2) niez (3) que vous ne l'ayez (4) vu.

a. 1 ☐
b. 3 ☐
c. 2 ☐
d. 4 ☐

13. Wie ist der Satz unter Verwendung von en zu verneinen? A2

Pierre m'a informé de ces idées.

a. P. me n'a pas en informé. ☐
b. P. m'en n'a pas informé. ☐
c. P. m'en a n'informé pas. ☐
d. P. ne m'en a pas informé. ☐

Lösungen

1 b. 2 c. 3 d. 4 c. 5 b. 6 a. 7 a.
8 c. 9 d. 10 a. 11 c. 12 b. 13 d.

A1

14 Der Infinitiv

*Sa femme fut le maître; il devait devant tout le monde **dire** ceci, ne pas **dire** cela, **faire maigre** tous les vendredis, **s'habiller** comme elle l'entendait, **harceler** par son ordre les clients qui ne payaient pas.*

Gustave Flaubert (1821–1880), écrivain français

*Seine Frau war der Chef; er musste vor allen Leuten dies **sagen** und jenes nicht **sagen**, musste freitags **fasten**, **sich anziehen**, wie sie es sich vorstellte und nach ihren Anweisungen die Kunden **bedrängen**, die nicht bezahlten.*

Gustave Flaubert (1821–1880), französischer Schriftsteller

G Der Infinitiv ist die unveränderliche Grundform des Verbs. Er kann sowohl verbal als auch substantivisch verwendet werden. Er ist vielfältig einsetzbar und wird im Französischen weitaus häufiger verwendet als im Deutschen.

Formen

Die französische Sprache kennt zwei Formen des Infinitivs: den Infinitiv Präsens und den Infinitiv Perfekt. Der Infinitiv Präsens endet auf die Suffixe -er, -ir, -re, -oir, die auf die jeweilige Konjugationsgruppe (▷ 11) verweisen.
Der Infinitiv Perfekt besteht aus avoir oder être und dem Partizip Perfekt.
Weiterhin wird beim Infinitiv zwischen Aktiv und Passiv unterschieden:

	Infinitiv Präsens	Infinitiv Perfekt
Aktiv	chanter *singen*	avoir chanté *gesungen haben*
	partir *weggehen*	être parti(e)(s) *gegangen sein*
Passiv	être chanté(e)(s) *gesungen werden*	avoir été chanté(e)(s) *gesungen worden sein*

Der Infinitiv selbst ist unveränderlich. Beim mit être gebildeten Infinitiv Perfekt wird das Partizip Perfekt angeglichen (▷ 18.3) sowie bei den Passivformen (▷ 19).

Bei der Verneinung des Infinitivs, sowohl des Infinitivs Präsens als auch des Infinitivs Perfekt, stehen die Verneinungselemente (▷ 13) geschlossen vor dem Infinitiv und dem Objekt- und Adverbialpronomen:
Elle dit **ne pas en avoir** eu envie. *Sie sagt, sie hätte **keine** Lust **darauf gehabt**.*

14.1 Der Infinitiv als Substantiv

A2

Der Infinitiv kann wie ein Substantiv die Funktion eines Subjekts, Objekts oder einer prädikativen Ergänzung haben:

- als Subjekt:
  Pratiquer un sport est sain. ***Sport treiben** ist gesund.*
- als Objekt:
  Il désire **partir** tout de suite. *Er möchte sofort **abreisen**.*
- als prädikative Ergänzung:
  Pour lui, vivre c'est **penser**. *Für ihn bedeutet Leben **Denken**.*
- Verben, die zu Substantiven geworden sind:

le coucher du soleil *der Sonnenuntergang*
le dîner *das Abendessen*
le devoir *die Pflicht*
le lever du soleil *der Sonnenaufgang*
le déjeuner *das Mittagessen*
le pouvoir *die Macht*

14.2 Der Infinitiv als Verb

A2

Der Infinitiv kann durch Ergänzungen oder ein Adverb näher bestimmt werden:
Il désire **commencer directement**. *Er möchte **sofort anfangen**.* (Adverb)
Elle est capable de **travailler avec ambition**. *Sie ist fähig, **mit Ehrgeiz** zu **arbeiten**.* (nähere Bestimmung)

Der Infinitiv kann einen Befehls-, Frage-, oder Ausrufesatz ersetzen:
Voir page 6. ***Siehe*** *Seite 6.* (Befehlssatz)
Que **répondre** à cela ? *Was soll man darauf* ***antworten****?* (Fragesatz)
Toi, te **résigner** ! *Du, du willst resignieren!* (Ausrufesatz)

Der Infinitiv wird häufig zur Verkürzung von Nebensätzen eingesetzt (▷ 14.4).

A2

14.3 Der Infinitiv nach Verben

Der Infinitiv kann ohne Präposition oder mit den Präpositionen de oder à an das konjugierte Verb angeschlossen werden.
L! Beim Lernen der Verben und Ausdrücke sollten Sie stets mitlernen, wie ein Infinitiv angeschlossen wird, da es dafür keine Regeln gibt.

A2

14.3.1 Der Infinitiv ohne Präposition

Der Infinitiv steht ohne Präposition
- nach den modalen Hilfsverben:

faillir *beinahe etw. tun*	devoir *müssen*	B2 paraître *scheinen*
faire *veranlassen*	laisser *lassen*	B2 oser *wagen*
vouloir *wollen*	sembler *scheinen*	savoir *können/verstehen*
avoir beau *sich vergeblich mühen*		
pouvoir *können/die Möglichkeit haben/dürfen*		

Il **a beau faire**, il est toujours en retard. *Er* ***bemüht sich vergeblich****, er ist immer zu spät.*
J'ai **failli tomber**. *Ich wäre* ***beinahe gefallen****.*
Ils font réparer la voiture. *Sie* ***lassen*** *das Auto* ***reparieren****.*
N'**ose** pas me B1 **toucher** ! ***Wage*** *nicht, mich zu* ***berühren****!*
Il **paraît rester** calme. *Er* ***scheint*** *ruhig zu* ***bleiben****.*
L'acteur ne **peut** pas **entrer** en scène ce soir. *Der Schauspieler* ***kann*** *heute Abend nicht* ***auftreten****.*
Vous ne **pouvez** pas **vous baigner** ici. *Sie* ***dürfen*** *hier nicht* ***baden****.*
Tu ne **sais** pas te comporter ? ***Kannst*** *du dich nicht* ***benehmen****?*
Pierre **semble rêver**. *Pierre* ***scheint zu träumen****.*

- nach Verben im Anschluss an faire im Sinne von *(zu)lassen* und laisser *lassen*:

faire croire *weismachen*	laisser aller *gehen lassen*
faire faire *machen lassen*	laisser passer *vorbeilassen*
faire penser à *erinnern an*	se laisser aller *sich gehen lassen*
faire marcher *in Gang bringen*	se laisser faire *nachgeben*

Michel a **fait marcher** le moteur. *Michel hat den Motor* ***in Gang gebracht****.*
Je l'ai **laissé lire** la lettre. *Ich habe ihn den Brief* ***lesen lassen****.*

• nach folgenden Verben:

Verbtyp	Verben	
Verben des Sagens und Denkens	affirmer *behaupten*, se rappeler *sich erinnern* (+ Infinitiv Perfekt), B1 compter *beabsichtigen*	Je **me rappelle avoir dit** ça. *Ich erinnere mich, das **gesagt zu haben**.*
Verben der sinnlichen Wahrnehmung	entendre *hören*, écouter *zuhören*, regarder *an-/zuschauen*, sentir *riechen/fühlen*, voir *sehen*	J'entends le train **passer**. *Ich höre den Zug **vorbeifahren**.*
Verben des Wollens und Wünschens	aimer *gern tun*, désirer *wünschen*, détester *verabscheuen*	Elle n'**aime** pas **manger** des B1 huîtres. *Sie **isst nicht gerne** Austern.*
Verben der Bewegung	aller *gehen*, aller voir qn. *jdn. besuchen*, courir *laufen*	Ils **vont voir** les joueurs **s'entraîner**. *Sie **besuchen** die Spieler beim Training.*

Mit aller + Infinitiv wird das Futur composé (▷ 12.2.2) gebildet:
Olivier **va voir** sa grand-mère. *Olivier besucht seine Großmutter.*
⚡ Nach diesen Verben kann eine Infinitivkonstruktion nur erfolgen, wenn das Subjekt des konjugierten Verbs mit dem des Infinitivs identisch ist. Andernfalls muss ein Nebensatz mit que gebildet werden:
Louise **veut partir** avec des amis. *Louise **will** mit Freunden **wegfahren**.*
(Subjekt des konjugierten Verbs ist identisch mit dem des Infinitivs)
Aber: Louise **veut que les amis partent** avec elle. *Louise **will, dass die Freunde mit ihr wegfahren**.* (Subjekt von vouloir: Louise, von partir: les amis)

14.3.2 Der Infinitiv mit der Präposition à

A2

Der Infinitiv mit à folgt auf Verben, die ein Ziel, ein Bemühen, eine Richtung oder die Beziehung des Handelnden zu seiner Tätigkeit bezeichnen:

aider à *helfen*
apprendre à *lernen*
arriver à *gelingen*
avoir qc. à faire *etw. zu tun haben*
chercher à *versuchen*
commencer à *anfangen/beginnen*
consentir à *zustimmen*
continuer à *fortfahren*
contribuer à *beitragen zu*
demander à *wünschen/verlangen*
destiner à *bestimmen*
encourager à *ermutigen*
être habitué à *daran gewöhnt sein*
être occupé à *gerade dabei sein*
inviter à *einladen/auffordern*
obliger à *verpflichten/zwingen*
parvenir à *gelingen*
s'accoutumer à *sich gewöhnen*
s'engager à *sich verpflichten*
s'intéresser à *interessiert sein*
se mettre à *anfangen*
se résigner à *sich damit abfinden*
servir à *dienen zu*
B1 **songer à** *denken*
tenir à *Wert legen auf*
B1 **viser à** *abzielen auf*

Elle **se mit à fondre** en larmes. *Sie **brach** in Tränen **aus**.*
La semaine prochaine, on va **continuer à lire** le roman de Flaubert. *In der nächsten Woche **lesen** wir den Roman von Flaubert **weiter**.*

A2

14.3.3 Der Infinitiv mit der Präposition de

Der Infinitiv mit de ist die häufigste Infinitivkonstruktion.

- Der Infinitiv mit de kann an folgende Verben angeschlossen werden:

accepter de *akzeptieren*
accuser de *anklagen*
achever de *beenden*
charger de *beauftragen*
commander de *befehlen*
conseiller de *raten*
convenir de *übereinkommen*
craindre de *fürchten*
désespérer de *verzweifeln*
B1 empêcher de *hindern*
essayer de *versuchen*
s'agir de *sich handeln*
se contenter de *sich zufrieden geben*
se souvenir de *sich erinnern*

Je **me souviens d'avoir** déjà **rencontré** cet homme. *Ich **erinnere mich**, diesem Mann schon einmal **begegnet zu sein**.*
Paul a **accepté de participer** à ce cours. *Paul hat **eingewilligt**, an diesem Kurs **teilzunehmen**.*

- Weiterhin steht der Infinitiv mit de bei häufig gebrauchten Wendungen wie:

avoir la chance de *das Glück haben*
être en train de *gerade dabei sein etw. zu tun*
avoir l'habitude de *die Gewohnheit haben*
avoir raison/tort de *Recht/Unrecht haben*
prendre la décision de *die Entscheidung treffen*
avoir envie de *Lust haben auf*
avoir besoin de *brauchen*
avoir honte de *sich schämen*
avoir le droit de *dürfen*
avoir peur de *Angst haben*

On n'**a** pas **le droit de stationner** devant l'entrée. *Man **darf** nicht vor der Einfahrt **parken**.*

B1

14.3.4 Der Infinitiv mit wechselndem Anschluss

Verben mit wechselndem Infinitivanschluss können verschiedene Bedeutungen haben:

arriver **à** *gelingen*
imaginer **de** faire qc. *die Idee haben*
décider **de** *beschließen*
penser **à** *daran denken*
devoir faire qc. *etw. tun müssen*
devoir **de** *verdanken*
se devoir **de** *die Pflicht haben*
il arrive **de** *es kommt vor, dass*
s'imaginer faire qc. *sich einbilden*
se décider **à** *sich entscheiden*
penser faire qc. *beabsichtigen*
venir faire qc. *kommen um zu*
venir **à** *zufällig etw. tun*
en venir **à** *schließlich etwas tun*

Tu **penses partir** demain ? ***Hast du vor**, morgen **abzureisen**?*
Tu as **pensé à** acheter du beurre ? ***Hast du daran gedacht**, Butter zu kaufen?*

Auch Substantive können den Infinitiv mit à und de nach sich ziehen wie l'art de vivre *die Kunst zu leben*. Besonders häufig sind feststehende Ausdrücke:

au lieu de *anstatt von*
au risque de *auf die Gefahr hin*
en vue de *um zu*
la machine à coudre *die Nähmaschine*
la machine à laver *die Waschmaschine*
la salle à manger *das Esszimmer*

- Adjektive, auf die ein Infinitiv folgen kann:
  apte à *geeignet*, prêt à *bereit*, bon à *gut/geeignet*, habile à *geschickt*, capable de *fähig*, content de *zufrieden/erfreut*, digne de *würdig*, libre de *frei*
  Il est **capable de faire** la cuisine. *Er ist **fähig zu kochen**.*
  Je suis **content de** te **voir**. *Ich **freue** mich, dich **zu sehen**.*

14.4 Die Verkürzung von Nebensätzen

B1

Haben Haupt- und Nebensatz das gleiche Subjekt, wird der Nebensatz häufig durch einen Infinitiv ersetzt.

- Eine Infinitivkonstruktion kann einen Nebensatz ersetzen, der mit einer Konjunktion (meistens mit folgendem Subjonctif ▶ 16) eingeleitet wird. Als elegantere Variante sind Infinitivsätze vorzuziehen:

Konjunktion	mit Infinitiv	mit Nebensatz
avant de *bevor*	**Avant de partir**, tu ferais mieux de te coiffer ! ***Bevor du weggehst**, solltest du dich frisieren!*	**Avant que tu partes**, tu ferais mieux de te coiffer !
après *nachdem*	**Après avoir visité** le Louvre il se promène aux Tuileries. ***Nachdem er** den Louvre **besichtigt hat**, geht er in den Tuilerien spazieren.*	**Après qu'il a visité** le Louvre, il se promène aux Tuileries.
afin de *dass/damit*	Il s'entraîne tous les jours **afin d'être** le meilleur au concours. *Er trainiert jeden Tag, **damit er** beim Wettbewerb der Beste **wird**.*	Il s'entraîne tous le jours **afin qu'il soit** le meilleur au concours.
pour *dass/damit/ um zu*	Elle se dépêche **pour être** là quand ils arrivent. *Sie beeilt sich, **um** da **zu sein**, wenn sie kommen.*	Elle se dépêche **pour qu'elle soit** là quand ils arrivent.
sans *ohne*	Il voit bien **sans porter** de lunettes. *Er sieht gut, **ohne** eine Brille **zu tragen**.*	Il voit bien **sans qu'il porte** de lunettes.

⚡ Nach après *nachdem* folgt der Infinitiv Perfekt.

- Eine Infinitivkonstruktion kann auch anstelle eines mit einem Superlativ eingeleiteten Relativsatzes (▶ 7) gebraucht werden, z. B. nach le/la premier/-ère *der/die Erste*, le/la dernier/-ère *der/die Letzte*, le/la seul/-e *der/die Einzige* sowie nach personne *niemand* und rien *nichts*:
  Cet architecte était **le seul à bâtir** un gratte-ciel à cette époque. *Dieser Architekt **war der Einzige, der** zu jener Zeit einen Wolkenkratzer **gebaut** hat.*

Zwischentest 14

A1 **1. Woran erkennt man einen Infinitiv?**

a. an der Vorsilbe ☐
b. an der Endung ☐
c. an der Präposition ☐
d. aus dem Kontext ☐

A1 **2. Welche Verbform steht im Infinitiv Präsens?**

a. coudre ☐
b. avoir cousu ☐
c. cousu ☐
d. cousant ☐

A1 **3. Wie heißt der Infinitiv Präsens zu il ira?**

a. irer ☐
b. irriter ☐
c. être ☐
d. aller ☐

A2 **4. Was muss ergänzt werden?**

Vous venez .... chez nous ?

a. à déjeuner ☐
b. déjeuner ☐
c. le déjeuner ☐
d. être déjeunés ☐

B1 **5. Wie ist der Satz in einen Infinitivsatz umzuformen?**

Il faut qu'on prenne le parti du plus faible.

a. Prendre le parti du plus faible. ☐
b. Il faut prendre le parti du plus faible. ☐
c. Prend le parti du plus faible. ☐
d. Il a pris le parti du plus faible. ☐

A2 **6. Was macht Mme Monin?**

Mme Monin .... le médecin.

a. fait venir ☐
b. fait vient ☐
c. fait à venir ☐
d. fais devenir ☐

A2 **7. Wie lautet der Infinitiv Präsens von avoir pu?**

a. pourvoir ☐
b. pouvoir ☐
c. punir ☐
d. puer ☐

B1 **8. Wie heißt auf Französisch *sozusagen*?**

a. Pour ainsi dire ☐
b. Pour disent ☐
c. Ainsi dit ☐
d. Dire comme ça ☐

9. Welche Aussage zu Sätzen mit Verben des Sagens, Denkens und Meinens ist zutreffend? A2

a. Der Infinitiv hat kein Subjekt. ☐
b. Infinitiv und konjugiertes Verb haben verschiedene Subjekte. ☐
c. Der Infinitiv kann nicht verneint werden. ☐
d. Infinitiv und konjugiertes Verb müssen das gleiche Subjekt haben. ☐

10. Welche Konjunktion fehlt? B1

.... avoir ramassé les vêtements sales, je les mets au lave-linge.

a. Avant ☐
b. Comme ☐
c. Après ☐
d. Depuis ☐

11. Was verspricht Marie ihren Eltern? A2

Je me suis décidée .... terminer mes études.

a. que ☐
b. à ☐
c. de ☐
d. pour ☐

12. Welche Form ist ein Infinitiv Perfekt? A1

a. ayant menti ☐
b. menti ☐
c. avoir menti ☐
d. sans mentir ☐

13. Wie ist der Infinitiv zu verneinen? A2

Laisser à la portée des enfants.

a. Ne laissez pas à la portée des enfants. ☐
b. Laisser pas à la portée des enfants. ☐
c. Ne pas laisser à la portée des enfants. ☐
d. Ne laisser pas à la portée des enfants. ☐

14. Wie muss der Satz ergänzt werden? A2

Louis est en train .... ranger sa chambre.

a. à ☐
b. pour ☐
c. keine Ergänzung ☐
d. de ☐

Lösungen

1 b. 2 a. 3 d. 4 b. 5 b. 6 a. 7 b. 8 a.
9 d. 10 c. 11 b. 12 c. 13 c. 14 d.

A1

15 Der Imperativ

N'ajoutez pas *un mot ! Dans trois jours je parlerai, je vous dirai tout;* ***laissez-moi****, dit-il en lui baisant les mains,* ***laissez-moi*** *être heureux, j'aime et je suis aimé.*
Eh bien, ***sois*** *heureux, mon enfant, dit-elle.*

Honoré de Balzac (1799–1850), écrivain français

Sagen Sie *kein weiteres Wort mehr. In drei Tagen werde ich sprechen, und ich werde Ihnen alles sagen.* ***Lassen Sie mich****, sagte er und küsste ihre Hände.* ***Lassen Sie mich*** *glücklich sein, ich liebe und ich werde geliebt.*
Aber ja, ***sei*** *glücklich, mein Kind!, sagte sie.*

Honoré de Balzac (1799–1850), französischer Schriftsteller

G Der Imperativ ist ein Modus des Verbs. Er drückt einen Befehl, ein Verbot, eine Bitte, einen Rat oder einen Wunsch aus und kann auf unterschiedliche Art ersetzt werden. In verneinter Form kann der Imperativ ein Verbot ausdrücken.

Das Französische hat drei Imperativformen entsprechend der/den Person(en), die angesprochen werden soll(en).

2. Pers. Sing.: Mange la pomme. *Iss den Apfel!*
1. Pers. Pl.: Dînons ensemble ce soir. *Lasst uns heute Abend zusammen essen!*
2. Pers. Pl.: Appelez-moi cet après-midi. *Rufen Sie/ruft mich heute Nachmittag an!*

Formen des regelmäßigen Imperativs

Der Imperativ Singular ist der Form nach gleich der 1. Person Singular Präsens. Dies gilt auch für den Imperativ der unregelmäßigen Verben. Die Imperative des Plurals entsprechen der 1. und 2. Person Plural Präsens:

	Imperativ	Eigenschaft
2. Person Singular	jou**e** ! *spiele!*	an eine Person gerichtet
1. Person Plural	jou**ons** ! *spielen wir!*	an eine Gruppe gerichtet, welcher der Sprecher selbst angehört
2. Person Plural	jou**ez** ! *spielt!*	an mehrere Personen gerichtet, zu denen sich der Sprecher nicht zählt

Allez, les enfants, jouez au jardin ! *Auf Kinder, spielt im Garten!*

Formen des unregelmäßigen Imperativs

A1

Die Imperative der Verben avoir *haben*, être *sein*, savoir *wissen* und vouloir *wollen* lauten wie die entsprechenden Formen des Subjonctif présent:

	2. Person Singular	1. Person Plural	2. Person Plural
avoir	aie	ayons	ayez
être	sois	soyons	soyez
savoir	sache	sachons	sachez
vouloir	veuille/veux	veuillons/voulons	veuillez/voulez

Bei aller *gehen* wird anstelle der 1. Person die Form der 3. Person Singular verwendet: va – allons – allez.

Bei savoir und vouloir entfällt bei den Pluralformen das -i des Subjonctif Präsens (Subjonctif: nous sachions, vous sachiez, nous voulions, vous vouliez):
Veuillez l'aider. ***Helfen Sie*** *ihm!*
Allez plus vite. ***Lauft*** *schneller!*

A2 ℹ Folgt auf den mit Vokal endenden Imperativ das Adverbialpronomen y oder en, wird ein -s angehängt und mit dem Pronomen verbunden ausgesprochen:
Penses-**y** [pãsi]. *Denke* ***daran****!* Vas-**y**. *Gehe* ***dorthin****!/Na* ***los****!*
Vor Vokal und h muet wird moi zu m' und toi zu t' verkürzt:
Occupe-**t'en**. *Kümmere* ***dich darum****!* Donnez-**m'en**. *Geben Sie* ***mir welche****!*

Gebrauch

Mit dem Imperativ werden nicht nur Befehle wie tais-toi *sei still!* viens vite *komm schnell!* ausgedrückt, sondern auch:

- Ratschläge:
  Ne te fais pas de soucis. *Mache dir keine Sorgen!*
- Wünsche und Bitten:
  Profitez du soleil. *Geniesst/Geniessen Sie die Sonne!*
- Auskünfte:
  Tournez à droite, puis continuez tout droit. *Nach rechts abbiegen, dann immer geradeaus!*

⚡ Im Unterschied zum Deutschen wird der Imperativ selten mit Ausrufezeichen (▷ 1) abgeschlossen.

A2 **Der Imperativ in Verbindung mit Pronomen**

Beim bejahten Imperativ der reflexiven und nicht reflexiven Verben werden die Pronomen (▷ 6) nachgestellt. Anstelle der Pronomen me und te werden die betonten Formen moi und toi verwendet. Da me und te sowohl den Akkusativ als auch den Dativ vertreten, steht moi und toi hier ebenfalls für den Akkusativ und für den Dativ. Die Pronomen werden mit Bindestrich an den Imperativ angehängt:
Donne-**moi** le stylo. *Gib* ***mir*** *den Stift!* Calme-**toi**. *Beruhige* ***dich****!* Levons-**nous**. *Stehen* ***wir*** *auf!*

Sind mit dem Imperativ zwei Objektpronomen verbunden, werden beide mit Bindestrich angeschlossen. Die direkten Objektpronomen le/la/les stehen nach dem Imperativ und vor den indirekten Pronomen moi/toi/lui/nous/vous/leur:

Imperativ	direktes Objektpron.	indirektes Objektpron.	Adverbialpron.
Verb →	le/la/les →	moi/toi/lui/nous/vous/leur →	y/en

Montre-**le-lui** ! *Zeig* ***es ihm****!* Parle-**lui-en**. *Sprich* ***mit ihm darüber****.*

En und y folgen immer, mit Bindestrich angeschlossen, nach den Objektpronomen und erscheinen beim Imperativ hauptsächlich in Verbindung mit aller *gehen*:
Allez-**y**. *Geht* ***dorthin/Los*** *geht's!*
Bei anderen Verben kann y durch là *da-/dorthin* und en durch de cela *davon* ersetzt werden:
Mets-le **là**. *Leg es* ***dahin****!* Goûtez **de cela**. *Probieren Sie* ***davon****!*

⚡ Wie im Aussagesatz gilt: Nur die direkten Objektpronomen le/la/les können mit einem indirekten Objektpronomen verbunden werden.
Beim verneinten Imperativ werden wie im Aussagesatz die Objekt- und Adverbialpronomen vor das Verb gestellt. Die Verneinungselemente umschließen als Verneinungsklammer den Imperativ mit den Pronomen (▷ 13):
N'en parle pas. *Sprich **nicht** darüber!* **Ne le lui raconte pas.** *Erzähle es ihm **nicht**!*

Ersatzmöglichkeiten für den Imperativ A2

Der Imperativ kann auch ersetzt werden durch:
- den Infinitiv (▷ 14), vor allem bei Betriebsanleitungen, Verboten und allgemeinen Anweisungen wie Kochrezepten:
  Ne pas **ouvrir** avant l'arrêt du train. *Vor Anhalten des Zuges Tür nicht **öffnen**!*
  Agiter avant utilisation. *Vor Gebrauch **schütteln**.*
- ein Futur composé, ein Futur simple (▷ 12) oder einen Fragesatz (▷ 10) für Anweisungen und Aufforderungen, die mit Nachdruck ausgesprochen werden:
  Tu **feras** ce que je t'ai dit. *Du **machst**, was ich dir gesagt habe!*
  Vas-tu arroser le jardin ? *Du würdest doch den Garten **gießen**?*
  As-tu **verrouillé** la porte ? ***Hast** du die Tür **abgesperrt**? (Sperre die Tür ab!)*
- die Modalverben pouvoir und vouloir in Frageform, wobei die Inversion zu beachten ist:
  Veux-tu bien manger ta soupe ? ***Iss** bitte deine Suppe!*
  Peux-tu me répondre assez vite ? ***Kannst du** mir schnell antworten?*
- Aussagesätze im Präsens oder auch, meist in der gesprochenen Sprache, durch Intonationsfragen für Auskünfte, Aufforderungen und Befehle:
  Tu **cherches** les clés ! *Du **suchst** die Schlüssel!*
  Alors, vous **restez** à la maison et **rangez** la chambre ! *Ihr **bleibt** jetzt zuhause und **räumt** das Zimmer **auf**!*
- die unpersönliche Formulierung il faut que + Subjonctif oder il faut + Infinitiv *es ist nötig/man muss*. Dies sind sehr geläufige Einleitungen für Sätze mit imperativer Aussage:
  Il faut que tu sois sur place à 19 heures. *Du **musst** um 19 Uhr da sein.*
  Il faut absolument **éviter** les fautes. ***Man muss** unbedingt die Fehler vermeiden.*
- eine Frage + s'il te plaît/s'il vous plaît *bitte* oder durch die Frageform mit si + Imparfait zur höflichen Formulierung einer Bitte oder Aufforderung:
  S'il te plaît, veux-tu me passer le beurre ? *Kannst du mir **bitte** die Butter reichen?*
  Et si on **faisait** une pause ? ***Machen wir** eine Pause!*
  Et si tu **arrêtais** de faire l'imbécile ? ***Hör** mit dem Quatsch **auf**!*
- Fragen im Konditional (▷ 17) zum Ausdruck einer höflichen Bitte oder Aufforderung:
  Pourrais-tu ouvrir la porte ? ***Könntest** du die Tür öffnen?*
  Voudriez-vous me contacter. *Wenden Sie sich bitte an mich.*

Zwischentest 15

A1 **1. Wie lautet der Imperativ?**

Ne jetez pas les papiers par terre.

a. pas ☐
b. ne … pas ☐
c. jetez ☐
d. par terre ☐

A1 **2. Wie ist der Satz mit einem Imperativ umzuformen?**

Il faut que tu travailles pour ton examen.

a. Travailler pour ton examen. ☐
b. Il ne veut pas travailler pour ton examen. ☐
c. Il travaille pour ton examen. ☐
d. Travaille pour ton examen. ☐

A1 **3. Welcher Imperativsatz ist richtig?**

a. Dis-lui-le ! ☐
b. Le lui dis ! ☐
c. Dis-le-lui ! ☐
d. Le dis lui ! ☐

A1 **4. Welcher Imperativ ist falsch?**

a. Boive ! ☐
b. Tiens ! ☐
c. Réfléchissez ! ☐
d. Mange ! ☐

A2 **5. Wie lautet der Imperativ Plural von agir?**

a. Âge ! ☐
b. Agirez ! ☐
c. Agez ! ☐
d. Agissez ! ☐

A2 **6. Wie kann die Aufforderung höflicher formuliert werden?**

Respectez les droits de l'homme.

a. Il faut respecter les droits de l'homme. ☐
b. Ne pas respecter les droits de l'homme. ☐
c. Vous respectez les droits de l'homme ? ☐
d. Pourquoi respecte-t-il les droits de l'homme ? ☐

A2 **7. Wie sind die Objekte im Imperativ durch Pronomen zu ersetzen?**

Dessine un mouton pour ton neveu.

a. Dessine le leur. ☐
b. Dessine-le-lui. ☐
c. Dessine le lui. ☐
d. Dessine-lui-le. ☐

8. Was heißt auf Französisch *seid vorsichtig*? A2

a. êtes prudents ☐
b. être prudents ☐
c. soyez prudents ☐
d. soyons prudents ☐

9. Wie muss die Aussage ergänzt werden? A2

In einem bejahten Imperativsatz werden die Objektpronomen ....

a. vorangestellt ☐
b. nicht genannt ☐
c. mit Bindestrich nachgestellt ☐
d. ohne Bindestrich nachgestellt ☐

10. Wie ist das Objekt durch ein Pronomen zu ersetzen? A2

Ouvre la bouteille.

a. Ouvre-les. ☐
b. Ouvre-le. ☐
c. Ouvrez la. ☐
d. Ouvre-la. ☐

11. Wie muss der Imperativsatz mit dem Verb suivre lauten? A1

a. Suis le bus. ☐
b. Je suis ambitieuse. ☐
c. Suit son idée. ☐
d. Le chapitre suivant. ☐

12. Welcher Imperativsatz ist richtig? A1

a. Explique-le-lui. ☐
b. Expliquer-le. ☐
c. Explique le leur. ☐
d. Expliques-le. ☐

13. Wie ist der Imperativsatz zu verneinen? A2

Dites-lui la vérité.

a. Ne dites-lui pas la vérité. ☐
b. Ne dites pas lui la vérité. ☐
c. Ne pas dites-lui la verité. ☐
d. Ne lui dites pas la vérité. ☐

14. Welche Regel ist richtig? A2

a. Kochrezepte werden meist im Infinitiv formuliert. ☐
b. Ein Imperativ kann nicht ersetzt werden. ☐
c. Der Imperativ drückt eine Gefühlsregung aus. ☐
d. Im Imperativ kann y vor le stehen. ☐

Lösungen

1 c. 2 d. 3 c. 4 a. 5 d. 6 a. 7 b. 8 c.
9 c. 10 d. 11 a. 12 a. 13 d. 14 a.

A1

16 Der Subjonctif

*Mignonne, je vais remplir un rôle difficile qui devrait revenir à ta mère, mais comme elle s'y refuse il faut bien **que je prenne** sa place.*

Guy de Maupassant (1850–1893), écrivain français

Meine Süße, ich werde eine schwierige Rolle erfüllen, die eigentlich deine Mutter übernehmen sollte, da sie sich aber weigert, muss ich eben ihren Platz einnehmen.

Guy de Maupassant (1850–1893), französischer Schriftsteller

G Der Subjonctif ist einer der vier Modi der französischen Sprache, den die deutsche Sprache nicht in gleicher Weise kennt. Es ist der Modus der subjektiven Stellungnahme, des Zweifelns und der Unsicherheit.
Der Subjonctif hat vier Zeiten. In der geschriebenen Sprache werden alle verwendet. In der gesprochenen Sprache kommen nur das Präsens und das Passé vor. In der Regel wird der Subjonctif durch bestimmte Verben, unpersönliche Wendungen und Konjunktionen ausgelöst.
Der Subjonctif wird manchmal als Konjunktiv bezeichnet. Er ist jedoch hinsichtlich seiner Funktion im Satz nicht mit dem deutschen Konjunktiv identisch.

16.1 Der Subjonctif der Gegenwart

B1

Formen

Der Subjonctif der Gegenwart (Subjonctif présent) wird vom Stamm der 3. Person Plural des Präsens Indikativ abgeleitet, an den die Subjonctifendungen angehängt werden. Diese sind in allen drei Konjugationsgruppen: -e, -es, -e, -ions, -iez, -ent.

Verben auf -er	Verben auf -ir	Verben auf -ir
aimer *lieben* (ils **aim**ent)	finir *beenden* (ils **finiss**ent)	dormir *schlafen* (ils **dorm**ent)
que j'aim**e**	que je finiss**e**	que je dorm**e**
que tu aim**es**	que tu finiss**es**	que tu dorm**es**
qu'il/elle aim**e**	qu'il/elle finiss**e**	qu'il/elle dorm**e**
que nous aim**ions**	que nous finiss**ions**	que nous dorm**ions**
que vous aim**iez**	que vous finiss**iez**	que vous dorm**iez**
qu'ils/elles aim**ent**	qu'ils/elles finiss**ent**	qu'ils/elles dorm**ent**

⚡ Der Subjonctif présent der meisten Verben auf -oir und einiger Verben auf -re wird mit unregelmäßigen Verbstämmen gebildet (▷ Unregelmäßige Verben).
Der Subjonctif der Verben auf -re sowie der Verben auf -ir ohne Stammerweiterung kann jedoch in einigen Fällen, ebenso wie bei den regelmäßigen Verben, von der 3. Person Plural Indikativ abgeleitet werden:

3. Pers. Pl. Präs. Indikativ	1. Pers. Sing. Subjonctif	1. Pers. Pl. Subjonctif
rendre *zurückgeben*: ils rendent	que je rend**e**	que nous rend**ions**
partir *abfahren*: ils partent	que je part**e**	que nous part**ions**

Der Subjonctif présent einer Gruppe von Verben auf -oir kann von zwei Verbstämmen abgeleitet werden, hier am Beispiel recevoir *erhalten*:

- Stamm der 3. Person Plural Präsens Indikativ: reçoiv-ent
  → Singularformen + 3. Person Plural des Subjonctif Präsens
- Stamm der 1. Person Plural Präsens Indikativ: recev-ons
  → 1. + 2. Person Plural des Subjonctif Präsens

Singular:	que je **reçoiv**e	que tu **reçoiv**es	qu'il/elle **reçoiv**e
Plural:	que nous **recev**ions	que vous **recev**iez	qui'ils/elles **reçoiv**ent

Verben dieser beiden Gruppen sind:

acquérir *erwerben*	boire *trinken*	croire *glauben*
décevoir *enttäuschen*	devoir *müssen*	fuir *fliehen*
mourir *sterben*	prendre *nehmen*	prévoir *vorhersehen*

(Zum Subjonctif présent der Verben avoir und être ▷ 11.2)
Je ne veux pas que mon fiancé te **déçoive**. *Ich möchte nicht, dass dich mein Verlobter* ***enttäuscht****.*

Häufig vorkommende Verben mit unregelmäßigem Subjonctif:

	Singular	**Plural**
devoir *müssen*	que je doive	que nous devions
faire *machen*	que je fasse	que nous fassions
pouvoir *können*	que je puisse	que nous puissions
prendre *nehmen*	que je prenne	que nous prenions
savoir *wissen*	que je sache	que nous sachions

Je ne pense pas **qu'il sache** le faire. *Ich denke nicht,* ***dass er*** *es machen* ***kann.***
Êtes-vous certains **qu'elle puisse** venir ? *Sind Sie sicher,* ***dass sie*** *kommen* ***kann****?*
Il n'y a pas de doute **qu**'un jour **il se prenne** B1 le bec avec son patron. *Es besteht kein Zweifel, dass er sich eines Tages mit seinem Chef in die Haare* ***gerät.***

B2 16.2 Der Subjonctif der Vergangenheit

Drei Zeiten bilden den Subjonctif der Vergangenheit: Der Subjonctif Imparfait, der Subjonctif passé und der Subjonctif Plus-que-parfait.

Formen des Subjonctif Imparfait

Der Subjonctif Imparfait wird gebildet, indem an die 2. Person Singular Präsens bzw. des Passé simple die Endungen -se, -ses, -ât/-ît/-ût, -sions, -siez, -sent angehängt werden. Eine Ausnahme hierbei macht nur die 3. Person Singular, die aus dem Stamm der 3. Person Singular des Passé simple gebildet wird.

Verben auf -er	**Verben auf -ir**
aimer *lieben* (tu aimas)	finir *beenden* (tu **finis**)
que j'aimas**se**	que je finis**se**
que tu aimas**ses**	que tu finis**ses**
qu'il/elle aim**ât**	qu'il/elle fin**ît**
que nous aimas**sions**	que nous finis**sions**
que vous aimas**siez**	que vous finis**siez**
qu'ils aimas**sent**	qu'ils finis**sent**

Der Subjonctif Imparfait der Verben auf -oir und -re wird unregelmäßig gebildet (▷ Unregelmäßige Verben).
(Zum Subjonctif Imparfait der Verben avoir und être: ▷ 11.2)
Je ne crois pas **qu'elle changeât** bien en deux ans. *Ich glaube nicht,* ***dass sie sich*** *in zwei Jahren sehr* ***verändert hat.***
Il fallait **que je fisse** enfin la vaisselle. ***Ich musste*** *endlich abspülen.*
Elle souhaitait **qu'il fût là**. *Sie wünschte,* ***er wäre*** *da.*

Formen des Subjonctif passé

Der Subjonctif passé wird mit dem Subjonctif présent der Hilfsverben avoir und être (▷ 11.2) und dem Partizip Perfekt des Verbs gebildet:

Verben mit avoir: aimer *lieben*	**Verben mit être: rester *bleiben***
que j'aie aimé	que je sois resté(e)
que tu aies aimé usw.	que tu sois resté(e) usw.

Elle doute **qu'il soit parti**. *Sie zweifelt daran, **dass er abgereist ist**.*
Je crains **qu'il ait** trop **bu**. *Ich fürchte, **dass er** zu viel **getrunken hat**.*
Il est regrettable **qu'on** ne t'**ait** pas **prévenu**. *Es ist bedauerlich, **dass** man dich nicht **benachrichtigt hat**.*

Formen des Subjonctif Plus-que-parfait

Der Subjonctif Plus-que-parfait wird mit dem Subjonctif Imparfait der Hilfsverben avoir und être (▷ 11.2) und dem Partizip Perfekt des Verbs gebildet:

Verben mit avoir: aimer *lieben*	**Verben mit être: rester *bleiben***
que j'eusse aimé	que je fusse resté(e)
que tu eusses aimé	que tu fusses resté(e)
qu'il/elle eût aimé	qu'il/elle fût resté(e)
que nous eussions aimé	que nous fussions resté(e)s
que vous eussiez aimé	que vous fussiez resté(e)s
qu'ils/elles eussent aimé	qu'ils/elles fussent resté(e)s

Êtes-vous certains **qu'elle eût deviné** le secret ? *Sind Sie sicher, **dass sie** das Geheimnis **erraten hatte**?*
Il était bien possible **que** Sophie **eût été** au courant. *Es war gut möglich, **dass** Sophie auf dem Laufenden **gewesen war**.*
Il est peu probable **qu'ils fussent montés** au Mont Everest. *Es ist wenig wahrscheinlich, **dass** sie den Mount Everest **bestiegen hatten**.*

Gebrauch

Der Subjonctif tritt in Nebensätzen auf, die mit que eingeleitet werden.
Ausnahme: Subjonctif im Relativsatz (▷ 7) und in einigen feststehenden Wendungen.
Die mit que eingeleiteten Nebensätze sind nur möglich, wenn der Hauptsatz und der que-Satz zwei verschiedene Subjekte haben. Ist das Subjekt in beiden Satzteilen identisch, wird der Satz mit einer Infinitivkonstruktion gebildet (▷ 14):
Susanne ne veut pas réveiller les enfants avant **que** les grands-parents (ne) soient arrivés. *Susanne möchte die Kinder nicht aufwecken, bevor die Großeltern angekommen sind.* (zwei Subjekte)

Susanne ne veut pas réveiller les enfants avant d'**aller faire** les courses.
Susanne möchte die Kinder nicht wecken, bevor sie einkaufen geht. (ein Subjekt)

Der subjektive Charakter des Subjonctifs erscheint besonders in Nebensätzen, die von den Verben des Sagens, Denkens und der persönlichen Stellungnahme abhängig sind. (Zum Subjonctif im Relativsatz: ▷ 7)

Der Subjonctif steht ohne auslösende Elemente:

- im Aufforderungssatz nach einleitendem que, vor allem in imperativer Funktion für die 3. Person (▷ 15):
  Qu'il vienne à l'heure. *Er sollte pünktlich kommen.*
  Que ça soit vite fait. *Hoffentlich ist das schnell gemacht.*
  Qu'ils se taisent ! *Sie sollen still sein!*
  Que personne ne sorte. *Niemand verlässt den Raum!*
  Que je ne t'y reprenne plus ! *Dass ich dich ja nicht mehr dabei erwische!*
- in einigen Wendungen im Hauptsatz:

Advienne que pourra. *Komme, was wolle.*
Ainsi soit-il. *So sei es!/Amen.*
Vive le roi ! *Es lebe der König!*
Coûte que coûte. *Koste es, was es wolle.*
Comprenne qui pourra. *Das verstehe, wer will.*
… que je sache *so viel ich weiß*
Soit ! *Meinetwegen!*
Vive la France ! *Es lebe Frankreich!*

Paul a pris sa décision, **advienne que** pourra. *Paul hat sich entschieden, **komme was** da wolle.*
Je réaliserai ces idées, **coûte que** coûte. *Ich werde diese Ideen realisieren, **koste es**, was es wolle.*
⚡ Die Wendung que je sache steht immer am Satzende:
Il est ingénieur, **que je sache**. *Er ist Ingenieur, **soviel ich weiß**.*
Am Satzanfang dagegen heißt *soviel ich weiß* pour autant/autant que je sache:
Pour autant que je sache, il a encore trois frères. ***Soviel ich weiß**, hat er noch drei Brüder.*

Nach der verneinten und fragenden Form weniger Verben wie croire *glauben*, être certain/être sûr *sicher sein*, penser *denken*, prétendre *behaupten* kann man den Subjonctif, aber auch den Indikativ wählen, wodurch die persönliche Haltung zur Aussage zum Ausdruck kommt. Der Indikativ drückt hierbei eine Tatsache, der Subjonctif einen Wunsch aus:
Crois-tu qu'un conflit **soit/est** évitable ? ***Glaubst du**, dass ein Konflikt zu vermeiden ist/wäre?*
Est-ce que **tu penses que** Pierre **viendra** ce soir ? ***Denkst du**, dass Pierre heute Abend kommt?* (Indikativ)
Est-ce que **tu penses que** Pierre **vienne** ce soir ? ***Denkst du**, dass Pierre heute Abend kommt?* (Subjonctif)

Bei den meisten Aussagen besteht jedoch keine Wahlmöglichkeit, sondern der Subjonctif wird automatisch durch ein einleitendes Element wie ein bestimmtes Verb oder eine Konjunktion ausgelöst.

16.3 Der Subjonctif nach Verben und Ausdrücken der Willensäußerung

B2

Der Subjonctif folgt nach Verben und Ausdrücken des Wünschens, Verlangens, Verbietens und Erlaubens. Solche sind:

admettre *zugeben/zulassen/erlauben*
aimer mieux *lieber haben/vorziehen*
aimer *mögen*
attendre *erwarten*
autoriser *genehmigen*
avoir besoin *brauchen*
avoir envie *gern wollen/sich freuen*
défendre *verbieten*
demander *verlangen*
désirer *wünschen*
être d'accord *einverstanden sein*
exiger *(er)fordern/verlangen*
insister pour *bestehen auf*
interdire *verbieten/untersagen*
j'aimerais *ich möchte*
ordonner *befehlen*
permettre *erlauben*
préférer *lieber haben/vorziehen*
proposer *vorschlagen*
recommander *empfehlen*
souhaiter *wünschen*
tenir à ce *Wert legen auf*
vouloir *wollen*

Le panneau **interdit que** l'on fasse du bruit. *Das Schild **untersagt** es, Lärm zu machen.*
Elle **veut que** j'emmène tout mon ménage, mais j'ai refusé. *Sie **möchte, dass** ich meinen ganzen Haushalt mitbringe, aber ich habe abgelehnt.*
Alice **souhaite qu'**on la comprenne. *Alice **wünscht** sich, **dass** man sie versteht.*

Bei diesen Verben sind einige Besonderheiten zu beachten:

- Admettre que *zulassen/erlauben/zugeben* wird im bejahten Satz mit Indikativ gebraucht, wenn die Aussage als gültig dargestellt werden soll:
  J'**admets qu'**il **est** le meilleur candidat pour ce poste. *Ich **gebe zu, dass** er der beste Bewerber für die Stelle ist.* (Indikativ, es ist für mich eine Tatsache).
  J'**admets que** ça **soit** la rançon du progrès. *Ich **gebe zu, dass** das wohl der Preis des Fortschritts ist.* (Subjonctif, der Sprecher hat Zweifel)
  Il **admet que** ses propositions **aient surpris** les autres. *Er **gibt zu, dass** seine Vorschläge die anderen überrascht haben.* (Subjonctif, er kann es sich vorstellen)
- Nach espérer *hoffen* folgt der Indikativ (meistens Futur), selten der Subjonctif, auf se plaindre que *sich beklagen* folgt der Indikativ oder der Subjonctif:
  J'**espère que** tu **vas** bien. *Ich **hoffe**, es geht dir gut.*
  Il **s'est plaint que** nous n'**obéissons/obéissions** pas. *Er hat sich **beklagt**, **dass** wir nicht gehorchen.*

- Auf die Verben arrêter im Sinne von *festlegen*, décider *entscheiden, beschließen*, décréter *verfügen*, résoudre *beschließen* folgt der Indikativ oder der Konditional:
  Le consul **a arrêté que** les otages **devraient** être libérés directement. *Der Konsul **hat festgelegt, dass** die Geiseln direkt befreit werden sollten.*

Zu den Verben der Willensäußerung gehören auch solche, die eine Zustimmung, einen Vorschlag, oder eine Ablehnung ausdrücken. Sie sind ebenfalls mit dem Subjonctif verbunden. Dazu gehören:

accepter *akzeptieren*
approuver *gutheißen/billigen*
désapprouver *missbilligen*
empêcher *verhindern*
être d'accord pour *einverstanden sein*
éviter *vermeiden*
proposer *vorschlagen*
recommander *empfehlen*
refuser *ablehnen*
s'opposer à ce *dagegen sein*
souffrir *ertragen/dulden*
supporter *ertragen*
tolérer *ertragen/erdulden*
vouloir bien *einverstanden sein*

Elle a **refusé que** la facture **soit payée** par virement. *Sie hat es **abgelehnt, dass** die Rechnung per Überweisung bezahlt wird.*
Je ne **tolère** pas **que** vous me **parliez** sur ce ton. *Ich **dulde** es nicht, **dass** Sie mich in diesem Ton ansprechen.*

- ⚡ Die Verben supporter que, tolérer que und souffrir que werden meist verneint oder in Verbindung mit einem Adverb gebraucht:
  Je **ne tolère pas qu'**il soit menteur. *Ich **dulde nicht, dass** er lügt.*
  Elle **supporte mal** qu'on la fasse attendre. *Sie **erträgt** es **schlecht**, dass man sie warten lässt.*

- ⚡ Auf die Ausdrücke il n'empêche que und ça n'empêche que *trotzdem/immerhin* folgt der Indikativ oder der Konditional:
  Il n'empêche que ses propos **sont** convaincants. ***Immerhin** sind seine Worte überzeugend.*
  Ça n'empêche que tu **aurais dû** te renseigner. ***Dennoch** hättest du dich informieren müssen.*

Der Subjonctif folgt auf unpersönliche Wendungen, die einen Wunsch, ein Verlangen, eine feste Meinung oder ein Urteil ausdrücken:

il convient *es ist angebracht*
il est dommage *es ist schade*
il est faux *es ist falsch*
il est important *es ist wichtig*
il est juste/bon *es ist gerecht/gut*
il est nécessaire *es ist nötig*
il est (grand) temps *es ist höchste Zeit*
il faudrait *man müsste (eigentlich)*
il faut *es ist nötig/man muss*
il importe *es ist wichtig*
il suffit *es genügt/reicht*
il vaut mieux *es ist besser*
peu importe *es ist unwichtig/macht nichts*

Il **est temps que** je prenne un rendez-vous chez le dentiste. ***Es ist Zeit, dass*** *ich mich beim Zahnarzt anmelde.*
Il **est dommage que** l'on détruise cet ancien bâtiment. ***Es ist schade, dass*** *dieses alte Gebäude zerstört wird.*
Il **est important qu**'on améliore la situation dans les banlieues. ***Es ist wichtig, dass*** *die Situation in den Vororten verbessert wird.*
Ça suffit vraiment **que** tu répètes mes paroles comme un perroquet. ***Es reicht*** *(mir) wirklich,* ***dass*** *du meine Worte wie ein Papagei wiederholst.*
N'achète pas de cadeau, **il** me **suffit que** tu viennes. *Kaufe kein Geschenk,* ***es reicht*** *mir,* ***dass*** *du kommst.*
Il faut que je vous mette au courant des dernières informations. *Ich* ***muss*** *Sie über die neuesten Nachrichten in Kenntnis setzen.*
Il ne **faudrait** pas que tu prétendes me convaincre. *Du* ***solltest*** *dir nicht einbilden, dass du mich überzeugen kannst.*
Définitivement, **il vaut mieux que** tu suives ce stage. ***Es ist*** *sicherlich* ***besser,*** *du nimmst an diesem Praktikum teil.*

16.4 Der Subjonctif der Gefühlsäußerung und der wertenden Stellungnahme

B1

Der Subjonctif folgt auf Verben und Ausdrücke des Fühlens und der Bewertung eines als wahr angesehenen Geschehens:

admirer *bewundern*
adorer *lieben*
aimer *gern haben/lieben*
apprécier *zu schätzen wissen*
approuver *zustimmen*
avoir honte *sich schämen*
avoir peur … ne *Angst haben*
comprendre *Verständnis haben*
craindre … ne *fürchten*
critiquer *kritisieren*
déplorer *bedauern/beklagen*
désapprouver *missbilligen*
détester *verabscheuen*
redouter … ne *fürchten*
regretter *bedauern*
s'émerveiller *sich wundern*
s'étonner *sich wundern*
s'inquiéter *sich beunruhigen*
se moquer *darauf pfeifen*
se plaindre *sich beklagen*
se réjouir *sich freuen*

J'**aimerais que** vous me laissiez un peu plus d'espace. *Es* ***wäre*** *mir* ***recht,*** *wenn ihr mir etwas mehr Raum ließet.*
Je **regrette qu**'il soit parti sans prévenir. *Ich* ***bedaure, dass*** *er weggegangen ist, ohne Bescheid zu sagen.*
J'adore que cette maison ait un salon sur terrasse face à la mer. *Ich* ***liebe es, dass*** *dieses Haus ein Wohnzimmer mit Terrasse direkt Richtung Meer hat.*

- ⚡ Bei den Verben des Fürchtens und Hinderns wie craindre, avoir peur, redouter, empêcher kann das Verb im que-Satz ein pleonastisches ne (▶ 13.1) bei sich haben, das keine verneinende Bedeutung hat:
  On est en retard et maintenant, on **a peur que** le spectacle **ne** commence sans nous. *Wir sind zu spät, und nun **haben** wir **Angst, dass** das Theater ohne uns beginnt.*
- ⚡ Auf comprendre in der Bedeutung von *geistig erfassen* folgt der Indikativ:
  Il a fait une telle mine que j'ai vite **compris qu'**il ne **veut** pas participer à cette excursion. *Er hat so ein Gesicht gemacht, dass ich schnell **verstanden** habe, dass er an dem Ausflug nicht teilnehmen **möchte**.*

Weitere Wendungen der Gefühlsäußerung, die den Subjonctif auslösen, sind:

être affligé *betrübt/traurig sein*
être étonné *erstaunt sein*
être choqué *schockiert sein*
être content *sich freuen*
être déçu *enttäuscht sein*
être désolé *leid tun/betrübt sein*
être fâché *verärgert sein*
être fier *stolz sein*
être flatté *sich geschmeichelt fühlen*
être gêné *sich stören an*
être heureux *glücklich sein*
être indigné *entrüstet sein*
être mécontent *unzufrieden sein*
être ravi *erfreut sein*
être satisfait *zufrieden sein*
être stupéfait *verblüfft sein*
être surpris *überrascht sein*
être triste *traurig sein*

Elle **était** vraiment **désolée** que ça soit arrivé. *Es **tat** ihr sehr **leid**, dass das passiert ist.*
Alex **était** très **déçu** que ses amis aient oublié son anniversaire. *Alex **war** sehr **enttäuscht**, dass seine Freunde seinen Geburtstag vergessen hatten.*
Le pêcheur **était ravi** que les poissons aient cessé de déserter cette région. *Der Angler **war erfreut**, dass die Fische diese Gegend nicht weiterhin mieden.*
Carmen **est** tout à fait **contente** que le printemps ait remplacé l'hiver. *Carmen **freut sich** sehr, dass der Sommer den Winter abgelöst hat.*
Les plaisanciers **étaient déçus** qu'il ait plu à seaux. *Die Segler **waren enttäuscht**, dass es in Strömen geregnet hat.*

B2 Unpersönliche Ausdrücke, die den Subjonctif auslösen:

comment se fait-il ? *wie kommt es?*
d'où vient ? *wie kommt es?*
il arrive *es kommt vor*
il se peut *es ist möglich*
il/cela (ne) me plaît (pas) *es gefällt mir (nicht)*
il/cela me surprend *es überrascht mich*
il/cela m'amuse *es amüsiert mich*
il/cela m'étonne *es erstaunt mich*
il/cela m'inquiète *es beunruhigt mich*
il/cela me gêne *es stört mich*

Il **arrivait** souvent que je fusse en retard. *Es **kam** oft **vor**, dass ich zu spät kam.*
Il nous **amuse** que Jean se soit fait enlever les rides et qu'il porte maintenant une perruque. *Es **amüsiert** uns, dass Jean sich die Falten glätten ließ und dass er jetzt ein Toupet trägt.*
Comment se fait-il qu'elle fuie toute responsabilité, coûte que coûte ? *Wie **kommt es**, dass sie um jeden Preis jede Verantwortung meidet?*

B2

Unpersönlich konstruierte Wendungen, eingeleitet mit il est oder c'est, die mit dem Subjonctif verbunden sind:

il est absurde *es ist absurd*
il est agréable *es ist angenehm*
il est amusant *es ist lustig*
il est bête *es ist dumm*
il est bizarre *es ist merkwürdig*
il est bon/mauvais *es ist gut/schlecht*
il est bien/mal *es ist gut/schlecht*
il est normal *es ist normal*
il est curieux *es ist merkwürdig*
il est déplorable *es ist bedauerlich*
il est dommage *es ist schade*
il est drôle *es ist komisch*
il est ennuyeux *es ist ärgerlich*
il est étonnant *es ist erstaunlich*
il est compréhensible *es ist verständlich*
il est étrange *es ist erstaunlich*
il est faux *es ist falsch*
il est inévitable *es ist unvermeidlich*
il est intéressant *es ist interessant*
il est indispensable *es ist unvermeidlich/nötig*
il est malheureux *es ist ein Jammer*
il est naturel *es ist natürlich*
il est possible *es ist möglich*
il est remarquable *es ist bemerkenswert*
il est significatif *es ist bezeichnend*
il est surprenant *es ist erstaunlich*
il est triste *es ist traurig*

Il est intéressant qu'il vienne proposer à l'exposition des produits preuves d'une grande expérience. *Es **ist interessant**, dass er bei der Ausstellung Produkte zeigt, die von großer Erfahrung zeugen.*
Il est indispensable que tu comprennes les instructions. *Es **ist unvermeidlich**, dass du die Anleitungen verstehst.*
Il est inévitable que le marché de l'automobile subisse des difficultés. *Es **ist unvermeidlich**, dass der Automarkt in Schwierigkeiten kommt.*
Étant donné qu'aucun local au centre ville n'était disponible, il n'**est** pas **étonnant** que son choix se soit porté sur un nouveau quartier. *Da kein Ort im Stadtzentrum zur Verfügung stand, **ist** es nicht **erstaunlich**, dass seine Wahl auf ein neues Viertel fiel.*
C'est normal qu'elle ne veuille pas recommencer à ce stade. *Es **ist normal**, dass sie an diesem Punkt nicht noch einmal von vorne anfangen möchte.*
Il est surprenant qu'il y ait toujours tant d'analphabètes. *Es **ist erstaunlich**, dass es immer noch so viele Analphabeten gibt.*
Il est bon que ce travail soit terminé. *Es **ist gut**, dass diese Arbeit fertig ist.*

Der Subjonctif kann nach Verben und Ausdrücken folgen, die einen Zweifel, eine Unsicherheit oder eine Verneinung ausdrücken:

contester *bestreiten*
démentir *dementieren*
douter *zweifeln*
ignorer *nicht wissen*
il est (im)possible *es ist (un)möglich*
il n'y a pas de doute *es besteht kein Zweifel*
il se peut *es ist möglich*
il ne semble pas *es scheint nicht*
(s')imaginer *sich einbilden*
nier *leugnen*

Bei der Wahl des Modus ist zu beachten:

- Werden die Verben und Wendungen verneint, die bereits eine Verneinung ausdrücken, ist der Inhalt des Satzes sinngemäß bejaht, und es folgt der Indikativ. Soll aber eine Unsicherheit oder Unwahrscheinlichkeit ausgedrückt werden, wird der Subjonctif verlangt:
  Il n'y a pas de doute que cet homme qu'on a trouvé dans le parc **est** mort. *Es **besteht kein Zweifel** daran, dass dieser Mann, den man im Park gefunden hat, tot ist.* (Tatsache → Indikativ)
  Il est impossible que ça **soit** autrement. *Es **ist unmöglich**, dass es anders sein soll.* (Unwahrscheinlichkeit → Subjonctif)
- Nach (ne pas) douter, nier, contester kann das folgende Verb ein zusätzliches, pleonastisches ne bei sich haben, welches die Verwendung des Subjonctifs im Nebensatz zwingend erfordert:
  Je **ne doute pas** qu'il **ne soit** mon fils. *Ich **zweifle nicht** daran, dass er mein Sohn ist.*
  Ils **doutaient** qu'il **n'arrivât** si tôt. *Sie **zweifelten** daran, dass er so früh kommen würde.*
  Elle **niait** que son élève favori **ne fût** le plus paresseux de toute la classe. *Sie **leugnete**, dass ihr Lieblingsschüler der faulste der ganzen Klasse **war**.*
- Nach il me semble que *es scheint mir/mir scheint* und il paraît que *es scheint so* folgt der Indikativ.
  Aber: Nach il ne me semble pas que *es scheint mir nicht* steht der Subjonctif:
  Il me paraît qu'il **a** raison. ***Mir scheint**, er hat Recht.*
  Il ne me semble pas qu'il en **prenne** conscience. *Es **scheint mir nicht**, als sei er sich dessen bewusst.*
  ℹ Im heutigen Sprachgebrauch ist die Tendenz festzustellen, dass auch bei Wendungen, die klassischerweise den Subjonctif nach sich ziehen, der Indikativ verwendet wird, wenn nicht gezielt ein Zweifel bzw. eine Unwahrscheinlichkeit betont werden soll.
- Nach il est (im)possible que muss immer der Subjonctif folgen:
  Parfois **il est impossible** que la police **intervienne** avant que les assaillants ne soient partis. *Manchmal **ist es unmöglich**, dass die Polizei einschreitet, bevor die Angreifer weg sind.*

16.5 Der Subjonctif nach Verben des Sagens, Denkens und Meinens

B1

Verben des Sagens, Denkens und Meinens, die den Subjonctif auslösen:

affirmer *behaupten*
annoncer *ankündigen*
assurer *versichern*
avoir l'impression *den Eindruck haben*
croire *glauben*
déclarer *erklären*
dire *sagen*
être convaincu *überzeugt sein*
être d'avis *der Meinung sein*
il est certain *es ist sicher*
il est évident *es ist offensichtlich*
il est probable *es ist wahrscheinlich*
il est vrai *es ist wahr*
juger *der Ansicht sein*
jurer *schwören*
il est vraisemblable *es ist wahrscheinlich*
penser *denken*
prétendre *behaupten*
(s')imaginer *sich vorstellen*
se rappeler *sich erinnern*
se souvenir *sich erinnern*
soutenir *(weiter)behaupten*
supposer *vermuten*
trouver *finden*

Les habitants du littoral sont inquiets parce qu'il **est probable** qu'en pourrissant, les algues vertes puissent dégager un gaz nocif. *Die Küstenbewohner sind beunruhigt, dass die grünen Algen beim Faulen* ***wahrscheinlich*** *ein giftiges Gas ausströmen könnten.*
Il n'**est** pas **évident** que ces tours en béton soient d'une quelconque utilité pour augmenter la joie de vivre des habitants. *Es ist nicht* ***offensichtlich****, dass diese Betonburgen helfen, die Lebensfreude der Bewohner zu steigern.*

Die Wahl des Modus bei den Verben des Sagens

B2

Sind die Verben des Sagens bejaht, folgt der Indikativ. Sind sie dagegen verneint oder fragend oder im Konditional (▶ 17), folgt der Subjonctif, wenn die Aussage eine Annahme oder Unsicherheit ausdrückt.
Möchte man die Sicherheit der Aussage hervorheben, ist der Satz im Indikativ zu verwenden. Vor allem in der gesprochenen Sprache steht häufig der Indikativ:
Crois-tu qu'elle **ait** raison ? ***Glaubst*** *du, dass sie Recht hat?* (unsichere Aussage)
Crois-tu qu'elle **a** raison ? ***Glaubst*** *du, dass sie Recht hat?* (sichere Aussage und Umgangssprache)
Est-ce que ton ami **prétend** que le programme de télévision **soit/est** intéressant ? ***Behauptet*** *dein Freund, dass das Fernsehprogramm interessant ist?*
Je **crois** que mon mari **est** un bon électricien. *Ich* ***glaube****, dass mein Mann ein guter Elektriker* ***ist.*** (sichere Überzeugung)
Je **ne crois pas** qu'il **ait** mieux **fait** d'être plombier. *Ich* ***glaube nicht****, dass er lieber Installateur hätte werden sollen.* (Verneinung)
On **ne dirait pas** qu'il **soit** le plus jeune de la classe. *Man* ***würde nicht meinen****, dass er der Jüngste in der Klasse ist.* (Konditional und Verneinung)

Drücken die Verben **dire** *sagen*, **écrire** *schreiben*, **téléphoner** *anrufen* eine Tatsache aus, folgt der Indikativ. Beinhalten sie aber eine Aufforderung, steht der Subjonctif. In diesem Fall ist jedoch eine Infinitivkonstruktion (▷ 14) als die elegantere Lösung vorzuziehen:
Dis-lui qu'il ne **sorte** pas avant le soir. → **Dis**-lui de ne pas **sortir** avant le soir.
***Sag** ihm, er solle nicht vor dem Abend weggehen.*
Elle m'a **écrit** que sa fille **a** eu un bébé. *Sie hat mir **geschrieben**, dass ihre Tochter ein Baby bekommen hat.* (Tatsache)

ⓘ Nach supposons/supposez que *nehmen wir/Sie mal an*, imaginez(-vous)/imagine(-toi) que *stellen Sie sich/stell dir vor* und nach figurez-vous/figure-toi que *stellen Sie sich/stelle dir vor* steht immer der Subjonctif, wenn es sich um eine reine Annahme handelt:
Figurez-vous qu'ils **aient** décidé de se marier cette année. ***Stellt euch vor,** sie hätten beschlossen, noch dieses Jahr zu heiraten.*

Wenn der Nebensatz dem Hauptsatz vorausgeht, ist der Subjonctif obligatorisch:
Qu'il **soit** prêt, c'est certain. ***Dass** er bereit ist, ist sicher.*

⚡ Nach folgenden Verben steht im que-Satz immer der Indikativ:

ignorer *nicht wissen*
réaliser *begreifen*
savoir *wissen*
s'apercevoir *sich bewusst werden/begreifen*
se rendre compte *sich bewusst werden/begreifen*
promettre *versprechen*

Il ne **s'est** pas **rendu compte** que ça **faisait** deux ans qu'on ne s'était pas vus. *Es **war** ihm nicht **bewusst**, dass wir uns zwei Jahre nicht gesehen haben.*

B2

16.6 Der Subjonctif nach Konjunktionen

Nach folgenden Konjunktionen ist immer der Subjonctif anzuwenden:

afin que *dass/damit*
aussi que *so … auch immer*
à moins que *es sei denn/außer wenn*
bien/malgré que *obwohl*
de crainte que *damit nicht/aus Furcht*
de peur que *damit nicht/aus Furcht*
de façon que *so dass/damit*
de manière que *so dass/damit*
de sorte que *so dass/damit*
non que *nicht dass*
à condition que *unter der Bedingung/vorausgesetzt*
où que *wo, wohin auch immer*
pour que *dass/damit*
pourvu que *vorausgesetzt*
que (nach Imperativ) *so dass/damit*
que … ou que *ob … oder*
qui que *wer auch immer*
quoi que *was auch immer*
quoique *obwohl*
sans que *ohne dass*
supposé que *angenommen*
soit que… soit/ou que *sei es … oder/ob … ob*

On va à la plage demain, **à condition qu'**il fasse beau. ***Vorausgesetzt***, *es wird morgen schön, gehen wir an den Strand.*
Qui que tu sois, présente-toi. ***Wer auch immer*** *du bist, stelle dich vor!*
Elle est venue si tôt **afin que** nous puissions manger ensemble. *Sie ist so früh gekommen,* ***damit*** *wir zusammen essen können.*

Nach temporalen Konjunktionen (▷ 21.2) folgt in der Regel kein Subjonctif.
Ausnahme: Bei den temporalen Konjunktionen folgt der Subjonctif nur auf avant que *bevor*, en attendant que *bis*, jusqu'à ce que *bis*:
Le bateau est rentré au port **avant que** le soleil **soit** couché. *Das Boot ist in den Hafen eingelaufen,* ***bevor*** *die Sonne unterging.*
J'attendais **jusqu'à ce que** l'avion **soit** arrivé. *Ich wartete,* ***bis*** *das Flugzeug gelandet war.*
Avant que vous ne **téléphoniez** à votre associé, **il faut que** je vous explique quelques détails. ***Bevor*** *Sie mit Ihrem Gesellschafter telefonieren,* ***muss*** *ich Ihnen einige Details erklären.*
En attendant que nous **puissions** faire des projets de vacances, vous pouvez toujours rêver où on va voyager. ***Bis*** *wir Ferienpläne machen können, könnt Ihr noch davon träumen, wohin wir fahren.*

Die Konjunktion à ce que

Die Konjunktion à ce que *dass* löst immer den Subjonctif aus, unabhängig davon, ob es sich um ein Verb der Willensäußerung handelt oder nicht. Ausgenommen von dieser Regel ist (à) ce que *(auf) was* als Relativpronomen (▷ 7):
Elle a fait attention **à ce qu'**il ne se **fasse** pas arrêter. *Sie hat aufgepasst, dass er nicht festgenommen wird.*
Aber: Il fait attention **à ce que** le professeur **a** dit. *Er hat aufgepasst, was der Lehrer gesagt hat.* (Relativpronomen)
Ils tiennent **à ce que** certains d'entre eux **reviennent** bientôt pour se venger de l'affront. *Sie bestehen darauf, dass einige von ihnen bald zurückkommen, um sich für die Beleidigung zu rächen.*

Verben und Ausdrücke, die den Subjonctif mit à ce que anschließen (▷ 16.3):

attacher de l'importance *Wert darauf legen*
contribuer *dazu beitragen*
faire attention *darauf achtgeben*
prendre garde (+ ne … pas) *aufpassen*
s'attendre *darauf gefasst sein*
habituer qn. *jdn. daran gewöhnen*
veiller *dafür sorgen*

Il faut **s'attendre à ce qu'**elle n'**aille** pas à cette rencontre. *Man sollte* ***darauf gefasst sein****, dass sie nicht zu diesem Treffen geht.*
Ton attitude **contribue à ce que** les gens ne te **prennent** pas au sérieux. *Dein Verhalten* ***trägt dazu bei****, dass du nicht ernst genommen wirst.*

Zwischentest 16

B2 **1. Welches ist der Subjonctif in diesem Satz?**

Elle admet aimer qu'on la reconnaisse dans la rue.

a. Elle admet ☐
b. reconnaisse ☐
c. aimer ☐
d. dans la rue ☐

B1 **2. Wie lautet der Subjonctif passé zu elle vient?**

a. qu'elle soit venue ☐
b. vient-elle ? ☐
c. qu'elle vienne ☐
d. elle est venue ☐

B2 **3. Welche Konjunktion fehlt?**

Tu devrais relire le texte .... tu l'aies compris.

a. pour ☐
b. aussi ☐
c. depuis que ☐
d. jusqu'à ce que ☐

B2 **4. Welche Aussage ist falsch?**

a. Der Subjonctif wird in der Regel ausgelöst. ☐
b. Der Subjonctif ist eine Zeit. ☐
c. Es gibt vier Zeiten im Subjonctif. ☐
d. Im Deutschen gibt es keinen Subjonctif. ☐

B1 **5. Wie lautet der Subjonctif présent von nous croyons?**

a. que nous croyons ☐
b. que nous croiez ☐
c. que nous croyions ☐
d. que nous croie ☐

B2 **6. Welche Konjunktion löst den Subjonctif nicht aus?**

a. sans que ☐
b. afin de ☐
c. jusqu'à ce que ☐
d. afin que ☐

B2 **7. Welche Aussage ist nicht richtig?**

a. Nach il me semble que folgt der Indikativ. ☐
b. Nach il ne me semble pas que folgt der Subjonctif. ☐
c. Nach je ne veux pas que folgt der Indikativ. ☐
d. Nach ne pas penser folgt der Subjonctif. ☐

8. Welche Verbform hat die Endungen -ât/-ît/-ût? B1

a. Subjonctif présent ☐
b. Indikativ Passé simple ☐
c. Subjonctif Imparfait ☐
d. Indikativ Präsens ☐

9. Welches ist der Subjonctifauslöser in diesem Satz? B1

Il est vraiment dommage qu'on ait peint après avoir posé la moquette.

a. Il est ☐
b. ait peint ☐
c. il est dommage ☐
d. posé ☐

10. Welcher Satz ist richtig? B2

a. Elle n'aime pas que ses cheveux blanchissent. ☐
b. Qui puisse blanchir ses cheveux. ☐
c. Pourquoi ses cheveux soient-ils blanchis ? ☐
d. Comment les ayez-vous blanchis ? ☐

11. Welches ist der Auslöser für den Subjonctif? B2

Je n'affirme pas que ça soit ta faute mais c'était faux.

a. Je ☐
b. ça soit ☐
c. n'affirme pas que ☐
d. évidemment ☐

12. Was passt in die Lücke? B2

Évidemment, il est mauvais qu'il ne .... pas lire.

a. sache ☐
b. savait ☐
c. sait ☐
d. peut ☐

13. Ergänzen Sie das fehlende Element. B2

.... cette famille ne puisse pas régler ses querelles.

a. Je suis certain que ☐
b. Avant ☐
c. Il est étrange que ☐
d. Sans que ☐

14. Welche Form ist soigne im Satz? B2

Dans mon jardin tout est en fleurs bien que je ne le soigne pas.

a. Indikativ Präsens ☐
b. Subjonctif Futur ☐
c. Indikativ Futur ☐
d. Subjonctif présent ☐

Lösungen

1 b. 2 a. 3 d. 4 b. 5 c. 6 b. 7 c. 8 c.
9 c. 10 a. 11 c. 12 a. 13 c. 14 d.

A2

17 Der Konditional

S'il nous surprenait, il ***entrerait***
en défiance et ***voudrait*** *savoir*
ce que tu m'as dit depuis une heure;
il ***faudrait*** *lui mentir, chose difficile*
avec un homme fin et traître;
il me ***tendrait*** *des pièges.*

Honoré de Balzac (1799–1850), écrivain français

Wenn er uns ***überraschen würde, würde*** *er misstrauisch und* ***würde wissen wollen,*** *was du mir in dieser Stunde gesagt hast; ich* ***müsste*** *ihn belügen, was schwierig wäre bei einem so scharfsinnigen und heimtückischen Mann; er* ***würde*** *mir Fallen* ***stellen.***

Honoré de Balzac (1799–1850),
französischer Schriftsteller

G Der Konditional ist neben dem Indikativ, dem Subjonctif und dem Imperativ einer der vier Modi, die das Französische kennt. Er ist fester Bestandteil der Sprache und für bestimmte Satzkonstruktionen unerlässlich. Die französische Sprache verfügt über eigene Verbformen des Konditionals. In der Anwendung weicht der Konditional teilweise erheblich vom Deutschen ab.

17.1 Der Konditional I

A2

Formen

Der Konditional I setzt sich zusammen aus dem Infinitiv des Verbs, dem die Endungen des Imparfait (▷ 12.3.1) angehängt werden:

Verben auf -er	Verben auf -ir	Verben auf -re
chanter *singen*	servir *dienen*	prendre *nehmen*
je chanter**ais**	je servir**ais**	je prendr**ais**
tu chanter**ais**	tu servir**ais**	tu prendr**ais**
il/elle chanter**ait**	il/elle servir**ait**	il/elle prendr**ait**
nous chanter**ions**	nous servir**ions**	nous prendr**ions**
vous chanter**iez**	vous servir**iez**	vous prendr**iez**
ils/elles chanter**aient**	ils/elles servir**aient**	ils prendr**aient**

Bei den Verben der 3. Konjugationsgruppe auf -re entfällt das -e des Infinitivs. Diese dritte Konjugationsgruppe mit zum größten Teil unregelmäßigen Verben bildet den Konditional I jedoch, mit wenigen Ausnahmen, regelmäßig.

◐ Ausnahme: Die Verben auf -oir sowie être *sein*, aller *gehen* und faire *machen* bilden den Konditional I unregelmäßig (▷ Unregelmäßige Verben).

17.2 Der Konditional II

B1

Formen

Der Konditional II wird mit dem Konditional I der Hilfsverben avoir *haben* und être *sein* und dem Partizip Perfekt des Vollverbs gebildet. Wie bei allen zusammengesetzten Zeiten wird das Partizip gegebenenfalls angepasst:

finir *beenden*	aller *gehen*
j'aur**ais** fini	je ser**ais** allé(**e**)
tu aur**ais** fini	tu ser**ais** allé(**e**)
il/elle aur**ait** fini	il/elle ser**ait** allé(**e**)
nous aur**ions** fini	nous ser**ions** allé(**e**)**s**
vous aur**iez** fini	vous ser**iez** allé(**e**)**s**
ils/elles aur**aient** fini	ils/elles ser**aient** allé(**e**)**s**

17.3 Der Konditional als Tempus und Modus

A2

In der deutschen Sprache wirkt der Konditional veraltet: *sie äße* und wird meist durch Umschreibungen wie *sie würde fliegen* oder durch den Indikativ ersetzt.

A2

Der Konditional als Tempus

In temporaler Funktion bezeichnet der Konditional eine aus der Vergangenheit betrachtete zukünftige Handlung. Er wird vor allem in der indirekten Rede (▷ 24) gebraucht:
Il a dit qu'ils **viendraient.** *Er hat gesagt, dass sie* ***kämen.***
Je savais que tu **réussirais.** *Ich wusste, dass du* ***Erfolg haben wirst/würdest.***

B1

Der Konditional als Modus

Als Modus betont der Konditional die eingeschränkte Gültigkeit von Aussagen. Er wird angewandt:

- zum Ausdruck einer Möglichkeit, eines Wunsches oder einer Annahme:
  On **pourrait** se rencontrer à 19 heures. ***Wir könnten*** *uns um 19 Uhr treffen.*
- zur Wiedergabe nicht bestätigter Informationen, z. B. aus Rundfunk oder Zeitung:
  Mozart **aurait** donné son premier concert à l'âge de 5 ans. *Mozart* ***soll*** *sein erstes Konzert mit 5 Jahren gegeben haben.*
- zur Zurückweisung von Unterstellungen:
  Moi, j'**aurais** mangé toute la glace ? *Ich* ***soll*** *das ganze Eis gegessen haben?*
- für Fragen, die einen Zweifel oder eine Empörung ausdrücken:
  Aurait-il perdu la tête ? ***Hat*** *er denn/etwa den Verstand verloren?*
  Il **cuisinerait** le poisson à la poêle ? ***Kocht*** *er den Fisch* ***etwa*** *in der Pfanne?*
- zur höflichen, abgeschwächten Formulierung einer Bitte:
  Je vous **saurais** B2 gré de bien vouloir m'informer. *Ich* ***wäre*** *Ihnen dankbar, wenn Sie mich informieren würden.*
- nach dans le cas où *falls/im Falle, dass* und au cas où *falls/im Falle*:
  Dans le cas où le foulard **serait** interdit, il y aura de protestations. *Falls das Kopftuch verboten werden sollte, wird es Proteste geben.*

B1

17.4 Der Bedingungssatz

Der französische Bedingungssatz setzt sich zusammen aus einem Nebensatz, der mit einer Konjunktion, meist si *wenn*, eingeleitet wird und einem Hauptsatz, der die Folge ausdrückt. Der si-Satz kann vor oder nach dem Hauptsatz stehen:
Si tu le **désires,** je vais t'accompagner. Oder: Je vais t'accompagner **si** tu le **désires.** *Ich werde dich begleiten,* ***wenn*** *du es* ***wünschst.***

⚡ Im si-Satz sind Futur und Konditional ausgeschlossen. Vor il wird si zu s' verkürzt, vor elle bleibt si unverändert: s'il veut/si elle veut *wenn er/wenn sie möchte.*

Die Zeitenfolge im Bedingungssatz

Das Französische hat verbindliche Regeln für die Zeitenfolge im Bedingungssatz. Sie gibt darüber Auskunft, ob Bedingungen und deren Folgen real oder irreal sind und ob sie sich auf die Gegenwart, Vergangenheit oder auf die Zukunft beziehen:

• Reale Bedingung und deren reale Folge, auf die Gegenwart bezogen:

Nebensatz, si-Satz	**Hauptsatz**
Präsens	Futur simple, Präsens oder Imperativ

Évitons cette route, **si** elle **est** en mauvais état. ***Wir sollten*** *diese Strasse* ***meiden, wenn*** *sie in schlechtem Zustand* ***ist.*** (könnte geschehen)

• Reale Bedingung und deren reale Folge, auf die Vergangenheit bezogen:

Nebensatz, si-Satz	**Hauptsatz**
Passé composé	Futur simple, Präsens oder Imperativ

S'il **est allé** en Italie, il **visite/visitera** sûrement Rome. ***Wenn*** *er nach Italien* ***gefahren ist, schaut*** *er sicherlich Rom* ***an/wird*** *er …* ***anschauen.***

• Irreale Bedingung, auf die Gegenwart bezogen:

Nebensatz, si-Satz	**Hauptsatz**
Imparfait	Konditional I

Si j'**avais** le temps, je **lirais** ce livre. ***Wenn*** *ich Zeit* ***hätte, würde*** *ich das Buch* ***lesen.*** (Realisierung ist ungewiss)

• Irreale Bedingung, auf die Vergangenheit bezogen:

Nebensatz, si-Satz	**Hauptsatz**
Plus-que-parfait	Konditional II

Claudine **aurait accepté** ce poste, si le salaire lui **avait convenu**. *Claudine* ***hätte*** *diese Stelle* ***angenommen, wenn*** *ihr das Gehalt* ***zugesagt hätte.*** (Realisierung nicht mehr möglich)

Einleitende Konjunktionen

Das deutsche *wenn* kann mit si oder quand wiedergegeben werden.

- Si wird gebraucht, wenn es sich um eine Bedingung handelt:
  Si j'ai mon examen, nous boirons du champagne. ***Wenn (falls)*** *ich die Prüfung bestehe, werden wir Champagner trinken.*
- Die Konjunktion quand hat hierbei eine temporale Bedeutung im Sinne von *immer/jedesmal wenn* oder *wenn/sobald* auf die Zukunft bezogen:
  Il prend le bus 65 **quand** il vient nous voir. *Er fährt mit dem Bus 65,* ***wenn (jedesmal wenn)*** *er uns besucht.*

Zwischentest 17

A2 **1. Welches ist der Konditional?**

L'exposition présenterait la plus célèbre collection de peintures.

a. exposition ☐ c. célèbre ☐
b. présenterait ☐ d. peintures ☐

A2 **2. Wie lautet die 3. Person Plural Konditional I von punir?**

a. ils punissent ☐ c. ils punirait ☐
b. elles punirent ☐ d. ils puniraient ☐

B1 **3. Welche Verbform ist einzufügen?**

Moi, j'........... promis ça ?

a. ayant ☐ c. aurais ☐
b. avais ☐ d. ai ☐

B1 **4. Welche Aussage ist richtig?**

a. Nach si steht immer der Konditional. ☐
b. Im si-Satz darf kein Konditional stehen. ☐
c. Auf si folgt immer puis. ☐
d. Bedingungssätze werden mit quand gebildet. ☐

A2 **5. Welche Verbform fehlt hier?**

D'après lui, le paradis .... un joli jardin planté d'arbres.

a. 3. Person Sing. Konditional I von être. ☐
b. 2. Person Pl. Konditional I von être. ☐
c. 1. Person Pl. Konditional I von être. ☐
d. 4. Person Sing. Konditional II von être. ☐

B1 **6. Welcher Satz ist richtig?**

a. S'il fera beau demain, ils feront du sport. ☐
b. S'il ferait beau demain, nous allons à la plage. ☐
c. Aux dernières nouvelles, le président serait en Afrique. ☐
d. Aux dernières nouvelles, le président soit en Afrique. ☐

A2 **7. Welche Verbform passt in die Lücke?**

Si la vedette ...., ils auraient essayé d'obtenir un autographe.

a. était montré ☐ c. s'était montrée ☐
b. se montrait ☐ d. se sera montrée ☐

8. Wie kann der Imperativ in eine höfliche Aufforderung verwandelt werden? B1

Passez-moi Eve.

a. Passez Eve. ☐
b. J'aimerais parler à Eve. ☐
c. Je veux parler à Eve. ☐
d. Ne parlez pas à Eve. ☐

9. Wie lautet die richtige Übersetzung? B1

Sie wussten, dass er zurückkommen würde.

a. Ils savent qu'il reviendra. ☐
b. Ils savaient qu'il reviendrait. ☐
c. Ils ne savaient rien. ☐
d. Ils ont su qu'il revient. ☐

10. Welcher Satz ist nicht richtig? A2

a. Quand on trouve un fer à cheval, on aura de la chance ensuite. ☐
b. Au cas où on trouverait un fer à cheval, on aura de la chance. ☐
c. Si on trouve un fer à cheval, on aura de la chance ensuite. ☐
d. Si vous trouviez un fer à cheval, vous avez de la chance. ☐

11. Wie kann der Wunsch freundlicher ausgedrückt werden? A2

Ils veulent manger des crêpes.

a. Ils aimeraient manger des crêpes. ☐
b. Ils demandent des crêpes. ☐
c. Ils ont commandé des crêpes. ☐
d. Garçon, apportez les crêpes, et au galop ! ☐

12. Was sagt David zu seinem kleinen Bruder? B1

Tu .... le domestique et moi, je serais le roi.

a. serais ☐
b. suis ☐
c. est ☐
d. été ☐

13. Welches Wort fehlt? A2

Il faudrait sans doute inventer le lave-vaiselle, ... il n'existait pas déjà.

a. comme ☐
b. quand ☐
c. s' ☐
d. propre ☐

Lösungen

1 b. 2 d. 3 c. 4 b. 5 a. 6 c. 7 c.
8 b. 9 b. 10 d. 11 a. 12 a. 13 c.

B1

18 Das Partizip und das Gerund

Tisonnant, tisonnant *son coeur amoureux sous*
Sa chaste robe noire, heureux, la main ***gantée,***
Un jour qu'il s'en allait effroyablement doux,
Jaune, ***bavant*** *la foi, sa bouche* ***édentée.***

Arthur Rimbaud (1854–1891), poète français

Schürend, schürend *sein verliebtes Herz unter*
Seinem keuschen, schwarzen Kleid, glücklich, die Hand ***im Handschuh,***
Wie er eines Tages wegging, entsetzlich salbungsvoll,
Gelb, den Glauben ***sabbernd,*** *sein Mund* ***zahnlos.***

Arthur Rimbaud (1854–1891),
französischer Dichter

G Das Partizip und das Gerund sind infinite Verbformen. Beide dienen der Straffung des Satzgefüges sowie der eleganteren und abwechslungsreicheren Satzgestaltung. Man unterscheidet im Französischen zwei Partizipien: das Partizip Präsens und das Partizip Perfekt.

18.1 Das Partizip Präsens

B1

Formen

Das Partizip Präsens wird gebildet, indem man die Endung -ant an den Stamm der 1. Person Plural Präsens hängt.

Infinitiv	1. Pers. Pl. Präsens	Partizip Präsens
penser *denken*	nous pens-ons	pens**ant** *denkend*
finir *beenden*	nous finiss-ons	finiss**ant** *beendend*
perdre *verlieren*	nous perd-ons	perd**ant** *verlierend*
recevoir *bekommen*	nous recev-ons	recev**ant** *bekommend*

Drei Ausnahmen weichen von dieser Regel ab:

Infinitiv	Partizip Präsens
avoir *haben*	ayant *habend*
être *sein*	étant *seiend*
savoir *wissen*	sachant *wissend*

Die Vergangenheitsform des Partizip Präsens setzt sich aus dem Partizip Präsens des Hilfsverbs avoir (ayant) bzw. être (étant) und dem Partizip Perfekt (▶ 18.3) des Hauptverbs zusammen: ayant chanté, étant allé, s'étant lavé.

Nur das Partizip Perfekt der Verben, die die Vergangenheitsform mit être (étant) bilden, wird in Genus und Numerus angepasst:

Étant partie très tôt, elle n'a pas rencontré M. Didailler. ***Da sie** sehr früh **abgefahren ist**, hat sie M. Didailler nicht getroffen.*

Gebrauch

Das Partizip Präsens ist überwiegend eine Form der geschriebenen Sprache. Es hat entweder die Funktion eines Verbs oder eines Verbaladjektivs.

Das Partizip Präsens als Verb

- Als Verb ist das Partizip Präsens unveränderlich.
- Es drückt eine vorübergehende Handlung aus, deren Zeit durch das Hauptverb bestimmt ist:
  Nous marchions, **arrêtant** parfois. *Wir liefen und **blieben** manchmal **stehen**.*
- Das Partizip Präsens und das konjugierte Verb des Satzes müssen nicht dasselbe Bezugswort haben:
  Il observait la femme **dansant** toute la nuit. *Er beobachtete die Frau, **die** die ganze Nacht **tanzte**.*
- Es kann ein direktes Objekt bei sich haben:
  Saluant la foule, il s'en allait. ***Er grüßte die Menge** und ging weg.*

- Es kann eine adverbiale Bestimmung bei sich haben:
  Sachant bien ce qu'il veut, il va en Afrique. ***Da er genau weiß, was er will,*** *geht er nach Afrika.*
- Es kann verneint werden, wobei es, wie alle Verben, von den Verneinungsklammern eingeschlossen wird:
  Ne sachant pas parler chinois, elle se sent perdue en Chine. ***Da sie nicht*** *Chinesisch sprechen* ***kann****, fühlt sie sich in China hilflos.*
- Bei reflexiven Verben steht das Reflexivpronomen, das dem Subjekt des Satzes entspricht:
  Me coiffant, j'écoute la radio. ***Während ich mich frisiere,*** *höre* ***ich*** *Radio./* ***Beim Frisieren*** *höre* ***ich*** *Radio.*
- Das Partizip Präsens kann einen Relativsatz ersetzen, indem es an die Stelle des Relativpronomens qui und des finiten Verbs tritt:
  Celui **qui roule** le plus vite gagne la course. → Celui **roulant** le plus vite gagne la course. *Der,* ***der*** *am schnellsten* ***fährt****, gewinnt das Rennen.*
  ⚡ Das Partizip Präsens kann nur einen Relativsatz mit qui ersetzen. Das Bezugswort des Relativpronomens muss Subjekt des Partizip Präsens sein.
- Das Partizip Präsens kann einen Temporalsatz ersetzen. Hier steht es anstelle von quand und lorsque *als/wenn*, après que *nachdem* und des finiten Verbs:
  Regardant par la fenêtre, il vit les voitures dans la rue. ***Als er*** *aus dem Fenster* ***schaute****, sah er die Autos auf der Straße.*
- Es kann für einen Kausalsatz zur Angabe des Grundes stehen, wobei es comme *da/weil*, parce que *weil*, puisque *da ja* und das finite Verb ersetzt:
  Reconnaissant le danger, le chat s'est enfui. ***Da*** *die Katze die Gefahr* ***erkannte****, ergriff sie die Flucht.*
- Es kann modal zum Ausdruck der Art und Weise einer im Hauptsatz ausgedrückten Handlung gebraucht werden:
  Fermant brusquement la fenêtre, il faisait un bruit énorme. ***Indem*** *er das Fenster plötzlich* ***schloss****, machte er einen ungeheuren Lärm.*
- Es kann anstelle eines Konzessivsatzes zur Angabe eines Gegensatzes oder einer Einräumung stehen. Hier ersetzt es bien que *obwohl*, même si *selbst wenn* und das finite Verb:
  Étant médecin, il fume un paquet par jour. ***Obwohl er*** *Arzt* ***ist****, raucht er täglich eine Schachtel (Zigaretten).*

Das Partizip Präsens als Verbaladjektiv

Das Partizip Präsens kann auch adjektivisch gebraucht werden. In diesem Fall handelt es sich um ein Verbaladjektiv, das die folgenden Merkmale hat:

- Das Verbaladjektiv wird genauso gebildet wie das Partizip Präsens.
- Es ist veränderlich wie jedes Adjektiv (▷ 4). Es wird also in Genus und Numerus an sein Bezugswort angepasst: une femme amusant**e** *eine witzige Frau*, des histoires effrayant**es** *gruselige Geschichten.*

- Es drückt eine typische Eigenschaft oder einen andauernden Zustand aus.
- Es kann kein Objekt nach sich stehen haben.
- Es kann gesteigert werden:
  Elle est **plus accueillante que** toi ! *Sie ist **gastfreundlicher als** du!*
- Es kann wie alle Adjektive nur mit pas verneint werden, nicht mit ne … pas (▷ 4): C'est un travail **pas** exigeant. *Das ist keine anspruchsvolle Arbeit.*

Unterschiedliche Bedeutungen des Partizip Präsens als Verb und als Verbaladjektiv

Im Französischen haben einige Formen des Partizip Präsens als Verb eine andere Bedeutung als das entsprechende Verbaladjektiv:

als Verb	Bedeutung	als Verbaladjektiv	Bedeutung
concluant	*folgernd*	concluant, -e	*schlüssig*
croyant	*glaubend*	croyant, -e	*gläubig*
exigeant	*fordernd*	exigeant, -e	*anspruchsvoll*
obéissant	*gehorchend*	obéissant, -e	*gehorsam*
obligeant	*verpflichtend*	obligeant, -e	*verbindlich*
sortant	*hinausgehend*	sortant, -e	*ausscheidend*

Croyant qu'il avait gagné un million, il démissionna de son poste. *Im Glauben, er habe eine Million gewonnen, kündigte er seine Stelle.*

Einige Formen des Partizip Präsens als Verb weichen außerdem orthografisch vom Verbaladjektiv ab: C1

als Verb	Bedeutung	als Verbaladjektiv	Bedeutung
différ**a**nt	*unterscheidend*	différ**e**nt, -e	*unterschiedlich*
excell**a**nt	*auszeichnend*	excell**e**nt, -e	*ausgezeichnet*
fatig**u**ant	*ermüdend*	fatigant,e	*anstrengend*
influ**a**nt	*beeinflussend*	influ**e**nt, -e	*einflussreich*
néglige**a**nt	*vernachlässigend*	néglig**e**nt, -e	*nachlässig*
pouvant	*könnend*	**puiss**ant, -e	*mächtig*
sa**ch**ant	*wissend*	sa**v**ant, -e	*gelehrt, weise*

Übersetzungsmöglichkeiten des Partizip Präsens vom Deutschen ins Französische

- Das deutsche Partizip Präsens wird meist adjektivisch genutzt: *eine erschreckende Nachricht.* Dies kann durch ein Verbaladjektiv ins Französische übersetzt werden:

  eine spannende Geschichte — une histoire captivante
  eine beunruhigende Nachricht — une nouvelle inquiétante

- Möglich ist auch ein Relativsatz (▷ 7):

das lachende Kind	l'enfant qui rit
der abfahrende Zug	le train qui démarre

- Man kann das deutsche Partizip Präsens weiterhin mit einer präpositionalen Ergänzung als Substantiv, häufig in Verbindung mit der Präposition en, übersetzen:

ein weinendes Kind	un enfant en larmes
ein schwebendes Verfahren	une procédure en instance
das fahrende Auto	la voiture en marche

- L! Viele Substantive, die im Deutschen aus zusammengesetzten Wörtern bestehen, werden im Französischen mit Hilfe eines Verbaladjektivs wiedergegeben:

die Drehtür	la porte tournante
die Rolltreppe	l'escalier roulant
das Schiebedach	le toit ouvrant
die Kletterpflanze	la plante grimpante
das Girokonto	le compte courant

B1

18.2 Das Gerund

Das Gerund ist eine geläufige Konstruktion der gesprochenen sowie der geschriebenen französischen Sprache.

Formen

Das Gerund ist ein substantiviertes Verb und wird wie das Partizip Präsens gebildet. Es unterscheidet sich von diesem durch ein vorangestelltes en:

penser *denken*	**en pensant** *beim Denken*
finir *beenden*	**en finissant** *beim Beenden*

⚡ Das Gerund ist immer unveränderlich.

Gebrauch

- Das Gerund steht für Adverbialsätze, deren Subjekt mit dem Subjekt des Hauptsatzes übereinstimmt, d. h. Gerund und konjugiertes Verb des Hauptsatzes müssen dasselbe Bezugswort haben:
  En courant très vite, **elle** est tombée. ***Da sie** sehr schnell **gerannt ist**, ist **sie** gefallen.*
- Es kann ein Objekt bei sich haben:
  En distribuant des journaux, il se fait de l'argent de poche. ***Indem er Zeitungen austrägt**, verdient er sich ein Taschengeld.*

- Das Gerund ist zeitlich neutral und kann in Verbindung mit Verben aller Zeiten stehen:
  En prenant la voiture, nous **serons** à Paris vers 6 heures. ***Wenn wir*** *das Auto* ***nehmen, werden*** *wir gegen 6 Uhr in Paris* ***sein.***
  En prenant la voiture, nous **étions** à Paris vers 6 heures. ***Da wir*** *das Auto* ***nahmen, waren*** *wir gegen 6 Uhr in Paris.*
- Das Gerund kann nominale und pronominale Ergänzungen bei sich haben:
  En allant à cette réunion, il perd des heures. ***Wenn er zu dieser Versammlung geht****, verliert er Stunden.*
- Es kann verneint werden:
  En ne sortant pas ce soir, il gagne du temps. ***Wenn er*** *heute Abend* ***nicht ausgeht****, gewinnt er Zeit.*
- Bei reflexiven Verben steht das Reflexivpronomen, das dem Subjekt des Satzes entspricht:
  En m'excusant, j'éviterai des ennuis. ***Wenn ich mich entschuldige****, vermeide ich Ärger.*
- Das Gerund kann in bestimmten Fällen auch ohne Bezug auf das Subjekt des Hauptsatzes stehen, es entspricht dann einem Temporalsatz mit pendant qu'on *während man* oder quand on *als man*:
  L'appetit vient **en mangeant**. *Der Appetit kommt* ***beim Essen/während man isst.***
- Mit dem Gerund drückt man eine Gleichzeitigkeit mit dem konjugierten Verb aus. Diese kann durch das Hinzufügen von tout *gerade/ausgerechnet* verstärkt werden:
  Tout en apprenant la grammaire, elle écoute la radio. ***Ausgerechnet während sie*** *Grammatik* ***lernt****, hört sie Radio.*
  ⚡ Durch die Verstärkung mit tout kann das Gerund oft auch eine konzessive Bedeutung erhalten: B2
  Tu n'es pas venu, **tout en sachant** que je t'attendais. *Du bist nicht gekommen,* ***obwohl du wusstest****, dass ich auf dich wartete.*

Gerund und Partizip Präsens unterscheiden sich beim Gebrauch folgendermaßen:

Gerund	Partizip Präsens
• Haupt- und Nebensatz müssen das gleiche Bezugswort haben	• Haupt- und Nebensatz müssen nicht das gleiche Bezugswort haben
• bezieht sich auf das Subjekt des Satzes	• bezieht sich auf den nächststehenden Satzteil

Stellung

Das Gerund kann am Anfang des Hauptsatzes stehen oder diesem folgen:
En sortant du parc, j'ai rencontré une amie. Oder: J'ai rencontré une amie **en sortant** du parc. ***Beim Verlassen*** *des Parks habe ich eine Freundin getroffen.*

B1

18.3 Das Partizip Perfekt

Das Partizip Perfekt ist die Form des Verbs, die man zur Bildung der zusammengesetzten Zeiten und des Passivs braucht. Es ist in Numerus und Genus veränderlich.

Formen

Das Partizip Perfekt wird gebildet, indem man folgende Endungen an den Stamm des Verbs (▶ 11) anhängt:

Verbgruppe	Endung	Beispiel
Verben auf -er	-é, -ée	mang**er** *essen* → mang**é**, **-ée** *gegessen*
Verben auf -ir	meist: -i, -ie	fin**ir** *beenden* → fin**i**, **-ie** *beendet*
	manchmal: -u, -ue	ven**ir** *kommen* → ven**u**, **-ue** *gekommen*
	selten: -(r)t, -(r)te	couv**rir** *bedecken* → couv**ert**, **-te** *bedeckt*
Verben auf -re	-u, -ue	vend**re** *verkaufen* → vend**u**, **-ue** *verkauft*
Verben auf -oir	-u, -ue	recev**oir** *bekommen* → reç**u**, **-ue** *bekommen*
		asse**oir** *setzen* → ass**is**, **-se** *gesetzt*

Das Partizip Perfekt unregelmäßiger Verben wird häufig abweichend von diesen Regeln gebildet (▶ unregelmäßige Verben).

Das Partizip Perfekt der Hilfsverben wird wie folgt gebildet:

avoir *haben*	eu, -e *gehabt*
être *sein*	été *gewesen*

Das Partizip Perfekt von être ist unveränderlich.

In seiner Funktion als Verbform bildet das Partizip Perfekt, zusammen mit den Hilfsverben avoir oder être, alle zusammengesetzten Zeitformen des Aktivs und darüber hinaus mit être alle Formen des Passivs:

Aktiv	Passiv
Cette année nous **sommes allés** en Provence. *Dieses Jahr **sind** wir in die Provence **gefahren**.*	Les enfants **sont habillés** par leur mère. *Die Kinder **werden** von ihrer Mutter **angezogen**.*
Les touristes **ont visité** tous les monuments. *Die Touristen **haben** alle Sehenswürdigkeiten **besichtigt**.*	Les monuments **ont été visités** par les touristes. *Die Sehenswürdigkeiten **wurden** von den Touristen **besichtigt**.*

Gebrauch

Verwendungsmöglichkeiten des Partizip Perfekts:

- kausal zur Angabe des Grundes:
  Fatiguée, elle va au lit. ***Da sie müde ist**, geht sie ins Bett.*

- temporal zur Angabe des Zeitpunkts:
  Arrivé en Angleterre, j'ai téléphoné aussitôt à mes amis. ***Als ich*** *in England* ***angekommen war,*** *habe ich sofort meine Freunde angerufen.*
- konzessiv zum Ausdruck eines Gegensatzes oder einer Einschränkung:
  Refusés à l'examen, ils entreront dans l'armée. ***Wenn sie nicht*** *zur Prüfung* ***zugelassen werden,*** *gehen sie zur Armee.*
- als Bedingungssatz:
  Posté avant 18 heures, le courrier arrive le lendemain. ***Wenn*** *die Post vor 18 Uhr* ***abgeschickt wird,*** *kommt sie am folgenden Tag an.*
- als Relativsatz:
  Les personnes **sorties les premières** n'ont rien remarqué. *Die Personen,* ***die als erste gegangen waren,*** *haben nichts bemerkt.*

Als Adjektiv wird das Partizip Perfekt attributiv oder prädikativ verwendet (▶ 4):

attributiv	prädikativ
la semaine **passée** *die* ***vergangene*** *Woche* les portes **fermées** *die* ***verschlossenen*** *Türen*	La bouche était **ouverte**. *Der Mund war* ***geöffnet.*** Les portes sont **fermées**. *Die Türen sind* ***geschlossen.***

Weiterhin kann das Partizip Perfekt (wie das Partizip Präsens) adverbial oder attributiv gebraucht werden (▶ 18.1). Es steht dann allein oder mit der Form ayant oder étant:

adverbial	attributiv
Arrivée en Afrique, elle s'est demandée où habiter. *Nachdem sie in Afrika* ***angekommen*** *war, fragte sie sich, wo sie wohnen könnte.*	Elle habite un appartement de luxe, **construit** en 1920. *Sie wohnt in einem Luxusappartment, das 1920* ***erbaut*** *wurde.*

Wie das Partizip Präsens kann das Partizip Perfekt absolut, d. h. mit eigenem Subjekt, gebraucht werden: B2
Le chat parti, les souris dansent sur la table. ***Ist die Katze aus dem Haus,*** *tanzen die Mäuse auf dem Tisch.*

Die Angleichung des Partizip Perfekts

Das Partizip Perfekt und être

Das mit être verbundene Partizip Perfekt muss dem Subjekt angepasst werden:

- im Aktivsatz, wenn das verwendete Verb die zusammengesetzten Zeiten mit être bildet:
  Elle **est sortie** avant le dîner. *Sie ist vor dem Essen gegangen.*
- im Passivsatz, dessen Zeiten immer mit être gebildet werden (▶ 19):
  La maison **a été vendue.** *Das Haus ist verkauft worden.*

Das Partizip Perfekt und avoir

B2 Das mit avoir verbundene Partizip Perfekt ist unveränderlich, wenn das Verb kein direktes Objekt hat, oder wenn das direkte Objekt dem Verb folgt. Geht ihm aber ein direktes Objekt voraus, muss es an dieses angepasst werden. Das direkte Objekt kann sein:

- das Relativpronomen que:
  Les marchandises **qu'il** a **achetées** étaient de mauvaise qualité. *Die Waren, die er gekauft hat, waren von schlechter Qualität.* (vorausgehendes Objekt)
- die Personalpronomen la, le, les, nous, vous usw.:
  Je **les** ai **vues** (les filles). *Ich habe sie gesehen.*
- ein auf quel *welcher*, combien de sowie que de *wie viel* folgendes Substantiv in Fragesätzen:
  Combien de maisons a-t-il **construites** ? *Wie viele Häuser hat er gebaut?*
- das Fragepronomen lequel *welcher*:
  Elle a beaucoup de livres, **lesquels** a-t-elle déjà **lus** ? *Sie hat viele Bücher, welche hat sie schon gelesen?*

Das Partizip Perfekt beim reflexiven Verb

B2 Alle reflexiven Verben werden mit être konjugiert. Folglich wird das Partizip Perfekt in den zusammengesetzten Zeiten an sein Bezugswort angeglichen:
Elle **s'est évanouie**. *Sie ist ohnmächtig geworden.*

Für das Partizip Perfekt reflexiver Verben gelten die gleichen Regeln der Anpassung wie für das mit avoir verbundene Partizip, d. h. das Partizip Perfekt richtet sich in Numerus und Genus nach einem vorangehenden Akkusativobjekt. Dieses kann bei den reflexiven Verben mit dem Reflexivpronomen identisch sein:
Elle **s'est lavée**. *Sie hat sich gewaschen.*
⚡ Steht jedoch das direkte Objekt nach dem Verb, bleibt das Partizip Perfekt unverändert:
Elle s'est **lavé les mains**. *Sie hat sich die Hände gewaschen.*

Akkusativ vorangehend	Akkusativ nachfolgend
Les vacances que (Akkusativ) nous nous sommes **imaginées** s'en sont allées en fumée. *Die Ferien, die wir uns ausgemalt haben, fielen ins Wasser.*	Nous nous sommes **imaginé les vacances** autrement. *Wir haben uns die Ferien anders ausgemalt.*

Das Partizip Perfekt vor Infinitiv

C2 💡 Folgt dem Partizip Perfekt ein Infinitiv, muss das Partizip nur dann angepasst werden, wenn das vorangehende Objekt von diesem Partizip abhängt:
La vieille dame que j'ai **aidée à traverser** la rue, est aveugle. *Die alte Dame, der ich beim Überqueren der Strasse geholfen habe, ist blind.* (vorangehendes Objekt hängt vom Partizip ab: Der alten Dame wird geholfen.)

Je trouve **les livres que** j'ai **commencé à lire** trop ennuyeux. *Die Bücher, die ich zu lesen angefangen habe, sind mir zu langweilig.* (vorangehendes Objekt hängt nicht vom Partizip ab: Nicht die Bücher werden angefangen, sondern das Lesen.)

Vor Infinitiv wird das Partizip Perfekt der Verben der Wahrnehmung und von laisser *lassen* nur dann angepasst, wenn das voranstehende Objekt zugleich Subjekt des Infinitivs ist und einen aktiven Sinn hat:
La chanteuse que nous avons **entendue chanter** avait déjà 80 ans. *Die Sängerin, die wir singen gehört haben, war schon 80 Jahre alt.* (Die Sängerin singt.)
Es wird nicht angepasst, wenn es einen passiven Sinn hat:
La chanson que nous avons **entendu chanter** nous plaît beaucoup. *Das Lied, das wir (singen) gehört haben, gefällt uns sehr.* (Das Lied wird gesungen.)

Vor Infinitiv bleibt das Partizip Perfekt der Verben faire *machen*, croire *glauben*, devoir *müssen*, pouvoir *können*, savoir *wissen* und vouloir *wollen* unverändert:
Elle s'est **fait conduire** à la gare. *Sie hat sich an den Bahnhof fahren lassen.*
Les mots qu'elle a **dû apprendre**. *Die Wörter, die sie lernen musste.*

Besondere Partizipien C2

- Das Partizip Perfekt von coûter *kosten*, valoir *Wert sein*, courir *laufen* und vivre *leben* wird nicht verändert, wenn das vorangehende Objekt eine Bestimmung der Zeit oder des Wertes darstellt:
  Les **100 francs** que ce livre a **coûté** sont exagérés. *Die 100 Francs, die das Buch gekostet hat, sind übertrieben.*
  Les **deux ans** que j'ai **vécu** en France m'ont changé complètement. *Die zwei Jahre, die ich in Frankreich gelebt habe, haben mich völlig verändert.*
- Partizipien wie ci-joint *beigefügt*, ci-inclus *eingeschlossen*, excepté *ausgenommen*, y compris *inklusive* u. a. werden nicht angeglichen, wenn sie einem Substantiv oder Pronomen vorangestellt sind. Sind sie jedoch nachgestellt, werden sie angepasst:
  Ci-joint vous trouvez **une copie** de certificat. *Beigefügt finden sie eine Zeugniskopie.* (vorausgehend)
  Une copie ci-jointe. *Eine Kopie liegt bei.* (nachfolgend)
- Das Partizip Perfekt der unpersönlichen Verben bleibt unverändert:
  Tous **les singes** qu'**il y a eu** dans ce zoo venaient de l'Afrique. *Alle Affen, die es in diesem Zoo gab, kamen aus Afrika.*

Zwischentest 18

B1 **1. Wie lautet die richtige Ergänzung?**

La France et l'Angleterre .... par l'Eurotunnel.

a. rapproche ☐
b. est rapprochée ☐
c. ont été rapprochées ☐
d. en rapprochant ☐

B1 **2. Welcher Satz ist der Bedeutung nach mit dem folgenden identisch?**

Ayant pris son ordinateur, elle commence à écrire.

a. Elle commence à écrire, après avoir pris son ordinateur. ☐
b. L'ordinateur qu'elle a pris commence à écrire. ☐
c. Elle n'a pas d'ordinateur et elle n'écrit jamais. ☐
d. Sans prendre son ordinateur, elle commence à écrire. ☐

C2 **3. Welcher Satz ist richtig?**

a. Tous ceux que j'ai voulu inviter sont partis en vacances. ☐
b. Tous ceux que j'ai voulue inviter sont parti en vacances. ☐
c. Tous ceux que j'ai voulues inviter sont parti en vacances. ☐
d. Tous ceux que j'ai voulus inviter sont parti en vacances. ☐

B1 **4. Welche Form ist richtig?**

La coccinelle, bête ...., porte un manteau rouge.

a. séduit ☐
b. séduisant ☐
c. séduisante ☐
d. a séduit ☐

B1 **5. Was ist unveränderlich?**

a. séduit ☐
b. en séduisant ☐
c. séduisant (Verbaladjektiv) ☐
d. séducteur ☐

B1 **6. Welcher dieser Sätze kann nicht durch einen Partizipialsatz ersetzt werden?**

a. Nadine, ne dis pas de bêtises ! ☐
b. Parce que Nadine voit qu'elle a dit une bêtise, elle rougit. ☐
c. Quand Nadine voit qu'elle a dit une bêtise, elle rougit. ☐
d. Nadine voit qu'elle a dit une bêtise et elle rougit. ☐

7. Was muss ergänzt werden? B1

.........., elle ne sent pas la rose.

a. N'avoir pas lavé ☐
b. N'étant pas se laver ☐
c. Ne s'étant pas lavée ☐
d. Étant lavés ☐

8. Um welche Form handelt es sich bei souriante? B1

Cette femme souriante est ma tante.

a. 3. Person Präsens ☐
b. Partizip Präsens ☐
c. Partizip Perfekt ☐
d. Verbaladjektiv ☐

9. Wodurch macht man Ihrer Meinung nach Fortschritte? B1

D'habitude on fait des progrès rapides .... des exercices.

a. quand faire ☐
b. qui fait ☐
c. en faisant ☐
d. fait ☐

10. Welche grammatikalischen Formen müssen an das Bezugswort angepasst werden? B1

a. Infinitiv ☐
b. Partizip Perfekt ☐
c. Gerund ☐
d. Partizip Präsens ☐

11. Wählen Sie die richtige Form. B1

.... de mains, un oiseau n'a pas besoin de poche.

a. N'avoir pas ☐
b. N'ayant pas ☐
c. N'eu pas ☐
d. N'était pas. ☐

12. Was muss hier eingefügt werden? B1

C'est .... que Michelle s'est étouffée.

a. boire ☐
b. buvante ☐
c. en buvant ☐
d. a bu ☐

13. Welches Wort muss hier eingesetzt werden? C2

Je vous fais part de la décision que .... prendre.

a. j'ai voulu ☐
b. voulais ☐
c. j'ai voulue ☐
d. voulante ☐

Lösungen

1c. 2a. 3a. 4c. 5b. 6a. 7c.
8d. 9c. 10b. 11b. 12c. 13a.

B1

19 Das Passiv

Cependant, au moment où le corps ***fut placé*** *dans le corbillard, deux voitures armoriées, mais vides, celle du comte de Restaud et celle du baron de Nucingen, se présentèrent et suivirent le convoi jusqu'au Père-Lachaise. A six heures, le corps du père Goriot* ***fut descendu*** *dans sa fosse.*

Honoré de Balzac (1799–1850), romancier français

Indessen erschienen in dem Augenblick, als der Leichnam auf den Leichenwagen ***gelegt wurde****, zwei mit Wappen geschmückte, aber leere Wagen, der des Herzogs von Restaud und der des Barons von Nucingen, und folgten dem Leichenzug bis zum (Friedhof) Père-Lachaise. Um sechs Uhr* ***wurde*** *der Leichnam von Vater Goriot in die Grube* ***gesenkt****.*

Honoré de Balzac (1799–1850), französischer Romanschriftsteller

G Das Passiv kann nur von transitiven Verben gebildet werden, intransitive und reflexive Verben bilden kein Passiv. Die französische Sprache kennt keine formale Unterscheidung zwischen Vorgangs- und Zustandspassiv.
Das Passiv wird überwiegend in der geschriebenen Sprache angewandt, in der gesprochenen Sprache wird es meist durch Umschreibungen ersetzt.

Formen

Das Passiv kann wie das Aktiv in allen Zeiten und Modi gebraucht werden.

Die Formen des Passivs werden mit dem Hilfsverb **être** *sein* in der erforderlichen Zeit und dem Partizip Perfekt des Verbs gebildet. D. h., dass auch Verben, die in den aktivischen Zeiten mit **avoir** stehen, im Passiv mit **être** verbunden sind. Das Partizip Perfekt richtet sich in Genus und Numerus nach dem Subjekt, auf das es sich bezieht (▷ 18).

Infinitiv Aktiv	Infinitiv Passiv
aimer *lieben*	être aimé(e)(s) *geliebt werden*
finir *beenden*	être fini(e)(s) *beendet werden*
vendre *verkaufen*	être vendu(e)(s) *verkauft werden*
apercevoir *bemerken*	être aperçu(e)(s) *bemerkt werden*

Le spectacle **est mis en scène** par Savary. *Das Schauspiel **wird** von Savary **inszeniert**.*

Zeit	Anwendung
Präsens	La maison **est construite**. *Das Haus **wird gebaut**.*
Imparfait	La maison **était construite**. *Das Haus **wurde gebaut**.*
Passé composé	La maison **a été construite**. *Das Haus **ist gebaut worden**.*
Plus-que-parfait	La maison **avait été construite**. *Das Haus **war gebaut worden**.*
Passé simple	La maison **fut construite**. *Das Haus **wurde gebaut**.*
Futur I	La maison **sera construite**. *Das Haus **wird gebaut werden**.*
Futur II	La maison **aura été construite**. *Das Haus **wird gebaut worden sein**.*
Konditional I	La maison **serait construite**. *Das Haus **würde gebaut werden**.*
Konditional II	La maison **aurait été construite**. *Das Haus **würde gebaut worden sein**.*
Subjonctif présent	… que la maison **soit construite**. … *dass das Haus **gebaut wird/werde**.*
Subjonctif passé	… que la maison **ait été construite**. … *dass das Haus **gebaut wurde**.*

⚡ Die Vergangenheitszeiten von **être** werden mit **avoir** *haben* gebildet (▷ 11.2).

Gebrauch

Im Unterschied zum Deutschen, das in unpersönlichen Sätzen wie *Es wurde gesagt, dass …* ohne Subjekt auskommt, muss ein solches im französischen Passivsatz immer angegeben sein.

Ein Verb, das passivisch verwendet werden soll, muss ein direktes Objekt nach sich ziehen können. Folglich geht die Umformung wie im Deutschen nur mit transitiven Verben. Reflexive und intransitive Verben können kein Passiv bilden.

◐ Ausnahme: Die intransitiven Verben **obéir** *gehorchen* und **pardonner** *verzeihen*, die früher transitiv waren, lassen eine persönliche Passivkonstruktion zu:

Je te pardonne. *Ich verzeihe dir.* → Tu **es pardonné**. *Es **wird** dir **verziehen**.*

Setzt man einen Aktivsatz ins Passiv um, wird das Objekt des Aktivsatzes zum Subjekt des Passivsatzes. Das Subjekt des Aktivsatzes wird zur Ergänzung: **Le Sénat** a rejeté **la loi**. ***Der Senat** hat **das Gesetz** abgelehnt.* → **La loi** a été rejetée par **le Sénat**. ***Das Gesetz** wurde **vom Senat** abgelehnt.*

Die präpositionale Ergänzung des Passivs

Das Subjekt des Aktivsatzes wird im Passivsatz zur Ergänzung. Der Urheber wird mit Hilfe der Präposition par *durch/von* oder de *von* ausgedrückt.

⚡ Auf par *durch* kann kein Pronomen, sondern muss ein Substantiv folgen: De très belles valses ont été composées **par Chopin**. *Sehr schöne Walser sind **von Chopin** komponiert worden.* (Nicht: … ont été composés par lui)

Die Präposition par ist geläufiger. Die Präposition de tritt meist zusammen mit bestimmten Partizipien auf, die einen Zustand oder ein Gefühl ausdrücken oder wenn das Verb im übertragenen Sinn gebraucht wird.

B2 Partizipien, die vorwiegend mit de anschließen:

Partizipien, die einen Zustand ausdrücken	Partizipien, die ein Gefühl ausdrücken
accablé de *überhäuft von/belastet mit*	aimé de *geliebt von*
bordé de *eingesäumt von*	détesté de *verabscheut von*
craint de *gefürchtet von*	effrayé de *erschreckt von*
connu de *bekannt bei*	estimé de *geschätzt von*
décoré de *geschmückt mit*	étonné de *erstaunt über*
entouré de *umgeben von*	frappé de *sehr erstaunt/verblüfft*
ignoré de *unbeachtet von/unbekannt*	haï de *gehasst von*
oublié de *vergessen von*	surpris de *überrascht von*

Je suis accablé(e) **de** remords. *Ich werde **von** Gewissensbissen geplagt.*

Wie im Deutschen ist die Nennung des Urhebers fakultativ. Er wird nur dann erwähnt, wenn seine Erwähnung für das Verständnis des Textes entscheidend ist: Mitterrand **a été élu** en 1981 Président de la République. *Mitterrand **ist** 1981 zum Staatspräsidenten **gewählt worden**.* (Wer gewählt hat, ist unwichtig)

Vorgangspassiv und Zustandspassiv

ℹ Die französische Sprache kennt nur das Hilfsverb être *sein* zur Bildung des Passivs. Das Deutsche hingegen kann das Passiv mit *werden* und mit *sein* bilden und so zwischen Vorgangs- und Zustandspassiv unterscheiden:

Vorgangs- + Zustandspassiv	Vorgangspassiv	Zustandspassiv
La porte **est ouverte**.	*Die Tür **wird geöffnet**.*	*Die Tür **ist geöffnet**.*
Les livres **sont lus**.	*Die Bücher **werden gelesen**.*	*Die Bücher **sind gelesen**.*

Es gibt keine formalen Merkmale zur Unterscheidung von Vorgangs- und Zustandspassiv. Diese sind aus dem Kontext oder aus der Bedeutung des Verbs zu erschließen. Das Zustandspassiv steht häufig ohne nähere Bestimmung:
La nouvelle Citroën **est vendue**. *Der neue Citroën **ist verkauft**.*
Dagegen wird beim Vorgangspassiv meist eine Ergänzung gebraucht:
La nouvelle Citroën **est vendue** dans le monde entier. *Der neue Citroën **wird** auf der ganzen Welt **verkauft**.*

Der Passiversatz

Die französische Sprache verfügt über eine Reihe von Möglichkeiten, das Passiv zu umschreiben.

Die pronominale Umschreibung des Passivs

Einige transitive Verben können zur Passivumschreibung ein pronominales Passiv bilden, eine Form die im Deutschen sehr eingeschränkt ist. Diese Konstruktion ist möglich, wenn das Subjekt des Passivsatzes keine Person ist, da sie ansonsten leicht mit einer Reflexivform verwechselt werden kann. Der Urheber bleibt dabei grundsätzlich unerwähnt:
Ce texte **se traduit** facilement. *Dieser Text ist leicht **zu übersetzen**.*
La cathédrale **se voit** de loin. *Die Kathedrale **ist** von weitem **zu sehen**.*

Wendungen, die ein pronominales Passiv ausdrücken:

Cela/ça ne se fait pas.
Das macht man nicht.
Cela/ça se voit. *Das sieht man.*
Cela/ça ne se voit pas.
Das fällt nicht auf.
Cela/ça se discute.
Darüber lässt sich streiten.
Tout s'explique ! *Das erklärt alles!*
Cela/ça se comprend.
Das versteht sich.

In der Umgangssprache ist das pronominale Passiv mit se faire + Infinitiv im Sinne von *(zu)lassen* häufig. Es ist jedoch nur auf Lebewesen zu beziehen:
Elle **s'est fait** couper les cheveux. *Sie **hat** sich die Haare **schneiden lassen**.*
Auch die Umschreibung mit se laisser + Infinitiv *(zu)lassen* ist möglich:
Elle **s'est laissée surprendre** par l'orage. *Sie **wurde** vom Gewitter **überrascht**.*

Die Umschreibung des Passivs mit on

Die Umschreibung mit on *man* ist sehr verbreitet. Damit lässt sich ein deutsches Passiv ohne Subjekt am einfachsten ins Französische übersetzen. Der Urheber bleibt ungenannt:
On a C1 **piqué** sa pipe au vieux Jean. *Dem alten Jean **wurde** die Pfeife **geklaut**.*

Ist on das Subjekt des Aktivsatzes, fällt es bei der Umformung ins Passiv weg:
On mange le pain. → Le pain **est mangé**. *Das Brot **wird gegessen**.*

Zwischentest 19

B1

1. Was gehört zur Passivkonstruktion (zwei Antworten)?

Tous les billets sont vendus par les agents de la SNCF.

a. Tous ☐
b. les billets ☐
c. sont vendus ☐
d. par ☐

B1

2. Welcher Satz ist ein Passivsatz?

a. Le président recevra les syndicats. ☐
b. On reçoit le président. ☐
c. Recevant le président, les syndicats sont prêts. ☐
d. Les syndicats seront reçus par le président. ☐

B1

3. Wie heißt der Infinitiv Passiv von balayer?

a. être balayé ☐
b. balayé ☐
c. balayant ☐
d. balaie ☐

B1

4. Wie heißt auf Französisch *er wurde gestern gesehen*?

a. Il sera vu hier. ☐
b. Il était vu hier. ☐
c. Il est vu hier. ☐
d. Il avait vu hier. ☐

B1

5. Welche Aussage ist zutreffend?

a. Es gibt im Französischen kein Passiv. ☐
b. Das Passiv wird mit avoir gebildet. ☐
c. Das Passiv wird mit dem Hilfsverb être gebildet. ☐
d. Das Passiv wird aus der 1. Person Singular abgeleitet. ☐

B1

6. Wie ist der Satz im Passé composé Passiv zu ergänzen?

Leur mariage ……… d'un mauvais œil par son frère.

a. est vu ☐
b. a été vu ☐
c. voit ☐
d. est été vu ☐

B1

7. Welcher Passivsatz entspricht dem folgenden Satz?

La tempête avait provoqué des dégâts.

a. Des dégâts sont provoqués par la tempête. ☐
b. Les dégâts provoquent une tempête. ☐
c. Des dégâts avaient été provoqués par la tempête. ☐
d. Des dégâts sont à éviter. ☐

8. Wie lautet der vollständige Satz? B1

Les toiles .... par Monet vers 1900.

a. est peint ☐ c. étaient peints par lui ☐
b. étaient peintes ☐ d. peigne ☐

9. Welche beiden Aussagen sind zutreffend? B1

a. Ein Passivsatz kann mit on umschrieben werden. ☐
b. Ein Passivsatz muss immer einen Verursacher nennen. ☐
c. Ein Passivsatz kann durch eine Reflexivkonstruktion ersetzt werden. ☐
d. Einen Passivsatz gibt es nur im Präsens. ☐

10. Wie lautet der Satz im Konditional I Passiv? B1

La vieille voisine .... par Marie.

a. serait soignée ☐ c. soigne. ☐
b. sera soigné ☐ d. était soignée ☐

11. Wie kann der Satz ins Passiv umformuliert werden? B1

Les couturiers présentent les modèles.

a. Les modèles présentent les couturiers. ☐
b. Les modèles sont présentés par les couturiers. ☐
c. Les couturiers ont présenté les modèles. ☐
d. Les couturiers sont présentés par eux. ☐

12. Womit kann man ein Passiv bilden? B1

a. transitive Verben ☐ c. reflexive Verben ☐
b. Verben der Bewegung ☐ d. Substantiv ☐

13. Welcher Satz hat keinen passivischen Sinn? B1

a. La zone libre est envahie par les Allemands. ☐
b. On a découvert le plutonium en 1940. ☐
c. Comment s'écrit ce mot ? ☐
d. Les élèves sont retournés à leurs places. ☐

Lösungen

1 c., d. 2 d. 3 a. 4 b. 5 c. 6 b. 7 c.
8 b. 9 a., c. 10 a. 11 b. 12 a. 13 d.

B1

20 Die Ergänzung des Verbs

*On a **abusé du** terme de bel esprit, et bien que tout ce qu'on **vient de dire des** différentes qualités de l'esprit puisse **convenir à** un bel esprit, néanmoins, comme ce titre a été **donné** à un nombre infini de mauvais poètes et d'auteurs ennuyeux, on **s'en sert** plus souvent **pour tourner** les gens **en** ridicule que pour **les louer**.*

François VI, Duc de la Rochefoucauld (1613–1680), écrivain, moraliste et mémorialiste français

*Der Begriff des Schöngeistes **wurde missbraucht**, und obwohl all das, was **über** die unterschiedlichen Eigenschaften des Geistes **gesagt wurde, auf** einen Schöngeist **zutreffen kann, bedient** man **sich** dieser Bezeichnung häufiger dazu, Menschen **ins** Lächerliche **zu ziehen** als **sie zu rühmen**, da sie **einer Unzahl** von schlechten Dichtern und langweiligen Schriftstellern **gegeben wurde**.*

François VI., Herzog von la Rochefoucauld (1613–1680), französischer Schriftsteller, Moralist und Memoirenschreiber

G Französische Verben können wie deutsche ein direktes, ein indirektes Objekt, einen Infinitiv oder eine prädikative Ergänzung anschließen. Darin, was angeschlossen werden kann, stimmen das französische und das deutsche Verb nicht immer überein.

20.1 Das intransitive Verb

A2

Intransitive Verben können kein Objekt anschließen. Sie bilden den Satz allein mit dem Subjekt:
Le grand-père **dort**. *Der Großvater **schläft**.*
La voiture **roule** vite. *Das Auto **fährt** schnell.*
Die Gruppe der intransitiven Verben stimmt im Französischen und Deutschen weitgehend überein. Die meisten intransitiven Verben können auch transitiv gebraucht werden. Ausschließlich intransitiv sind Verben wie:

B2 abonder *reichlich vorhanden sein*
atterir *landen*
B2 blaguer *Witze machen*
bondir *hochspringen*
briller *glänzen/scheinen (Sonne)*
B1 chuter *fallen/stürzen*
exister *existieren*
marcher *gehen/wandern*
B2 miroiter *schimmern*
mourir *sterben*
naître *geboren werden*
rouler *rollen/fahren*
B1 ruser *List anwenden*
B1 sangloter *schluchzen*
tousser *husten*
venir *kommen*

C'est juste à ce moment-là que l'avion **atterrit**. *Genau in diesem Moment **landet** das Flugzeug.*
Ce B1 rideau de soie **miroite** merveilleusement. *Dieser Seidenvorhang **schimmert** wunderschön.*

20.2 Das transitive Verb

A2

Verben, die ein Objekt bei sich haben können oder auch müssen, sind transitive Verben. Im Französischen werden auch Verben mit indirektem Objekt zu den transitiven gerechnet. Transitiv und intransitiv gebrauchte Verben sind z. B.:

intransitiv: aller *gehen*, arrêter *aufhören*, changer *(sich) (ver)ändern*, demander *fragen*, jouer *spielen*, manquer *fehlen*, monter *hinaufsteigen*, servir *dienen*, sortir *hinausgehen*

transitiv: aller à qn. *jdm. stehen (z. B. ein Kleid)*, arrêter qn. *jdn. anhalten/verhaften*, changer qc. *etw. verändern*, demander qn./qc. *jdn./etw. verlangen/bitten um*, jouer à/de *(Spiel/Instrument) etw. spielen*, manquer qn./qc. *jdn./etw. verfehlen/verpassen*, monter qc. *etw. hinaufheben*, servir à/de *zu etw. nützlich sein*, sortir qc. *etw. herausnehmen*

Le temps **a** beaucoup **changé**. *Das Wetter **hat sich** sehr **geändert**.* (intrans.)
Est-ce que tu peux **changer** la monnaie ? *Kannst du das Geld **wechseln**?* (trans.)
Ce soir, il **manque** une certaine personne. *Heute Abend **fehlt** eine gewisse Person.* (intrans.)
Il **a manqué** son propre mariage. *Er **hat** seine eigene Hochzeit **verpasst**.* (trans.)

Man unterscheidet zwischen Verben ohne Objekt und Verben mit Objekt. Nicht jedes transitive Verb muss ein Objekt bei sich haben:

fakultative Ergänzung: Luc **lit un livre**. *Luc **liest ein Buch**.*
Luc lit. (*Luc liest* ist allein eine sinnvolle Aussage.)

obligatorische Ergänzung: Luc **donne le livre à son ami**. *Luc **gibt das Buch seinem Freund**.* (Ohne Objekt wäre die Aussage sinnlos.)

Weiterhin ist zwischen dem direkten und dem indirekten Objekt zu unterscheiden.

Nach dem direkten Objekt (= Akkusativobjekt) fragt man mit *wen/was*? Es ist ohne Präposition mit dem Verb verbunden:

Marc prépare **une exposition**. *Marc bereitet **eine Ausstellung** vor.*

Nach dem indirekten Objekt fragt man mit *wem*? Es wird mit einer Präposition an das Verb gebunden:

Guy prête la voiture **à son fils**. *Guy leiht **seinem Sohn** das Auto.*

Ausgehend von den Wortarten, kann das Verb folgende Objektergänzungen anschließen:

- Nominalgruppen (▷ 4):
  Il mange **une pomme**. *Er isst **einen Apfel**.*
- Reflexivpronomen (▷ 9):
  Il **s'**est acheté une pomme. *Er hat **sich** einen Apfel gekauft.*
- Objektpronomen (▷ 6):
  Il **la** mange vite. *Er isst **ihn** schnell.*
- Infinitivsätze (▷ 14):
  Il veut **manger cette pomme**. *Er möchte **diesen Apfel essen**.*

L! Da die Ergänzungen des Verbs im Französischen und Deutschen nicht immer identisch sind, sollten diese beim Vokabellernen mitgelernt werden.

Verben mit direktem Objekt

Verben, die abweichend vom Deutschen ein direktes Objekt anbinden:

aider qn. *jdm. helfen*, applaudir qn./qc. *jdm./etw. Beifall klatschen*, assister qn. *jdm. beistehen*, B1 cambrioler qn./qc. *bei jdm. einbrechen*, conseiller qn. *jdm. raten*, contredire qn./qc. *jdm./etw. widersprechen*, croire qn. *jdm. glauben/jdn. halten für*, déclarer qn./qc. *jdm./etw. erklären*, demander qc. *um etw. bitten*, écouter qn./qc. *jdm./etw. zuhören*, fuir qn./qc. *vor jdm./etw. fliehen*, précéder qn./qc. *jdm./etw. vorausgehen*, se faire qc. *sich (zu etw.) machen*, menacer qn. *jdm. drohen*, raconter qc. *von etw. erzählen*, remercier qn. *jdm. danken*, se rappeler qc. *sich an etw. erinnern*, B1 puer qc. *nach etw. stinken*, sentir qc. *nach etw. riechen*, se sentir qc. *sich fühlen als*, servir qn. *jdm. dienen/servieren*, suivre qn. *jdm. folgen*, B1 voter qc. *über etw. abstimmen*

Entre sept femmes, il **se sent le coq du village**. *Unter sieben Frauen* ***fühlt*** *er* ***sich als Hahn ihm Korb.***
Die Verben croire qn. *jdn. halten für*, dire qn. *jdn. halten für/gelten lassen als*, déclarer qn. *jdn. erklären für* mit direktem Objekt werden mit einem Adjektiv oder einem weiteren Prädikat verbunden:
Elle **le croyait malade**, mais il n'en est rien. *Sie* ***hielt ihn für krank****, aber dem ist nicht so.*

Verben mit à

Das mit der Präposition à an das Verb angeschlossene Objekt ist ein indirektes Objekt. Verben dieser Gruppe sind:

aboutir/mener/conduire à qc. *zu etw. führen*, aider à qc. *bei etw. helfen*, appeler à qc. *zu etw. aufrufen*, assister à *bei etw. anwesend sein*, consentir à qc. *etw. zustimmen*, B1 convenir à qn. *zu jdm. passen/zusagen*, correspondre à qc. *etw. entsprechen*, croire à qn./qc. *an jdn./etw. glauben*, demander à qn. *jdn. fragen*, jouer à qc. *etw. spielen (Spiel)*, mentir à qn. *jdn. belügen*, B1 nuire à qn./qc. *jdm./etw. schaden*, parler à qn. *jdn./mit jdm. sprechen*, participer à qc. *an etw. teilnehmen*, passer à qc. *zu etw. übergehen*, réagir à qc. *auf etw. reagieren*, réfléchir à qc. *über etw. nachdenken*, rendre visite à qn. *jdn. besuchen*, renoncer à qc. *auf etw. verzichten*, B1 songer à qn./qc. *an jdn./etw.denken*, sourir à qn. *jdm. zulächeln*, survivre à qn./qc. *jdn./etw. überleben*, téléphoner à qn. *jdn. anrufen*, tenir à qc. *auf etw. Wert legen*, toucher à qc. *etw. anrühren/zur Sprache bringen*

Les syndicats ont **appelé à** la grève. *Die Gewerkschaften haben* ***zum Streik aufgerufen.***
Merci, je **renonce à** ta pitié. *Danke, ich* ***verzichte auf*** *dein Mitleid.*
Passez à la ligne neuf. ***Gehen*** *Sie* ***zur*** *Linie neun* ***weiter.***
ⓘ Die Wendung réussir (à) un examen *eine Prüfung bestehen* kann mit direktem oder indirektem Objekt (à) verbunden sein.

Eine große Anzahl reflexiver Verben schließt das Objekt mit à an. Dazu gehören:

s'abandonner à qc. *sich einer Sache hingeben*, s'accoutumer à qc. *sich an etw. gewöhnen*, s'adapter à qc. *sich an etw. anpassen*, s'adresser à qn./qc. *sich an jdn./etw. wenden*, s'attacher à qn./qc. *sich an jdn./etw. hängen/festhalten/lieb gewinnen*, s'attendre à qc. *sich auf etw. gefasst machen*, se confier à qn. *sich jdm. anvertrauen*, se consacrer à qn./qc. *sich jdm./etw. widmen*, s'élever à qc. *sich auf etw. belaufen*, se faire à qn./qc. *sich an jdn./etw. gewöhnen*, se fier à qn./qc. *jdm./etw. (ver)trauen*, s'habituer à qn./qc. *sich an jdn./etw. gewöhnen*, s'identifier à/avec qn. *sich mit jdm. identifizieren*, s'intéresser à qn./qc. *sich für jdn./etw. interessieren*, se limiter à qc. *sich auf etw. beschränken*, se livrer à qn./qc. *sich jdm./etw. anvertrauen/widmen*, se marier à/avec qn. *jdn. heiraten*, se référer à qn./qc. *sich auf jdn./etw. beziehen*

Je pense qu'ils **se sont limités à** une certaine somme. *Ich denke, **sie haben sich** auf eine bestimmte Summe **beschränkt**.*
La somme à distribuer **s'élève à** deux cents Euros environ. *Die Summe, die sie ausgeben können, **beläuft sich auf** ungefähr zweihundert Euro.*
Ce texte se **réfère à** la Révolution française. *Dieser Text **bezieht sich auf** die französische Revolution.*

Verben mit de

Verben, die das indirekte Objekt mit der Präposition de anhängen. Auch in dieser Gruppe weicht der deutsche Gebrauch vom französischen ab:

avoir besoin de qn./qc. *jdn./etw. brauchen*, causer de/sur qc. *sich über etw. unterhalten*, changer de qc. *etw. ändern/wechseln*, décider de qc. *etw. entscheiden*, dépendre de qn./qc. *von jdm./etw. abhängen*, disposer de qn./qc. *über jdn./etw. verfügen*, douter de qn./qc. *an jdm./etw. zweifeln*, jouer de *(Instrument) spielen*, jouir de qc. *etw. genießen*, manquer de qc. *etw. nicht haben*, parler de qn./qc. *über jdn./etw. sprechen*, profiter de qn./qc. *jdn./etw. benutzen; von jdn./etw. profitieren*, rêver de qn./qc. *von jdm./etw träumen*, souffrir de qc. *unter/an etw. leiden*, témoigner de qc. *etw. bezeugen*, traiter de qc. *von etw. handeln*

Il **joue de** la contrebasse depuis longtemps déjà. *Er **spielt** schon seit langem Kontrabass.*
Paul **manque** toujours **d'**argent. *Paul **fehlt es** immer **an** Geld.*
Ma voisine **souffre de** la solitude. *Meine Nachbarin **leidet unter** der Einsamkeit.*

Reflexive Verben, die das Objekt mit de anschießen, sind z. B.:

s'apercevoir de qc. *etw. bemerken*, s'approcher de qn./qc. *sich jdm./etw. nähern*, s'étonner de qc. *sich über etw. wundern*, s'occuper de qn./qc. *sich um jdn./etw. kümmern*, se contenter de qc. *sich mit etw. zufrieden geben*, se douter de qc. *etw. ahnen*, se méfier de qn./qc. *jdm./etw. misstrauen*, se moquer de qn./qc. *sich über jdn./etw. lustig machen*, se plaindre de qn./qc. *sich über jdn./etw. beklagen*, se souvenir de qn./qc. *sich an jdn./etw. erinnern*

On ne s'est jamais **plaint de** lui. *Wir haben uns nie **über ihn beschwert**.*
Ne **t'approche** pas **du** chien. *Komm dem **Hund** nicht zu **nahe**!*
Elle **se souvient d'**une vingtaine de B1 limaces dans ce carré de salade. *Sie **erinnert sich an** ungefähr zwanzig Nacktschnecken in diesem Salatbeet.*
Marie **se doute de** la fin de l'histoire. *Marie **ahnt** das Ende der Geschichte.*

B1

Verben mit à und de

Eine Reihe von Verben kann das indirekte Objekt sowohl mit à als auch mit de anschließen. Je nach Präposition ändert sich ihre Bedeutung:

convenir à qn./qc. *zu jdn./etw. passen*, **convenir de qc.** *über etw. übereinkommen*, **demander à qn.** *jdn. fragen*, **demander de qc.** *um etw. bitten*, **manquer à qn.** *jdm. fehlen*, **manquer de qc.** *an etw. fehlen*, **parler à qn.** *mit jdm. sprechen*, **parler de qn./qc.** *von jdm./etw. erzählen/sprechen*, **profiter à qn.** *jdm. nutzen/gut tun*, **profiter de qn./qc.** *jdn./etw. benutzen, von jdm./etw. profitieren*

La nouvelle voie de ceinture ne **profite** pas **aux** gens du village, seules les entreprises de construction **en profitent**. *Die neue Umgehungsstraße* ***bringt den*** *Leuten des Dorfes nichts, nur die Baufirmen* ***profitieren davon.***

Verben mit zwei Ergänzungen

Bestimmte Verben können zwei Objekte haben. Meist ist das Sachobjekt direktes Objekt und das Personenobjekt indirektes. Einige Verben müssen immer zwei Objekte anbinden, andere können mit nur einem oder auch mit keinem Objekt stehen. Der Gebrauch dieser Verben entspricht überwiegend dem des Deutschen.

Verben mit direktem Objekt und Objekt mit à

Folgende Verben müssen zwei Objekte zu sich nehmen:

adresser qc. à qn. *jdm. etw. schicken*, **apprendre qc. à qn.** *jdm. etw. beibringen/lehren*, **confier qc. à qn.** *jdm. etw. anvertrauen*, **devoir qc. à qn.** *jdm. etw. schulden*, **enlever qc. à qn.** *jdm. etw. wegnehmen*, **offrir qc. à qn.** *jdm. etw. schenken*, **présenter qn./qc. à qn.** *jdn./etw. jdm. vorstellen*, **rappeler qc. à qn.** *jdn. an etw. erinnern*, **reprocher qc. à qn.** *jdm. etw. vorwerfen*, **faire savoir qc. à qn.** *jdm. etw. mitteilen*

Il **apprend l'anglais aux élèves**. *Er* ***lehrt die Schüler Englisch.***
Je vais **adresser l'invitation à Paul**. *Ich* ***schicke die Einladung an Paul.***

Folgende Verben können ohne indirektes Personenobjekt stehen:

acheter qc. (à qn.) *(jdm.) etw. kaufen*, **affirmer qc. (à qn.)** *(jdm.) etw. versichern*, **annoncer qc. (à qn.)** *(jdm.) etw. ankündigen*, **conseiller qc. (à qn.)** *(jdm.) etw. raten*, **déclarer qc. (à qn.)** *(jdm.) etw. erklären*, **défendre qc. (à qn.)** *(jdm.) etw. verbieten*, **dire qc. (à qn.)** *(jdm.) etw. sagen*, **emprunter qc. (à qn.)** *(jdm.) etw. ausleihen*, **envier qc. (à qn.)** *(jdm.) etw. neiden*, **interdire qc. (à qn.)** *(jdm.) etw. verbieten*, **promettre qc. (à qn.)** *(jdm.) etw. versprechen*, **raconter qc. (à qn.)** *(jdm.) etw. erzählen*

Elle e**mprunte des bijoux (à sa sœur).** *Sie* ***leiht (ihrer Schwester) Schmuck.***
Elle (leur) **conseille** la prudence. *Sie rät (ihnen) zur Vorsicht.*
Je ne (lui) **envie** que **sa vivacité d'esprit**. *Ich* ***beneide*** *(ihn) nur* ***um seine geistige Lebendigkeit.***

Folgende Verben können allein, ohne Objektanschluss stehen:

avouer (qc. à qn.) *(jdm. etw.) gestehen*, demander (qc. à qn.) *(jdn. nach etw.) fragen*, écrire (qc. à qn.) *(jdm. etw.) schreiben*, enseigner (qc. à qn.) *(jdn. in etw.) unterrichten*, expliquer (qc. à qn.) *(jdm. etw.) erklären*, refuser (qc. à qn.) *(jdm. etw.) abschlagen*, répondre (qc. à qn.) *(jdm. etw.) antworten*

J'**avoue**. *Ich gestehe.* Il **enseigne**. *Er unterrichtet.*
Elle **refuse** (la troisième glace aux enfants). *Sie **schlägt** (den Kindern das dritte Eis) **ab**.*

Verben mit direktem Objekt und Objekt mit de
Verben, die sowohl ein direktes als auch ein indirektes Objekt mit de anschließen:

avertir qn. de qc. *jdn. vor etw. warnen*, charger qn. de qc. *jdn. mit etw. belasten/beauftragen*, convaincre qn. de qc. *jdn. von etw. überzeugen*, débarrasser qn. de qc. *jdn. von etw. befreien*, féliciter qn. de qc. *jdn. zu etw. beglückwünschen*, munir qn. de qc. *jdn. ausrüsten*, préserver qn. de qc. *jdn. vor etw. bewahren*, prévenir qn. de qc. *jdn. über etw. benachrichtigen/vor etw. warnen*, priver qn. de qc. *jdm. etw. wegnehmen*, remercier qn. de qc. *jdm. für etw. danken*

Le panneau triangulaire **avertit** les automobilistes **d'**un danger. *Das dreieckige Schild **warnt** die Autofahrer **vor** einer Gefahr.*
Il faut **débarasser** la pièce **de** ces affreux tableaux. *Man sollte das Zimmer **von** diesen grässlichen Bildern **befreien**.*

B1 **Verben mit anderen Präpositionen**
Verben, die indirekte Objekte mit anderen Präpositionen als à oder de anbinden:

agir en *handeln als*, choisir comme/pour *wählen zu*, combattre pour *kämpfen für*, considérer comme *betrachten/ansehen als*, s'engager pour *sich einsetzen für*, insister sur *bestehen auf*, parler en *sprechen als*, partir pour *abreisen nach*, passer pour *gelten als/für*, prendre pour (+ Substantiv) *halten für/nehmen als*, protester contre *Einspruch erheben gegen*, reconnaître pour *anerkennen als*, se décider pour *sich entscheiden für*, se passionner pour *schwärmen/sich begeistern für*, tenir pour *halten für*, tomber sur qn. *auf jdn. stoßen/jdm. in die Arme laufen*

Il **agit en** homme sage. *Er **handelt als** weiser Mensch.*
Il est **consideré comme** un fin tacticien politique. *Er **gilt als** politisch geschickter Taktiker.*
Ma foi, je ne le **prends** pas **pour** un adversaire sérieux. *Ehrlich gesagt, ich **halte** ihn nicht **für** einen ernsthaften Gegner.*

Verben mit Infinitivergänzung

Manche Verben mit einem Infinitiv (▶ 14) schließen mit oder ohne Präposition an:
Je **désire partir** tout de suite. *Ich* ***möchte*** *sofort* ***abreisen.***
Mireille s'est **proposée de rentrer** vers quinze heures. *Mireille hat sich* ***vorgenommen,*** *gegen fünfzehn Uhr* ***nach Hause zu kommen.***

Verben mit prädikativer Ergänzung

B1

Prädikative Ergänzungen können sich auf das Subjekt oder auf das direkte Objekt beziehen. Als prädikative Ergänzung zum Subjekt bezeichnet man Adjektive oder Substantive, die mit dem Subjekt durch Verben wie être *sein*, paraître *scheinen*, devenir *werden*, demeurer *bleiben*, avoir l'air *aussehen*, rester *bleiben* oder sembler *scheinen* verbunden sind.
Le terme explosion **est** B2 **inapproprié.** *Der Begriff Explosion* ***ist ungeeignet.***
Le garçon **reste muet.** *Der Junge* ***bleibt stumm.***
Vous **avez l'air fâché.** *Sie* ***sehen verärgert aus.***

Nur selten wird die prädikative Ergänzung mit einer Präposition eingeführt:
Mme. Desrosiers est **considérée comme** une infirmière très qualifiée. *Frau Desrosiers* ***wird als*** *sehr qualifizierte Krankenschwester* ***angesehen.***
Toute sa vie, il a **passé pour** sportif. *Sein ganzes Leben galt er als sportlich.*

Als prädikative Ergänzung zum direkten Objekt bezeichnet man Adjektive oder Substantive, die zusammen mit Verben wie rendre/faire *machen*, considérer comme *betrachten als*, déclarer *bekannt geben/erklären als*, nommer *jdn. ernennen*, prendre pour *halten für*, savoir *wissen*, se conduire en *sich benehmen wie*, se sentir *sich fühlen (als)*, traiter de *bezeichnen als/nennen*, trouver *finden*, vivre en *leben als* auftreten. Sie können mit oder ohne Präposition mit dem Verb verbunden sein:
L'humanité va devoir **faire preuve de fantaisie.** *Die Menschheit wird* ***Phantasie beweisen*** *müssen.*
Peu d'élèves **prennent** l'allemand **comme première langue étrangère.**
Wenige Schüler nehmen Deutsch ***als erste Fremdsprache.***
Les médicaments l'**ont rendu insomniaque.** *Die Tabletten haben ihn* ***am Schlafen gehindert.***
On l'a toujours **pris pour imbécile.** *Man hat ihn immer* ***für dumm gehalten.***
Le Conseil l'a **nommé préfet.** *Der Rat hat ihn* ***zum Präfekten ernannt.***
J'ai **trouvé le film** C1 **barbant.** *Ich* ***fand den Film stinklangweilig.***

⚡ Unterscheiden Sie: rendre jeune *jung machen* und faire jeune *jung wirken*
ℹ Prädikative Ergänzungen werden durch das neutrale le *es* ersetzt:
On a **élu** un socialiste **maire**, et il **l'est** toujours. *Ein Sozialist wurde* ***zum Bürgermeister gewählt,*** *und er ist* ***es*** *immer noch.*

Zwischentest 20

A2 **1. Welches ist die Ergänzung des Verbs?**

En janvier, il a été élu préfet.

a. En janvier ☐
b. été élu ☐
c. il a ☐
d. préfet ☐

A2 **2. Welches Verb ist intransitiv?**

a. aller ☐
b. acheter ☐
c. manger ☐
d. boire ☐

A2 **3. Welche Ergänzung ist nicht möglich?**

a. Il joue du violoncelle. ☐
b. Il joue à piano. ☐
c. Il joue au basket. ☐
d. Il joue de la flûte. ☐

A2 **4. Welches ist das direkte Objekt?**

Elle a approché la chaise de la lampe.

a. Elle ☐
b. la chaise ☐
c. approché ☐
d. la lampe ☐

A2 **5. Welches ist das direkte Objekt?**

Mon fils n'a pas attendu les résultats des examens.

a. Mon fils ☐
b. n'a pas attendu ☐
c. les résultats ☐
d. des examens ☐

A2 **6. Was passt in die Lücke?**

Elle s'attend .... ce que Jean fasse des efforts.

a. de ☐
b. comme ☐
c. au ☐
d. à ☐

A2 **7. Welcher Satz ist falsch?**

a. On le dit courageux. ☐
b. Il se dit sportif. ☐
c. Il la juge de belle. ☐
d. On l'estime intelligent. ☐

A2 **8. Welche Aussage ist richtig?**

a. Transitive Verben haben kein Objekt. ☐
b. Verben können nur eine Ergänzung haben. ☐
c. Ein Objekt wird immer mit à an das Verb angeschlossen. ☐
d. Ein Infinitiv kann eine Verbergänzung sein. ☐

9. Wie fragt man nach dem direkten Objekt? A2

a. wann/warum? ☐
b. wem? ☐
c. wen/was? ☐
d. wer? ☐

10. Wie muss der Satz heißen? A2

Son mari passe .... large d'esprit.

a. avec ☐
b. pour ☐
c. de ☐
d. à ☐

11. Wie fragt man nach dem indirekten Objekt? A2

a. wem? ☐
b. warum? ☐
c. wer? ☐
d. was? ☐

12. Wie lautet die Übersetzung? B1

Gibst du mir bitte den Käse?

a. Tu me passes au fromage ? ☐
b. Tu veux bien me passer le fromage ? ☐
c. Passe-tu le fromage, s'il te plaît ? ☐
d. Je ne veux pas passer pour fromage. ☐

13. Welches ist eine prädikative Subjektergänzung? B1

Cette démarche surprenante pourrait se révéler spectaculaire.

a. démarche ☐
b. révéler ☐
c. spectaculaire ☐
d. pourrait ☐

14. Wie wird das indirekte Objekt angeschlossen? A2

a. ohne Präposition ☐
b. mit Präposition ☐
c. mit Verb ☐
d. mit Subjekt ☐

15. Sie träumt von einem neuen Mantel, was sagt sie? A2

a. Je profite d'un nouveau manteau. ☐
b. Je rêve d'un nouveau manteau. ☐
c. Je joue d'un nouveau manteau. ☐
d. Je cause d'un nouveau manteau. ☐

Lösungen

1 d. 2 a. 3 b. 4 b. 5 c. 6 d. 7 c. 8 d. 9 c.
10 b. 11 a. 12 b. 13 c. 14 b. 15 b.

A2

21 Die Konjunktion

__Mais__ Jeanne, sous ce ruissellement tiède, se sentait revivre __ainsi qu'__une plante renfermée qu'on vient de remettre à l'air, __et__ l'épaisseur de sa joie, comme un feuillage, abritait son cœur de la tristesse. __Bien qu'__elle ne parlât pas, elle avait envie de chanter.

Guy de Maupassant (1850–1893), écrivain français

__Aber__ Jeanne fühlte, dass sie unter diesem warmen Regen wieder lebendig wurde __wie__ eine eingeschlossene Pflanze, die man wieder ins Licht stellt, __und__ das Ausmaß ihrer Freude schützte wie Laubwerk ihr Herz vor der Traurigkeit. __Obwohl__ sie nicht sprach, hätte sie gerne gesungen.

*Guy de Maupassant (1850–1893),
französischer Schriftsteller*

G Die Konjunktion verbindet Wörter, Wortgruppen, Teilsätze oder ganze Sätze. Sie ist unveränderlich. Man unterscheidet nebenordnende und unterordnende, ferner einfache und zusammengesetzte Konjunktionen sowie konjunktionale Ausdrücke.
Die Konjunktion hat unterschiedliche Funktionen. Wie im Deutschen drückt sie Aneinanderreihungen, Gegensätze, zeitliche Abfolgen, Begründungen, Folgen, Ursachen oder Bedingungen aus.

21.1 Die nebenordnende Konjunktion

A2

Nebenordnende Konjunktionen verbinden Wörter einer Wortart miteinander, welche die gleiche Funktion im Satz haben. Sätze, die durch nebenordnende Konjunktionen verbunden sind, sind immer gleichen Grades. Sie dienen der Aneinanderreihung oder der Gegenüberstellung.

Die Konjunktion der Aneinanderreihung

Konjunktionen, die durch Aneinanderreihung Sätze gleichen Grades verbinden:

ainsi que *sowie/wie auch/ebenso*
aussi bien que *ebenso/genauso, wie*
aussi + Adj./Adv. … que *ebenso, wie*
comme *wie (auch)*
de même que *sowie*
et *und*
et … aussi *und auch*
et … et *sowohl … als auch*
non seulement … mais aussi *nicht nur … sondern auch*

Elle est retournée saine **et** sauve. *Sie ist gesund* ***und*** *munter zurückgekommen.*
Tu sais **aussi** bien **que** moi qu'il sera trop tard. *Du weißt* ***genauso*** *gut* ***wie*** *ich, dass es zu spät sein wird.*
Il a volé **non seulement** la voiture **mais aussi** l'appareil de photo et la tente. *Er hat* ***nicht nur*** *das Auto gestohlen,* ***sondern auch*** *den Fotoapparat und das Zelt.*

Die Konjunktion des Gegensatzes oder der Alternative

B2

Konjunktionen, die Gegensätze oder Alternativen zwischen Sätzen ausdrücken:

cependant *doch/dennoch/trotzdem*
certes *sicherlich*
certes, mais *zwar…, aber …*
d'une part … d'autre (part) *einerseits … andererseits/zum einen… zum anderen*
d'un côté … de l'autre (côté) … *einerseits ... andererseits*
en revanche *dagegen/hingegen*
il n'en reste pas moins que *dessen ungeachtet*
mais *aber*
malgré cela *doch/dennoch*
néanmoins *nichtsdestoweniger*
ne … ni … ni *weder … noch … noch*
n'empêche que *trotzdem/dennoch*
ou *oder*
ou bien *oder aber*
ou bien … ou bien *entweder … oder*
ou que + Subj. *oder dass*
par contre *dagegen/hingegen*
pourtant *doch/jedoch/trotzdem*
quand même *doch/dennoch/trotzdem*
soit que … soit que + Subj. *sei es, dass … oder dass*
soit … soit *entweder … oder*
sinon/autrement *sonst*
tantôt … tantôt *mal … mal*
toutefois *jedoch/dennoch*

Elle n'a pas de fortune, **certes, mais** elle a de l'allure. *Sie ist nicht wohlhabend,* ***sicherlich, aber*** *sie hat Stil.*
S'il y a des œufs au réfrigérateur, on fait des crêpes, **sinon** on fait des grillades. *Wenn Eier im Kühlschrank sind, machen wir Crêpes,* ***sonst*** *grillen wir.*

Soit vous acceptez les conditions, **soit** vous renoncez à ce travail. ***Entweder*** *Sie akzeptieren die Bedingungen* ***oder*** *Sie verzichten auf diese Arbeit.*
Tu penses ce que tu voudras, **toutefois** tu devras me donner une réponse. *Denke, was du willst, du wirst mir* ***dennoch*** *antworten müssen.*
D'un côté on est contents qu'il fasse beau, **de l'autre** il fait trop chaud. ***Einerseits*** *freuen wir uns, dass es schönes Wetter ist,* ***andererseits*** *ist es zu heiß.*
Elle aime le cinéma, lui, **par contre**, préfère le théâtre. *Sie liebt das Kino, er* ***dagegen*** *zieht das Theater vor.*

B1

Die kausale und folgernde Konjunktion

Die kausale und folgernde Konjunktion gibt einen ursächlichen Zusammenhang zwischen zwei gleichwertigen Sätzen an:

aussi *daher/folglich*
car *denn*
dès lors/d'où *daher*
de là *daher*
donc *also/folglich*
c'est pour ça/cela que *deswegen/deshalb*
c'est la raison pour laquelle *deswegen/deshalb*
c'est pourquoi/voilà pourquoi *deshalb*
c'est que *nämlich*
en conséquence/par conséquent *folglich*
en effet *nämlich/tatsächlich/allerdings*

C'est pour ça qu'il a mal au ventre. ***Deshalb*** *hat er Bauchweh.*
En effet, il faut réagir **car** deux ministres ont déjà dénoncé les mesures insuffisantes. *Es muss* ***tatsächlich*** *etwas geschehen,* ***denn*** *zwei Minister haben die Maßnahmen bereits als ungenügend bezeichnet.*
Je vous serais **donc** reconnaissant de bien vouloir m'aider. *Ich wäre Ihnen* ***also*** *dankbar, wenn Sie mir helfen würden.*
Il se défend, **car** il se considère comme victime d'une injustice. *Er wehrt sich,* ***da*** *er sich für das Opfer einer Ungerechtigkeit hält.*
⚡ Auf aussi *daher/folglich* folgt wie im Deutschen eine Inversion:
Aussi a-t-il décidé de ne pas participer à ce stage. ***Folglich hat er*** *beschlossen, an diesem Praktikum nicht teilzunehmen.*

B1

21.2 Die unterordnende Konjunktion

Die unterordnende Konjunktion kann nur Sätze miteinander verbinden, die voneinander abhängen: einen Nebensatz mit dem Hauptsatz oder einen Nebensatz mit einem weiteren Nebensatz. Auf viele folgt der Subjonctif (▷ 16).

Die temporale Konjunktion

Die temporale Konjunktion gibt das Zeitverhältnis an, in dem zwei Sätze zueinander stehen:

à partir du moment où *von dem Augenblick an, als*
à peine ... que *kaum*
à présent que *jetzt, da/wo*
après que *nachdem*
au fur et à mesure *nach und nach*
au moment où *in dem Augenblick, als*
au temps où/du temps que *als*
aussi longtemps que *solange*
B2 **avant que ... (ne)** + Subj. *bevor*
dès que/aussitôt que *sobald*
chaque fois que/une fois que *wenn (erst) einmal/jedes Mal wenn*
B2 **en attendant que** + Subj. *bis*
B2 **jusqu'à ce que** + Subj. *bis*
jusqu'au moment où *bis zu dem Augenblick, als*
maintenant que *jetzt, da*
pendant que *während*
quand/lorsque *(jedes Mal) wenn/als*
tant que *solange*
(tout juste) comme *(gerade) als*

Au temps où Montmartre était le lieu de la bohème, il était un peintre glorieux. ***Als*** *der Montmarte der Ort der Bohème war, war er ein ruhmreicher Maler.*
Prenez ce remède **dès que** les douleurs se réveilleront. *Nehmen Sie dieses Mittel,* ***sobald*** *die Schmerzen wieder anfangen.*
Auf à peine *kaum* folgt eine Inversion:
À peine eut-il dit cela **que** sa soeur a quitté la pièce. ***Kaum*** *hat er das gesagt, da hat seine Schwester den Raum verlassen.*
Nach avant que *bevor*, en attendant que *(solange) bis* und jusqu'à ce que *bis* folgt der Subjonctif. In der Schriftsprache steht nach après que *nachdem* der Indikativ, in der gesprochenen Sprache hört man oft auch den Subjonctif:
En attendant que le train **soit** annoncé, je lis un magazine. ***Solange bis*** *der Zug angesagt* ***wird****, lese ich eine Zeitschrift.*

Die kausale Konjunktion

A2

Die kausale Konjunktion gibt das ursächliche Verhältnis an, in dem Haupt- und Nebensatz zueinander stehen:

ce n'est pas que + Subj. *nicht dass*
comme *da*
d'autant plus que *um so mehr als*
d'autant que *zumal*
du fait que *da*
du moment que *da ja/wo doch*
étant donné que *da*
non que + Subj. *nicht dass*
parce que/c'est parce que *denn/weil*
puisque *da (ja)*
surtout que *besonders da/zumal*
vu que *da*

Elle achète une robe du soir **vu qu'**elle va à cette réception. *Sie kauft ein Abendkleid,* ***da*** *sie zu diesem Empfang geht.*
Tu ne peux pas répondre de telle façon **d'autant plus que** tu n'as aucune idée du sujet. *In dieser Art kannst du nicht antworten,* ***um so mehr als*** *du keine Ahnung von dem Thema hast.*
Je suis allé en ville **puisque** je voulais acheter le livre de Roland. *Ich bin in die Stadt gegangen, da ich das Buch von Roland kaufen wollte.*

⚡ Comme *da* steht immer am Satzanfang:
Comme elle ne se sent pas bien, elle est rentrée. ***Da** es ihr nicht gut geht, ist sie nach Hause gegangen.*
💡 Nach ce n'est pas que und non que *nicht dass* folgt der Subjonctif:
Ce n'est pas que tu **aies** raison de faire cette tête de conquérant. ***Nicht dass** du Grund **hättest**, diese Eroberermine aufzusetzen.*

Die finale Konjunktion

Die finale Konjunktion leitet einen Nebensatz ein, der eine Absicht oder ein Begehren ausdrückt. Im Deutschen wird sie durch *damit* wiedergegeben. Sie verlangt stets den Subjonctif (▷ 16):

afin que *damit*
de façon à ce que *damit*
de peur que/de crainte que … (ne) *aus Angst, dass ... nicht/damit … nicht*
de manière à ce que *damit*
exprès pour que *eigens damit*
pour que *damit*

Il faut qu'on prenne du beurre frais de façon **à ce que** ça donne une bonne pâte. *Man muss frische Butter nehmen, **damit** ein guter Teig daraus wird.*
Elle laisse la lumière allumée **de peur qu'**un fantôme puisse entrer. *Sie lässt das Licht an **aus Angst**, ein Gespenst könnte hereinkommen.*
⚡ Hat der Nebensatz das gleiche Subjekt wie der Hauptsatz, folgt auf die finalen Konjunktionen afin de/de façon de/de manière à/en sorte de *damit*, de crainte de/de peur de *aus Angst de* oder à + Infinitiv (▷ 14):
Il s'habille **afin de pouvoir sortir**. ***Er** zieht sich an, **damit er ausgehen kann/um auszugehen.***

Die konsekutive Konjunktion

Die konsekutive Konjunktion drückt eine Folge aus. Im Deutschen wird sie durch *so … dass* wiedergegeben:

au point que/à tel point que *so ... dass*
de (telle) façon que *so ... dass*
ce qui fait que *so ... dass* (gesprochene Sprache)
de (telle) manière que *so ... dass*
de (telle) sorte que *so ... dass*
si/tellement + Adj./Adv. que *so ... dass*

Les voisins se sont disputés **au point qu'**elle pouvait tout entendre. *Die Nachbarn haben **so** gestritten, **dass** sie alles hören konnte.*
Il était **si** apathique **qu'**il ne mangeait même plus. *Er war **so** apathisch, **dass** er nicht einmal mehr aß.*
Il fait chaud **à tel point que** je suis fatigué. *Es ist **so** heiß, **dass** ich müde bin.*
Son fils fait une formation informatique **de sorte qu'**il pourrait enfin utiliser les nouveaux programmes. *Sein Sohn macht eine Weiterbildung in Informatik, **so dass** er die neuen Programme endlich anwenden können wird.*

Die konzessive und die adversative Konjunktion

Die konzessive Konjunktion drückt eine Einschränkung, die adversative Konjunktion einen Gegensatz aus. Auf viele Konjunktionen dieses Typs folgt der Subjonctif:

alors que *während*
au lieu que + Subj. *anstatt/dass*
bien que + Subj. *obwohl*
encore que + Subj. *obwohl*
malgré le fait que + Subj. *obwohl*
quoique + Subj. *obwohl*
tandis que *wohingegen/während*
tout + Adj. + que + Subj./Ind.
wie/so ... auch

Il ne se sent pas à l'aise, **bien qu**'il soit le bienvenu. *Er fühlt sich nicht wohl, **obwohl** er willkommen ist.*
Elle restait toute calme, **tandis que** moi, je commençais à être nerveux. *Sie blieb ganz ruhig, **während** ich anfing, nervös zu werden.*

Die modale Konjunktion

B2

Die modale Konjunktion bezeichnet Begleitumstände, Mittel oder die Art und Weise:

à mesure que *in dem Maße, wie*
au fur et à mesure que *in dem Maße wie*
excepté que *außer dass*
outre que/à part que *außer dass*
sans que + Subj. *ohne dass*
sauf que *außer dass*
selon que *je nachdem, ob*
suivant que *je nachdem, ob*

Rien n'a changé dans sa vie, **sauf qu**'il a vieilli. *Nichts hat sich in seinem Leben geändert, **außer dass** er älter geworden ist.*
On vit différemment, **selon qu**'on est végétarien ou non. *Man lebt unterschiedlich **je nachdem, ob** man Vegetarier ist oder nicht.*
Je ne peux pas dire un mot **sans qu**'il le tourne en ridicule. *Ich kann kein Wort sagen, **ohne dass** er es ins Lächerliche zieht.*

Die konditionale Konjunktion

B2

Die konditionale Konjunktion gibt eine Bedingung (▷ 17) an. Sie zieht in der Regel den Subjonctif nach sich:

à condition que + Subj.
vorausgesetzt, dass
à moins que + Subj.
außer wenn/sofern nicht
au/dans le cas où + Subj. *wenn/falls*
dans l'hypothèse où + Subj.
in dem Fall, dass
en cas que + Subj. *falls*
pourvu que + Subj. *vorausgesetzt, dass*
si *wenn/falls*

Je vais acheter une nouvelle robe **à condition que** j'aie assez d'argent sur moi. *Ich werde ein neues Kleid kaufen, **vorausgesetzt** ich habe genug Geld dabei.*
Est-ce que je peux te confier les doubles de l'appartement **au cas où** je perdrais mes clés ? *Kann ich dir die Zweitschlüssel für die Wohnung anvertrauen, **falls** ich meine Schlüssel verliere?*

Zwischentest 21

A2 **1. Welches Wort ist eine Konjunktion?**

a. homme ☐
b. mais ☐
c. lequel ☐
d. quelqu'un ☐

B1 **2. Welches Wort ist die Konjunktion?**

Je vous inviterai à dîner en cas que vous ayez envie de venir.

a. vous inviterai ☐
b. ayez envie ☐
c. à dîner ☐
d. en cas que ☐

B2 **3. Welche Konjunktion hat die Bedeutung von afin que?**

a. de peur que ☐
b. sans que ☐
c. pour que ☐
d. alors que ☐

A2 **4. Wie ist der Satz sinnvoll zu ergänzen?**

.... j'ai des amis pour m'aider, cette tâche ne sera pas trop dure.

a. Comme ☐
b. Avant que ☐
c. Malgré cela ☐
d. À part que ☐

B2 **5. Welche zwei Konjunktionen sind möglich?**

Ramasse tes affaires, ... tu auras des problèmes.

a. sinon ☐
b. autrement ☐
c. comme ☐
d. aussi ☐

B1 **6. Auf welche zwei Konjunktionen folgt eine Inversion?**

a. au moment ☐
b. aussi ☐
c. à peine ☐
d. donc ☐

B2 **7. Was passt in die Lücke?**

Tu veux manger le midi .... le soir ?

a. bien ☐
b. sans que ☐
c. ou bien ☐
d. sinon ☐

B2 **8. Nach welchen zwei Konjunktionen steht der Subjonctif?**

a. sans que ☐
b. mais ☐
c. pourtant que ☐
d. à condition que ☐

9. Welcher Satz ist richtig? B2

a. Tantôt il faisait chaud, tantôt il faisait froid.
b. Aussitôt il faisait chaud ni froid.
c. Afin qu'il fasse chaud, il fait froid.
d. Puisque il fait chaud, il fait froid.

10. Welches ist eine Konjunktion? B2

Mais son allure était plus étudiée qu'elle n'en avait l'air.

a. mais
b. plus
c. allure
d. que (qu')

11. Welche Konjunktion muss eingesetzt werden? B2

Si Nadine a assez d'argent, elle va à Paris, ... elle reste dans la Forêt-Noire.

a. donc
b. sinon
c. afin que
d. comme

12. Welche Aussage ist falsch? B1

a. Konjunktionen verbinden Sätze miteinander.
b. Nach puisque folgt der Indikativ.
c. Et aussi verbindet ein Substantiv und ein Adjektiv.
d. Nach vielen Konjunktionen folgt der Subjonctif.

13. Welcher Satz stimmt nicht? B2

a. Elle te téléphone avant qu'elle vienne te chercher.
b. Je te rappelle après que je serai retourné de Prague.
c. Une fois que je suis parti, je ne retourne pas si vite.
d. En attendant que son fils vient, il se repose sur un banc.

14. Wie ist die Lücke zu füllen? B1

Je vais t'écrire .... j'aurai ton adresse.

a. afin que
b. aussitôt que
c. non que
d. à peine que

Lösungen

1b. 2d. 3c. 4a. 5a., b. 6b., c. 7c. 8a., d.
9a. 10a. 11b. 12c. 13d. 14b.

A2

22 Die Präposition

*La loi **du** 19 mars 1793 affirme: Tout homme a droit **à** sa subsistance **par** le travail s'il est valide; **par** des secours gratuits s'il est hors d'état **de** travailler. Le soin **de** pourvoir **à** la subsistance **du** pauvre est une dette nationale.*

Saint-Just (1767–1794) et Marie-Jean Hérault de Séchelles (1759–1794), hommes politiques français

Das Gesetz vom 19. März 1793 besagt: Jeder gesunde Mensch hat das Recht darauf, seinen Lebensunterhalt durch Arbeit zu verdienen, und das Recht auf kostenlose Hilfe, wenn er nicht zur Arbeit fähig ist. Die Fürsorge, den Armen zum Lebensunterhalt zu verhelfen, ist nationale Pflicht.

Saint-Just (1767–1794) und Marie-Jean Hérault de Séchelles (1759–1794), französische Politiker

G Präpositionen sind unveränderliche Wörter, die andere Wörter oder Wortgruppen zueinander in Beziehung setzen. Präpositionen können aus einem Wort bestehen oder sich als präpositionale Ausdrücke aus mehreren Wörtern zusammensetzen. Ihre Verwendung weicht häufig vom deutschen Gebrauch ab.

22.1 Die Präposition à

A1

Die Präposition à wird verwendet:

- zur Angabe des Bestimmungsortes und der Richtung (wohin?):
  Nous allons **à** Paris. *Wir fahren **nach** Paris.*
  Ils vont **à** la plage/**au** jardin/**aux** États **Unis**. *Sie gehen **an** den Strand/**in** den Garten/**in** die Vereinigten Staaten.* (vgl. zu Ländernamen und Inseln ▷ 22.7)
- zur Angabe des Aufenthaltsortes (wo?):
  Nos amis vivent **à** A2 l'étranger. *Unsere Freunde leben **im** Ausland.*
  Ils habitent **au** A2 rez-de-chaussée. *Sie wohnen **im** Erdgeschoss.*
  Auch: Ils habitent **dans** un immeuble. *Sie wohnen **in** einem Hochhaus.*
- zur Angabe der geografischen Lage (wo?), (vgl. ▷ 22.7 , 22.4):
  La A2 capitale se trouve **au** nord de l'Allemagne. *Die Hauptstadt liegt **im** Norden Deutschlands.*
  ⚡ Steht ein unbestimmter Artikel, ein Demonstrativpronomen oder ein Possessivpronomen vor dem Substantiv, wird dans *in* anstelle von à verwendet: A2
  Ils ont acheté une résidence secondaire **dans** cette région pittoresque. *Sie haben einen Zweitwohnsitz **in** dieser malerischen Gegend gekauft.*
  Aber: La France est située **au** nord de l'Espagne. *Frankreich liegt nördlich von Spanien.*
- zur Angabe der Zeit oder Epoche:
  Mallarmé a vécu **au** XIXe siècle. *Mallarmé hat **im** 19. Jahrhundert gelebt.*
- zur Angabe der Uhrzeit:
  Il part **à** huit heures. *Er fährt **um** acht Uhr ab.*
- zur Angabe von Festen:
  On se revoit **à** Noël. *Wir sehen uns **an** Weihnachten wieder.*
  À Pâques, je vais en Grèce. ***An** Ostern fahre ich nach Griechenland.*
- zur Angabe eines Mittels, Instruments, der Art und Weise:
  L'écrivain a écrit son œuvre **à** l'aide de plusieurs livres d'histoire. *Der Schriftsteller hat sein Werk **mit** Hilfe mehrerer Geschichtsbücher geschrieben.*
  Elle a préparé une salade **aux** olives et **aux** crevettes. *Sie hat einen Salat **mit** Oliven und Krabben zubereitet.*
  Il va toujours au travail **à** pied. *Er geht immer **zu** Fuß zur Arbeit.*
- zur Angabe des Grundes oder der Ursache:
  À vrai dire, je n'ai pas envie de dîner avec vos amis. *Ehrlich gesagt habe ich keine Lust, mit euren Freunden zu essen.*
- in Verbindung mit Zahlen für Preisangaben:
  Ici on vend des B1 pamplemousses **à** 50 cents la pièce. *Hier werden Grapefruit **zu** 50 Cent das Stück verkauft.*
  Il a acheté sa B2 voiture décapotable **à** un bon prix. *Er hat sein Cabrio günstig gekauft.*

- zur Angabe von Entfernungen:
  Mon cousin habite à 30 kilomètres de Perpignan. *Mein Cousin wohnt 30 km von Perpignan entfernt.*
- ungefähre Zahlenangaben:
  Je pense qu'il y a encore cinq à dix bouteilles d'eau minérale. *Ich denke, es sind noch fünf **bis** zehn Flaschen Mineralwasser da.*

A2 Zusammen mit der Präposition à gibt es folgende präpositionale Ausdrücke und feste Wendungen zur Angabe des Ortes:

à côté de *neben*
à droite de/à gauche de *rechts/links von*
à l'arrière-plan *im Hintergrund*
à l'endroit *richtig (rechts) herum* (Blatt Papier, Kleidung usw.)
à l'envers *verkehrt (links) herum* (Blatt Papier, Kleidung usw.)
à la une *auf der ersten Seite* (Zeitung)
aller à l'école *in die Schule gehen*
aller au marché *auf den Markt gehen*
aller chercher qn. à la gare *jdn. am Bahnhof abholen*
au B1 **carrefour** *an der Kreuzung*
au-dessus de *oberhalb von*
au milieu de *mitten von/bei*
au premier plan *im Vordergrund*
au sud/nord de *im Süden/Norden von*
au-delà de *jenseits von*
au-dessous de *unterhalb von*
mettre à part *zur Seite legen*
travailler à l'agence *im Büro/in der Agentur arbeiten*
travailler/vivre à l'étranger *im Ausland leben/arbeiten*
vis-à-vis *gegenüber*
vivre à la campagne *auf dem Land leben*

Désolé de te déranger, mais tu as mis ton pull-over à l'envers. *Tut mir leid dich zu stören, aber du trägst deinen Pullover verkehrt herum.*
Sur cette image on voit, à B1 **l'arrière-plan, des** B2 **buissons et des** B2 **chevreuils.** *Auf diesem Bild sieht man **im** Hintergrund Büsche und Rehe.*

⚡ Das Französische unterscheidet nicht wie das Deutsche zwischen Ort und Richtung. So heißt sowohl *in der Schule* als auch *in die Schule* à l'école.

A2 Zusammen mit der Präposition à gibt es folgende präpositionale Ausdrücke und feste Wendungen zur Angabe der Zeit:

à l'avenir *in Zukunft*
à ce moment-là *in diesem Augenblick*
à dimanche/lundi/mardi *bis Sonntag/Montag/Dienstag*
à midi/minuit *um zwölf/Mitternacht*
à la dernière minute *in letzter Minute*
à l'heure actuelle *zur Zeit/aktuell*
à midi *mittags*
à trois heures *um drei Uhr*
à trois ans *mit drei Jahren*
au B1 **début du mois** *Anfang des Monats*
au mois de novembre *im November*
à cette époque *zu jener Zeit/damals*
au même moment *zur gleichen Zeit*
au temps/à l'époque du romantisme *zur Zeit der Romantik*
être à l'heure *pünktlich sein*

Malheureusement, mon mari n'est jamais à **l'heure**, je m'y suis habituée. *Leider ist mein Mann nie **pünktlich**, ich habe mich daran gewöhnt.*
Parfois, il arrive **à la dernière minute**, mais il arrive toujours. *Manchmal kommt er **in letzter Minute**, aber er kommt immer.*

⚡ Im Unterschied zum Deutschen werden im Französischen bestimmte Zeit- und Datumsangaben durch ein Nomen bzw. eine Nominalgruppe ohne Präposition ausgedrückt:
Vous partirez **quel jour** ? ***An welchem Tag** fahrt Ihr los?*
Le mercredi, on n'a pas de cours en France. ***Mittwochs** findet in Frankreich kein Unterricht statt.*

Zeit- und Datumsangaben ohne Präposition sind: B1

c'était quel jour ?
an welchem Tag war das?
cet hiver *in diesem Winter*
cette année *in diesem Jahr*
cette semaine *in dieser Woche*
la semaine dernière
in der letzten Woche
l'année prochaine *im nächsten Jahr*
le 23 septembre *am 23. September*
le jeudi *donnerstags*
le matin *am Morgen*
le midi *am Mittag*
le soir *am Abend*
lundi *am Montag*

Präpositionale Ausdrücke mit à zur Angabe eines Mittels, Instruments und der Art und Weise: B1

à bicyclette *mit dem Fahrrad*
à haute voix *mit lauter Stimme*
à l'aide de *mithilfe von* (Sachen)
à l'eau *mit Wasser*
à l'heure *pünktlich*
à la main *mit der Hand/von Hand*
à mi-voix *halblaut*
à pas lents *langsam*
à pied *zu Fuß*
à talons hauts *mit hohen Absätzen*
à voix basse *mit leiser/tiefer Stimme*
au crayon/à l'encre
mit dem Bleistift/Tinte
au sens figuré *im übertragenen Sinn*
au sens propre *im eigentlichen Sinn*
aux cheveux blonds *mit blondem Haar*
écrire à l'ordinateur
mit dem Computer schreiben
fermer à clé *abschließen*
il pleut à verse *es regnet in Strömen*
un homme à principes
ein Mann mit Prinzipien
un immeuble à deux issues
ein Hochhaus mit zwei Ausgängen
une rue à sens unique
eine Einbahnstraße

Elle ne peut pas marcher avec des chaussures **à** talons hauts. *Mit Schuhen **mit** hohen Absätzen kann sie nicht laufen.*
Mon fils est celui **aux** cheveux bruns et **aux** yeux bleus. *Mein Sohn ist der **mit** den braunen Haaren und **mit** den blauen Augen.*

A2 Präpositionale Ausdrücke mit à zur Angabe des Grundes oder der Ursache:

à cause de *wegen*
à vrai dire *zwar/ehrlich gesagt*
au fond *im Grunde*
grâce à *dank*

Grâce **à** lui, nous avons trouvé une belle maison à louer. *Dank ihm haben wir ein schönes Haus zum Mieten gefunden.*

A2 Präpositionale Ausdrücke mit à und feste Wendungen für Preisangaben:

à bon prix *billig/preisgünstig*
à prix réduit *zu reduziertem Preis*
à un euro *für einen Euro*
au rabais *mit Rabatt*
vendre qc. à perte
etw. mit Verlust verkaufen

Au marché, vous aurez le kilo d'abricots **à** 2,67 euros. *Auf dem Markt bekommen Sie das Kilo Aprikosen **für** 2,67 Euro.*

B1 Weitere präpositionale Ausdrücke mit à:

à condition que/de
unter der Bedingung, dass
à demain ! *bis morgen!*
à l'âge de *im Alter von*
à la première page *auf der ersten Seite*
à la satisfaction générale
zur allgemeinen Zufriedenheit
à ma grande honte
zu meiner großen Schande
à ma montre *auf/nach meiner Uhr*
à moins que/de *es sei denn, dass*
à part cela *davon abgesehen/sonst*
à proprement parler *genau genommen*
à quatre pattes *auf vier Pfoten*
à son insu *ohne sein Wissen*
à tel point que/au point que
so/derart, dass
à tort/à raison *zu Recht/zu Unrecht*
au cas où *falls*
au choix *nach Wahl*
au hasard *auf gut Glück*
au nom du peuple *im Namen des Volkes*
au revoir *auf Wiedersehen*
avoir les larmes aux yeux
Tränen in den Augen haben
c'est bien aimable à vous
das ist sehr nett von Ihnen
c'est-à-dire que *das heisst, dass*
de façon à *in der Absicht/um … zu*
de manière à *in der Absicht/um … zu*
être à l'aise *sich wohlfühlen*
être au chômage *arbeitslos sein*
face à *angesichts*
petit à petit *allmählich*
se mettre au travail
sich an die Arbeit machen

Face **aux** tâches nouvelles, le groupe doit s'organiser. *Angesichts der neuen Aufgaben muss sich die Gruppe organisieren.*
Il a été élu ministre **au** nom du peuple. *Er wurde **im** Namen des Volkes zum Minister gewählt.*
À ma montre, il est quatre heures. ***Auf/nach** meiner Uhr ist es vier Uhr.*

ℹ Die Präposition à kommt sehr häufig als Ergänzung des Verbs vor (▷ 20, Verben und ihre Präpositionen).

Die Präposition à in Verbindung mit Substantiven

A2

Verbindungen mit Substantiven und der Präposition à sind:

à côté de *neben*
à défaut *aus Mangel/mangels*
Attention aux marches.
Vorsicht, Stufen!
l'alternative à cette solution
die Alternative zu dieser Lösung
l'appel à la grève *der Aufruf zum Streik*
l'aspiration à la justice
das Streben nach Gerechtigkeit
l'avertissement au lecteur
der Hinweis an den Leser
l'exception à la règle
die Ausnahme von der Regel
la croyance au progrès
der Glaube an den Fortschritt
la participation à ce concours
die Teilnahme an diesem Wettbewerb
la réponse à la lettre
die Antwort auf den Brief
la tendance à la B1 baisse
die fallende Tendenz
le droit au travail *das Recht auf Arbeit*
le recours à la violence
die Anwendung von Gewalt
un hymne à la création
eine Hymne auf die Schöpfung

Le B1 cabinet d'architecte a participé **au** B1 concours **à** Palaiseau. *Das Architekturbüro hat **an** dem Wettbewerb **in** Palaiseau teilgenommen.*
Tout le monde veut aller **au** bord de la mer, mais très peu de gens **à** la campagne. *Alle wollen **ans** Meer gehen, aber sehr wenige wollen **aufs** Land.*
Pour clouer la planche, il a pris une pierre **à** défaut B1 d'un marteau. *Um das Brett festzunageln, hat er mangels eines Hammers einen Stein genommen.*
ⓘ Die Präposition à dient häufig zur Bildung zusammengesetzter Substantive:
la machine **à** écrire *die Schreibmaschine*, la tarte **aux** cerises *der Kirschkuchen*, une tasse **à** café *eine Kaffeetasse* (aber: une tasse de café *eine Tasse Kaffee*), le monument **aux** morts *das Kriegerdenkmal*

Die Präposition à in Verbindung mit Adjektiven

A2

Verbindungen mit Adjektiven und der Präposition à sind:

affecté à *vorgesehen für*
allergique à *allergisch auf*
apte à *geeignet für*
attentif à *achtsam*
conforme à *einer Sache gemäß*
consacré à *jdm. gewidmet*
destiné à *bestimmt für*
essentiel à *wesentlich für*
étranger à *fremd gegenüber*
être opposé à *gegen etw. sein*
être ouvert à *aufgeschlossen sein*
fiancé à *verlobt mit*
habitué à *gewöhnt an*
hostile à *feindlich gegenüber*
indifférent à *gleichgültig gegenüber*
lié à *verbunden mit*
nécessaire à *nötig für*
nuisible à *schädlich für*
pareil à *ähnlich/gleich*
prêt à *bereit zu*
sensible à *sensibel/empfänglich für*
supérieur à *überlegen*

Cette idée est essentielle **à** B1 la réussite du projet. *Diese Idee ist wesentlich **für** das Gelingen des Projekts.*
Malheureusement ce jeune homme est opposé **à** tout. *Leider ist dieser junge Mann gegen alles.*

A1

22.2 Die Präposition avec

Die Präposition avec *mit* wird gebraucht:

- zur Angabe der Begleitung und des Mittels:
  Elle est sortie **avec** sa copine. *Sie ist **mit** ihrer Freundin ausgegangen.*
  Cela fait quatre semaines qu'il marche **avec** des C1 béquilles. *Er geht seit vier Wochen **an** Krücken.*
- zur Angabe der Art und Weise:
  Je m'y rends **avec** plaisir. *Ich gehe gern dorthin.*
  Cet élève travaille **avec** ambition. *Dieser Schüler arbeitet **mit** Ehrgeiz.*

B1

⚡ Die Präposition avec in der Bedeutung *dabei* wird in Zusammenhang mit großen Gegenständen gebraucht, bei kleinen Gegenständen steht dagegen sur in der Bedeutung *dabei*:
Il a une valise **avec** soi, mais il n'a pas d'argent **sur** soi. *Er hat einen Koffer **dabei/bei** sich, aber er hat kein Geld **dabei/bei** sich.*

⚡ Avec l'aide de *mithilfe von* wird nur in Verbindung mit einer Person gebraucht. Bei Sachen ist à l'aide de *mithilfe von* zu verwenden:
Il fait ses devoirs de mathématiques **avec l'aide d'**un ami. *Er macht seine Mathematikhausaufgaben **mithilfe** eines Freundes.* Aber: Il les fait **à l'aide d'**une C1 calculette. *Er macht sie **mithilfe** eines Taschenrechners.*

Die Präposition avec kann in bestimmten Fällen die Bedeutung von grâce à *dank*, envers *gegenüber* und en ce qui concerne *was betrifft* annehmen:
Il a toujours été gentil **avec/envers** moi. *Er war immer nett mir **gegenüber**.*
Avec/en ce qui concerne celui-ci, on ne sait jamais ce qu'il veut. ***Bei** ihm/**was** ihn **betrifft**, weiß man nie, was er denkt.*
Avec/grâce à mon chapeau, je n'ai pas de coup de soleil. ***Mit** meinem Hut/ **dank** meines Hutes habe ich keinen Sonnenbrand.*

A2

Die Präposition avec in Verbindung mit Substantiven

Die Präposition avec steht zusammen mit folgenden Substantiven:

la collaboration avec *die Zusammenarbeit mit*
la comparaison avec/à *der Vergleich mit*
la confrontation avec *die Konfrontation mit*
le contact avec *der Kontakt mit*
le rapport avec *der Bezug auf*

Une comparaison de Jean **avec** Louis n'est pas juste. *Der Vergleich zwischen Jean **und** Louis ist nicht gerecht.*
Je ne vois pas le rapport **avec** notre conversation ! *Ich sehe da keinen Bezug **auf** unser Gespräch!*

Die Präposition avec in Verbindung mit Adjektiven

A2

Verbindungen mit Adjektiven und der Präposition avec:

être (in)compatible avec qc. *(un)vereinbar sein mit*
être accommodant avec qn. *zuvorkommend gegenüber jdm. sein*
être gentil avec *freundlich sein mit*
être impitoyable avec *jdm. gegenüber unbarmherzig sein*
être B1 insolent/méchant avec *gegenüber/mit jdm. frech/böse sein*
être marié avec/à qn. *mit jdm. verheiratet sein*

Ce bonhomme est toujours si méchant **avec** son chien. *Dieser Herr ist immer so böse **mit** seinem Hund.*

22.3 Die Präposition chez

A2

Die Präposition chez *bei/zu/nach* wird gebraucht:

- in Verbindung mit Personen:
  Je vais passer la soirée **chez** mes amis. *Ich werde den Abend **bei** meinen Freunden verbringen.*
  J'ai trouvé cette citation **chez** Voltaire. *Ich habe dieses Zitat **bei** Voltaire gefunden.*
- in Verbindung mit Berufs- und Firmenbezeichnungen:
  Elle va **chez** le dentiste. *Sie geht **zum** Zahnarzt.*
  Il achète ce B1 tuyau **chez** B1 le plombier. *Er kauft diesen Schlauch **beim** Klempner.*
  Les ouvriers de **chez** Michelin sont en grève. *Die Arbeiter **von** Michelin sind im Streik.*
- in der Bedeutung von *bei/an* auf Personen bezogen:
  Ce qui ne me plaît pas **chez** lui, c'est qu'il est malhonnête. *Was mir **an** ihm nicht gefällt, ist seine Unehrlichkeit.*
- in der Bedeutung von dans le pays de *im Lande von* und au temps de *zur Zeit von*:
  J'ai connu ce thé **chez** les Anglais. *Ich habe diesen Tee **bei** den Engländern kennengelernt.*
  Chez les Grecs déjà, les jeux olympiques jouaient un grand rôle. *Schon **zur Zeit der Griechen** spielten die olympischen Spiele eine große Rolle.*

A2

22.4 Die Präposition **dans**

Die Präposition dans *in* wird gebraucht:

- zur Angabe des Ortes (wo?) (▷ 22.1, 22.7):
  À Paris, j'ai vécu **dans** le centre. *In Paris habe ich **im** Zentrum gelebt.*
  Tu peux lire cet article **dans** le journal d'hier. *Du kannst diesen Artikel **in** der Zeitung von gestern lesen.*
  Pour ranger, tu mets les assiettes **dans** B1 le placard. *Um aufzuräumen, stelle die Teller **in** den Schrank.*
- zur Angabe des Zeitraums:
  Dans les années vingt, il y avait des actrices très connues. ***In** den Zwanzigerjahren gab es sehr berühmte Schauspielerinnen.*
  Il revient **dans** cinq jours. *Er kommt **in** fünf Tagen wieder.*
  Qu'est-ce que tu as fait **dans** la journée ? *Was hast du den Tag **über** gemacht?*
- zur Angabe des Zeitpunkts in der Zukunft:
  Il revient **dans** cinq minutes. *Er kommt **in** fünf Minuten wieder.*
  On se reverra **dans** B1 quinze jours. *Wir sehen uns **in** vierzehn Tagen wieder.*
- zur Angabe der Art und Weise:
  Dans quel sens faut-il le comprendre ? ***Wie** soll ich das verstehen?*
  Ce morceau de piano est **dans** le style du romantisme. *Dieses Klavierstück ist **im** Stil der Romantik.*
  Il a agi **dans** l'intention bonne. *Er hat **in** guter Absicht gehandelt.*
- im Sinne von chez *bei* (▷ 22.3)

ℹ Während man im Deutschen von *vierzehn Tagen* spricht, heißt es im Französischen dans quinze jours.

⚡ Bei Angaben des Zeitraums wird für die deutsche Präposition *in* auch pendant im Sinne von *während* gebraucht: **pendant** les vacances ***in** den Ferien*, **pendant** mes loisirs/mon temps libre ***in** meiner Freizeit.*

B1

Feste Wendungen mit der Präposition dans:

arriver dans les trois premiers
unter den ersten drei sein
boire dans un verre
aus einem Glas trinken
dans ces/de telles conditions
unter diesen/solchen Bedingungen
dans l'escalier *auf der Treppe*
dans la rue *auf der Strasse*
dans le ciel *am Himmel*
dans le/au cimetière *auf dem Friedhof*
être dans la recherche
in der Forschung tätig sein
dans/sur une île *auf einer Insel*
entrer dans la légende
zur Legende werden
frapper dans une balle
auf einen Ball schlagen
il est dans sa 10e année
er wird zehn Jahre alt
manger dans une assiette
aus/von einem Teller essen
travailler dans une branche
in einer Branche arbeiten
vivre dans la misère *im Elend leben*

Aujourd'hui, il y avait un grand nombre d'étoiles filantes **dans** le ciel. *Heute waren sehr viele Sternschnuppen **am** Himmel.*
Vous travaillez **dans** quelle branche ? **Dans** le commerce. ***In** welcher Branche arbeiten Sie? **Im** Handel.*

22.5 Die Präposition de

A1

Die Präposition de wird gebraucht:

- zur Angabe des Besitzes (für den Genitiv):
  C'est la maison **de** ma sœur. *Das ist das Haus **(von)** meiner Schwester.*
- zur Angabe der Herkunft:
  C'est le train **de** Londres. *Das ist der Zug **aus** London.*
  Il est issu **d'**une famille ouvrière. *Er stammt **aus** einer Arbeiterfamilie.*
- zur näheren Bestimmung eines Substantivs:
  Les plages **de** la côte du nord sont merveilleuses. *Die Strände **der** Nordküste sind wunderschön.*
  J'ai B1 raté le bus **de** 6 heures. *Ich habe den 6-Uhr-Bus verpasst.*
- zur Angabe des Urhebers (▷ 19):
  Le ministre est accompagné **de** ses collaborateurs. *Der Minister wird **von** seinen Mitarbeitern begleitet.*
- für zusammengesetzte Substantive:
  Louis attend son **argent de poche**. *Louis wartet auf sein **Taschengeld**.*
  J'adore les **pommes de terre** au beurre salé. *Ich liebe **Kartoffeln** mit salziger Butter.*
  Le **chemin de fer** s'est développé en TGV (Train à Grande Vitesse). *Die **Eisenbahn** hat sich zum TGV (französischer Schnellzug) entwickelt.*
- für den Teilungsartikel (▷ 2.3):
  Il a commandé un **verre de vin**. *Er hat ein **Glas Wein** bestellt.*
  Aber: un **verre à vin** *ein **Weinglas***
  Il a mangé un **morceau de pain** avec. *Er hat ein **Stück Brot** dazu gegessen.*
- zur Angabe von Bewegung, von Ortsveränderung, von Entfernung, Zeit und Gewicht:
  Bougez **d'ici**. *Gehen Sie hier **weg**!*
  Son terrain va **de** la forêt à la mer. *Sein Grundstück reicht **vom** Wald bis zum Meer.*
  Je suis en retard **de** quelques minutes. *Ich bin einige Minuten zu spät.*
  Il a deux kilos **de trop**. *Er wiegt zwei Kilos **zu viel**.*
- zur Angabe von Eigenschaften:
  Il est un homme **de** bon sens. *Er ist ein Mensch **mit** gesundem Verstand.*
  Interdit aux jeunes **de moins de** 18 ans. *Verboten für Jugendliche **unter** 18 Jahren.*

- zur Angabe von Adelstiteln: **Madame de Staël, Charles de Gaulle, Guy de Maupassant.**
- Verben, die die Ergänzung mit de anschließen (▷ 20.2)

B1

Feststehende Ausdrücke mit der Präposition de

Feststehende Ausdrücke zusammen mit de sind:

connaître qn. de nom/de vue
jdn. vom Namen/vom Sehen kennen
de moins en moins *immer weniger*
de plus en plus *immer mehr*
de rien ! *keine Ursache!*
de rigueur *dringend notwendig*
dis bonjour de ma part *grüsse von mir*
être de bonne/mauvaise humeur
gut/schlecht gelaunt sein
être large d'épaules *breitschultrig sein*
ne pas savoir de servir de ses dix doigts
zwei linke Hände haben
réciter de mémoire *auswendig hersagen*
se tirer d'embarras
sich aus der Verlegenheit ziehen
un homme de génie
ein genialer Mensch
une pièce de 2 Euros *ein 2-Euro-Stück*

Quand on vieillit, on a **de moins en moins** soif. *Wenn man älter wird, hat man **immer weniger** Durst.*

Die präpositionalen Wendungen à côté de sowie en dehors de cela bedeuten *neben* (lokal), aber auch *nebenbei/außerdem/abgesehen davon*:
Nous n'avons pas du tout les mêmes opinions politiques mais, **en dehors de cela**, c'est une bonne copine. *Wir haben überhaupt nicht die gleichen politischen Ansichten, aber **abgesehen davon** ist sie eine gute Freundin.*

B1

Die Präposition de in Verbindung mit Substantiven

Die Präposition de steht zusammen mit folgenden Substantiven:

l'attaque de touristes
der Überfall auf Touristen
la cause de l'échec
der Grund für das Scheitern
le chemin de la gare
der Weg zum Bahnhof
la clé de la réussite
der Schlüssel zum Erfolg
l'envie d'un café *die Lust auf Kaffee*
l'espoir de la victoire
die Hoffnung auf Sieg
merci de ton aide *danke für deine Hilfe*
le mobile du crime
das Motiv für das Verbrechen
la raison de son comportement
der Grund für sein Verhalten
la recherche de la vérité
die Suche nach der Wahrheit
la route de Rennes
die Straße nach Rennes
le soif de l'argent *der Hunger nach Geld*
le souvenir de l'adolescence
die Erinnerung an die Jugend
en direction de *in Richtung*

« À la recherche **du** temps perdu » *„Auf der Suche **nach** der verlorenen Zeit"*
(Buchtitel von Marcel Proust)

Die Präposition de in Verbindung mit Adjektiven

B1

Die Präposition de wird zusammen mit folgenden Adjektiven verwendet:

absent de *abwesend*
avide de *gierig nach*
chargé de *beauftragt zu*
doué de *begabt für*
être certain de *sich sicher sein*
être connu de *bekannt sein*
être différent de *anders sein*
être issu de *stammen von/ hervorgegangen sein aus*
être sûr de *sich sicher sein*
être typique de *typisch sein für*
fâché de *verärgert über*
fier de *stolz auf*
heureux de *glücklich über*
(in)capable de *(un)fähig zu*
jaloux de *eifersüchtig auf*
(mé)content de *(un)zufrieden mit*
plein de *voll von*
rempli de *gefüllt/voll mit*
responsable de *verantwortlich für*

Cette fille est complètement différente **de** sa sœur. *Dieses Mädchen ist völlig anders* ***als*** *ihre Schwester.*
Elle n'est vraiment pas responsable **de** cette catastrophe. *Sie ist wirklich nicht verantwortlich* ***für*** *diese Katastrophe.*

22.6 Die Präposition depuis

A2

Die Präposition depuis *seit*, *von … ab/aus* wird verwendet:

- zur Angabe der Zeit:
  Je t'attends **depuis** une heure. *Ich warte* ***seit*** *einer Stunde auf dich.*
  Le malade est à l'hôpital **depuis** quinze jours. *Der Kranke ist* ***seit*** *vierzehn Tagen im Krankenhaus.*
- zur Angabe des Ortes (von wo?):
  Depuis ma fenêtre, on voit la tour Eiffel. ***Von*** *meinem Fenster aus sieht man den Eiffelturm.*
  Le reporter de télévision parle **depuis** l'Afrique. *Der Fernsehreporter spricht* ***aus*** *Afrika.*

22.7 Die Präposition en

A2

Die Präposition en steht ohne Artikel direkt vor dem Bezugswort:

- zur Angabe des Ortes und der Richtung (wo/wohin?):
  Nous allons **en** ville. *Wir gehen* ***in*** *die Stadt.*
  Dépêchez-vous, le professeur est déjà **en** classe. *Beeilt euch, der Lehrer ist schon* ***in*** *der Klasse.*
- zur Angabe des Zeitpunktes:
  En fin d'année, les pommes de terre seront mangées. ***Am*** *Jahresende werden die Kartoffeln gegessen sein.*

- zur Angabe des Monats und der Jahreszeit:
  En février/**en** hiver, il neige normalement dans cette région. *Im Februar/im Winter schneit es normalerweise in dieser Gegend.*
- zur Angabe des Materials:
  Ce manteau est **en** laine. *Dieser Mantel ist **aus** Wolle.*
- zur Angabe des Transportmittels:
  Ils voyagent **en** voiture ou **en/par** avion. *Sie reisen **mit** dem Auto oder **mit** dem Flugzeug.*
- zur Angabe der Art und Weise:
  Tu ne peux pas grimper sur le paroi **en** robe du soir. *Du kannst die Felswand nicht **im** Abendkleid hinaufklettern.*
- zur Bildung des Gerunds (▷ 18)
- in der Bedeutung von comme *als*, en tant que *als* und en fonction de *in der Funktion von*:
  Il se déguise **en** chef indien. *Er verkleidet sich **als** Indianerhäuptling.*
  Il agit **en** bon père. *Er handelt **als** guter Vater.*
- zur Angabe des Ortes und der Richtung bei Ländernamen (vgl. Bestimmungsort und Richtung ▷ 2.1), wenn der Ländername mit femininem Artikel oder l' verwendet wird:
  en Europe ***in/nach*** *Europa*, **en** Iran ***im/in*** *den Iran*, **en** Italie ***in/nach*** *Italien*, **en** Suisse ***in der/die*** *Schweiz*

  Dagegen wird bei Ländernamen mit maskulinem Artikel au/aux verwendet, bei den Namen einiger Inseln à la:
  au Portugal ***in/nach*** *Portugal*, **au** Japon ***in/nach*** *Japan*, **à la** Martinique *auf/nach Martinique*
- en und dans (statt à/aux) für Regionen und Departements (vgl. geografische Lage ▷ 2.1):
  en Provence ***in*** *der Provence*, **en** Gironde ***in*** *der Gironde*

A2 22.8 Die Präposition avant

Die Präposition avant *vor* wird gebraucht zum Ausdruck von Zeit, Vorrang und Ort:
Elle reprend son travail **avant** la fin de l'année. *Sie beginnt **vor** Jahresende wieder zu arbeiten.*
Juste **avant** Bordeaux, tu tournes à droite. *Kurz **vor** Bordeaux musst du rechts abbiegen.*

Ausdrücke mit avant sind avant tout *vor allem* und avant peu (de temps) *bald*:
Quand tu es à Paris, il faut **avant tout** que tu visites le Louvre. *Wenn du in Paris bist, musst du **vor allem** den Louvre besichtigen.*

22.9 Die Präposition devant

A2

Devant *vor* bezeichnet den Ort, auch im übertragenen Sinn:
Devant notre maison, il y un banc. ***Vor*** *unserem Haus ist eine Bank.*
J'ai encore beaucoup de travail **devant** moi. *Ich habe noch viel Arbeit* ***vor*** *mir.*
C'est un ambitieux qui ne recule **devant** rien. *Er ist ehrgeizig und schreckt* ***vor*** *nichts zurück.*

22.10 Die Präpositionen entre und parmi

A2

Die Präposition entre *zwischen* bezieht sich auf zwei oder mehrere Personen, Dinge oder abstrakte Begriffe und betrachtet jede einzelne Person oder Sache:
Il y a une distance **entre** Paris et Reims de 120 kilomètres environ. ***Zwischen*** *Paris und Reims liegen ungefähr 120 Kilometer.*
Entre nous, je me demande, s'il va venir ou non. ***Unter*** *uns (gesagt), ich frage mich, ob er kommen wird oder nicht.*

Die Präposition parmi *zwischen/unter/inmitten* wird verwendet in der Bedeutung von au milieu de, au nombre de *inmitten von* und betrachtet eine Gruppe in ihrer Gesamtheit:
Parmi eux, il y en a un que je connais depuis longtemps. ***Unter*** *ihnen ist einer, den ich schon lange kenne.*
Parmi ses livres, ce sont les nouvelles que je préfère. ***Von*** *seinen Büchern mag ich die Kurzgeschichten am liebsten.*

22.11 Die Präposition par

A2

Die Präposition par *durch/hindurch* wird verwendet:

- zur Angabe des Ortes:
  Au retour, on passe toujours **par** le parc. *Auf dem Heimweg gehen wir immer* ***durch*** *den Park.*
  Il faut prendre le chemin **par** les champs. *Man muss den Weg* ***über*** *die Felder nehmen.*
  Normalement, le chat entre **par** la fenêtre. *Normalerweise kommt die Katze* ***durch*** *das Fenster herein.*
- in distributivem Sinn:
  Il faut compter dix euros **par** personne. *Man muss zehn €* ***pro*** *Person rechnen.*
  Prenez deux comprimés **par** jour. *Nehmen Sie zwei Tabletten* ***pro*** *Tag.*
- zur Angabe des Mittels und der Art und Weise:
  Je vais payer **par** B1 virement. *Ich werde* ***per*** *Überweisung bezahlen.*
  Il envoie les cadeaux **par** la poste. *Er schickt die Geschenke* ***per*** *Post.*
  Les enfants se tiennent **par** la main. *Die Kinder nehmen sich* ***an*** *der Hand.*

- zur Angabe der Zeit, auch im Zusammenhang mit der Witterung:
  Par temps pluvieux, les fleuves inondent les rives. ***Bei*** *Regenwetter überfluten die Flüsse die Ufer.*
  On laisse les fenêtres ouvertes **par** beau temps. ***Bei*** *schönem Wetter lassen wir die Fenster offen.*
- zur Angabe des Verursachers/Urhebers beim Passiv (▷ 19)

B1

Ausdrücke mit par

Feste Wendungen mit der Präposition par sind:

joindre qn. par téléphone *jdn. telefonisch erreichen*	**par jalousie** *aus Eifersucht*
par ailleurs *andererseits*	**par manque de** *aus Mangel an*
par amour *aus Liebe*	**par mégarde** *aus Versehen*
par bêtise *aus Dummheit*	**qu'entends-tu par … ?** *was verstehst du unter …?*
par conséquent *folglich*	**par terre** *auf den/dem Boden*
par conviction *aus Überzeugung*	**tout est comme par le passé** *alles ist wie früher*
par hasard *zufällig*	

C'est **par** jalousie qu'elle le suit. *Sie folgt ihm* ***aus*** *Eifersucht.*
Regarde, ta serviette est tombée **par** terre, va la ramasser. *Schau, deine Serviette ist* ***auf*** *den Boden gefallen, heb sie auf!*

A2

22.12 Die Präposition pour

Die Präposition pour wird verwendet:

- zur Angabe des Ortes nach partir:
  Ce matin, ils sont partis **pour/à** Royan. *Heute Morgen sind sie* ***nach*** *Royan abgereist.*
  Aber: le train **de** Royan *der Zug* ***von/nach*** *Royan*
- zur Angabe der Bestimmung, des Ziels und des Zwecks:
  Pendant la Révolution, on a lutté **pour** la liberté, l'égalité, la fraternité. *Während der Revolution kämpfte man* ***für*** *Freiheit, Gleichheit, Brüderlichkeit.*
  C'est **pour** ton bien. *Das ist* ***zu*** *deinem Besten.*
- zur Angabe der Zeit:
  J'ai pris rendez-vous **pour** dimanche. *Ich hab mich* ***für*** *Sonntag verabredet.*
  Elle a fait un gâteau **pour** demain. *Sie hat* ***für*** *morgen einen Kuchen gemacht.*
- zur Angabe des Grundes:
  Pour cette raison, ils ne peuvent pas venir avec nous. ***Aus*** *diesem Grund können sie nicht mit uns kommen.*
  Il a été condamné **pour** meurtre. *Er wurde* ***wegen*** *Mordes verurteilt.*

- in der Bedeutung von à cause de *wegen*, à la place de *an Stelle von*, en échange de *im Austausch für*, en faveur de *zugunsten*:
  Il a refusé **pour** des raisons personnelles. *Er hat **aus** persönlichen Gründen abgelehnt.*
  Tu fais la cuisine **pour** moi ? *Kochst du **an** Stelle von mir (für mich)?*
  Le B1 témoin a témoigné **pour/en faveur de** B1 l'accusé. *Der Zeuge hat **zugunsten** des Angeklagten ausgesagt.*
- zur Angabe eines Vergleichs:
  Ce garçon est éveillé **pour** son âge. *Dieser Junge ist aufgeweckt **für** sein Alter.*
  Il fait froid **pour** avril. ***Für** April ist es kalt.*

Ausdrücke mit der Präposition pour B1

Feste Wendungen mit der Präposition pour sind:

avoir pour effet *ausmachen*
avoir pour rien qc. *etw. umsonst bekommen*
cinq pour cent *fünf Prozent*
et pour cause *und das mit Grund*
pour une fois *(für) einmal*
pour la première fois *zum ersten Mal*
ne pas s'en faire pour si peu *sich wegen einer solchen Kleinigkeit keine Sorgen machen*
pour le moment *im Augenblick*
pour le plaisir *zum Vergnügen*
n'y être pour rien *nichts damit zu tun haben*

Je ne sais pas où il est **pour** le moment. *Ich weiß nicht, wo er **im** Augenblick ist.*
Elle s'est mise en colère, et **pour** cause: elle est restée seule **pour** tout ranger. *Sie ist wütend geworden, und das **mit** Grund: Sie hat alles allein aufgeräumt.*
Pour une fois, tu vas renoncer à ta bicyclette. ***Für** einmal wirst du auf dein Fahrrad verzichten.*
Pour le moment je ne vois personne. *Im Augenblick sehe ich niemanden.*
Ne t'en fais pas **pour** moi, je vais y arriver (ugs.), d'une façon ou d'une autre. *Mach dir **wegen** mir keine Sorgen, ich werde durchkommen, egal wie.*

Die Präposition pour in Verbindung mit Adjektiven B1

Die Präposition pour steht nach folgenden Adjektiven:

connu pour *bekannt für*
célèbre pour *berühmt für*
fameux pour *berühmt für*
doué pour l'écriture *begabt für das Schreiben*

Depuis son enfance cette danseuse était connue **pour** sa détermination. *Diese Tänzerin war von Kindheit an **für** ihre Zielstrebigkeit bekannt.*
La Bourgogne est célèbre **pour** son vin et ses B2 escargots. *Burgund ist **für** seinen Wein und seine Schnecken berühmt.*

A1

22.13 Die Präposition sous

Die Präposition sous *unter* wird verwendet:

- zur Angabe des Ortes (wo?/wohin?):
  L'eau passe **sous** le pont. *Das Wasser fließt* ***unter*** *der Brücke durch.*
  Le chien dort **sous** le canapé. *Der Hund schläft* ***unter*** *dem Sofa.*
- zur Angabe der Zeit:
  L'écrivain vivait **sous** le règne de Louis XIV. *Der Schriftsteller lebte* ***zur*** *Zeit Ludwigs XIV.*
  Ma lettre devrait arriver **sous peu**. *Mein Brief müsste* ***bald*** *ankommen.*
- zur Angabe einer Unterordnung:
  J'ai travaillé **sous** le même patron que mon frère. *Ich habe* ***unter*** *demselben Chef gearbeitet wie mein Bruder.*
  La France se trouve actuellement **sous** le régime de la Ve république. *Frankreich befindet sich zur Zeit* ***unter*** *der Regierung der 5. Republik.*

A2

Ausdrücke mit der Präposition sous

Feste Wendungen mit der Präposition sous sind:

sous l'influence de *unter dem Einfluss von*	sous silence *stillschweigend*
	sous prétexte *unter dem Vorwand*

Aujourd'hui Marcel est resté à la maison **sous** prétexte qu'il avait mal au ventre. *Heute ist Marcel* ***unter*** *dem Vorwand, Bauchschmerzen zu haben, zuhause geblieben.*

Ces informations ont été passées **sous** silence pour éviter la panique chez les habitants. *Diese Informationen wurden verschwiegen, um Panik* ***unter*** *den Einwohnern zu vermeiden.*

A2

22.14 Die Präposition sur

Die Präposition sur *auf* wird verwendet:

- zur Angabe des Ortes (wo?/wohin?):
  As-tu vu B1 le corbeau **sur** le toit ? *Hast du den Raben* ***auf*** *dem Dach gesehen?*
  Tu mets les assiettes **sur** la table s'il te plaît ? *Stellst du bitte die Teller* ***auf*** *den Tisch?*
  Distrait comme il est, il a oublié la clé **sur** la porte. *Zerstreut wie er ist, hat er den Schlüssel* ***in*** *der Tür stecken lassen.*
  Des listes de produits à boycotter circulent **sur** le Net. *Listen mit Produkten, die boykottiert werden sollen, kursieren* ***im*** *Netz.*
- zur Angabe von Radio- und Fernsehsendern:
  J'aime écouter des chansons de ma jeunesse **sur** Nostalgie. *Ich höre gerne Lieder aus meiner Jugend* ***auf*** *dem Sender Nostalgie.*

- als temporale Angabe:
  Sur le moment, je n'ai pas bien compris ce qu'il veut dire. ***Zunächst*** *habe ich nicht recht verstanden, was er sagen möchte.*
  Il a débouché la bouteille **sur le coup** de minuit. ***Punkt*** *Mitternacht hat er die Flasche geöffnet.*
- zur Angabe der Art und Weise:
  Il prend tout **sur** le ton sérieux. *Er hält alles* ***für*** *ernst.*
  On ne devrait pas juger **sur** l'apparence. *Man sollte nicht* ***nach*** *dem Äußeren urteilen.*

Ausdrücke mit der Präposition sur

B1

Feste Wendungen zusammen mit der Präposition sur sind:

avoir qc. sur le cœur
etw. auf dem Herzen haben
choisir sur un critère
nach einem Kriterium auswählen
coup sur coup *Schlag auf Schlag*
économiser sur qc. *sparen an etw.*
jeter de l'huile sur le feu
Öl ins Feuer gießen
la chambre donne sur la rue
das Zimmer ist zur Straße gelegen
la foutre est tombée sur l'arbre
der Blitz hat den Baum getroffen
B2 **l'impôt sur le revenu**
die Einkommenssteuer

ne pas avoir de papiers sur soi
keine Papiere bei sich haben
prendre qc. sur soi
etw. auf sich nehmen
revenir sur une question
auf eine Frage zurückkommen
se tromper sur un point
sich in einem Punkt täuschen
sur rendez-vous *nach Vereinbarung*
travailler sur l'ordinateur
am Computer arbeiten
un sur deux *einer von zwei*
marcher sur les pas de qn.
in jds. Fußstapfen treten

Un jour **sur** deux les élèves n'ont pas de devoirs. *An einem* ***von*** *zwei Tagen haben die Schüler keine Hausaufgaben.*
Sur quel critère as-tu choisi la nouvelle bonne d'enfants ? ***Nach*** *welchem Kriterium hast du das neue Kindermädchen ausgewählt?*

Die Präposition sur in Verbindung mit Adjektiven

B1

Adjektive mit sur sind:

aveugle sur les fautes de qn.
blind gegenüber jds. Fehler sein
être basé/fondé sur *fußen/beruhen auf*

être optimiste sur *optimistisch sein*
être pessimiste sur *pessimistisch sein*

Les jurés doivent prononcer un verdict basé **sur** des faits, pas **sur** des impressions. *Die Geschworenen müssen ein Urteil fällen, das* ***auf*** *Fakten und nicht* ***auf*** *Eindrücken beruht.*

Zwischentest 22

A1 **1. Wie lautet die Präposition?**

Il cherche à atteindre le but.

a. Il ☐ c. à ☐
b. cherche ☐ d. but ☐

A2 **2. Wie viele Präpositionen sind hier enthalten?**

Au grand tour, ce cycliste arrive toujours dans les deux premiers.

a. keine ☐ c. eine ☐
b. zwei ☐ d. drei ☐

A2 **3. Welcher Satz ist nicht richtig?**

a. Il est parti en Grèce. ☐
b. Elle est partie pour Athènes. ☐
c. Elle est partie en direction de La Lorraine. ☐
d. Il est parti aux Belgique. ☐

A2 **4. Welche Präposition fehlt?**

Ce jeune homme est toujours accommodant .... les gens agés.

a. dans ☐ c. avec ☐
b. à ☐ d. de ☐

A1 **5. Welches ist die Präposition?**

Lundi, mon fils s'achète un pantalon et une chemise.

a. Es gibt keine. ☐ c. mon ☐
b. un ☐ d. une ☐

A2 **6. Welche Antwort auf die Frage ist richtig?**

Où est-ce que mon fauteuil se trouve ?

a. Il se trouve dans ma chambre. ☐ c. Il se trouve avec ma chambre. ☐
b. Il est sous ma chambre. ☐ d. Il se trouve chez ma chambre. ☐

B1 **7. Welcher Satz ist richtig?**

a. Ils ont construit leur maison à l'aide de la famille. ☐
b. Ils ont construit leur maison avec l'aide de la famille. ☐
c. Ils ont construit leur maison en aide de la famille. ☐
d. Ils ont construit leur maison de l'aide de la famille. ☐

8. Womit muss die Lücke geschlossen werden? A2

Le droit .... travail fait partie des droits de l'homme.

a. du ☐
b. de le ☐
c. avec ☐
d. au ☐

9. Wie lautet die Übersetzung? A2

Er wohnt gegenüber dem Bistro.

a. Il vit vie en vie du bistro. ☐
b. Il habite envers le bistro. ☐
c. Il habite vis-à-vis du bistro. ☐
d. Il vit à l'égard du bistro. ☐

10. Welche Aussage ist falsch? A2

a. Mit en kann man Jahreszahlen angeben. ☐
b. Chez bezieht sich auf Personen. ☐
c. Dans kann nicht örtlich gebraucht werden. ☐
d. Depuis kann örtlich und zeitlich verwendet werden. ☐

11. Welche Präposition bezeichnet nicht den Ort? A2

a. à ☐
b. sur ☐
c. dans ☐
d. avec ☐

12. Welche Präposition bezeichnet nicht die Zeit? A2

a. sur ☐
b. avec ☐
c. dans ☐
d. à ☐

13. Welcher Satz ist nicht richtig? A2

a. Il travaille dans cette usine depuis trois mois. ☐
b. J'ai acheté ce réfrigérateur depuis deux jours. ☐
c. La tour Eiffel se voit depuis le Sacré-Cœur. ☐
d. Il y a deux jours que les mûres sont mûres. ☐

14. Wie lautet die Übersetzung? A2

Ich gehe zu meiner Tochter.

a. Je vais à ma fille. ☐
b. Je viens de ma fille. ☐
c. Je vais chez ma fille. ☐
d. Je reste avec ma fille. ☐

Lösungen

1 c. 2 b. 3 d. 4 c. 5 a. 6 a. 7 b. 8 d.
9 c. 10 c. 11 d. 12 b. 13 b. 14 c.

A2

23 Die Wortstellung im Satz

Il est trois sortes de gens qui parlent peu, ce sont les savants et les gens fort heureux ou fort malheureux; ainsi l'on peut dire que le savoir, la douleur et le bonheur sont muets.

Gabriel Sénac de Meilhan (1736–1803), administrateur et écrivain français

Es gibt drei Arten von Menschen, die wenig sprechen, das sind die Gelehrten und diejenigen, die sehr glücklich oder sehr unglücklich sind; somit kann man sagen, dass das Wissen, der Schmerz und das Glück stumm sind.

Gabriel Sénac de Meilhan (1736–1803), französischer Verwalter und Schriftsteller

G Die Wortstellung folgt im Französischen festen Regeln, während in der deutschen Sprache mehr Freiheit besteht. Man unterscheidet dabei zwischen einfachen und zusammengesetzten Sätzen sowie dem Inhalt nach zwischen Aussagesatz, Fragesatz, Imperativsatz und Ausrufesatz.

23.1 Der Aussagesatz

A1

Die Wortstellung im Aussagesatz

Im Französischen gelten für die Stellung des Subjekts, des Prädikats, der Objekte und der Umstandsergänzungen feste Regeln:

Subjekt	Prädikat	direktes Objekt (Ergänzung)	indirektes Objekt (Ergänzung)
Marianne	écrit.		
Marianne	*schreibt.*		
Marianne	écrit	une lettre.	
Marianne	*schreibt*	*einen Brief.*	
Marianne	écrit		à Paul.
Marianne	*schreibt*		*an Paul.*

Das Subjekt steht vor dem Verb, alle anderen Satzglieder nach dem Verb.

Folgen dem Verb mehrere Satzglieder, werden diese in der Regel folgendermaßen angeordnet:

Subjekt	Prädikat	direktes Objekt	indirektes Objekt
Marianne	écrit	une lettre	à Paul.
Marianne	*schreibt*	*einen Brief*	*an Paul.*

(Zu Verben mit zwei Ergänzungen: ▷ 20)

Folgt auf das Objekt bzw. die Objekte noch eine Umstandsergänzung, ist die Reihenfolge diese:

Subjekt	Prädikat	dir. Objekt	indir. Objekt	Umstandsergänzung
Marianne	prend	le stylo	de Pierre	pour écrire.
Marianne	*nimmt*	*den Füller*	*von Pierre*	*zum Schreiben.*

A2

Wird das direkte Objekt durch einen Relativsatz erweitert oder ist es besonders lang, steht das indirekte vor dem direkten Objekt:

Marianne écrit **à Paul cette lettre, dont il sera très content.** *Marianne schreibt Paul diesen Brief, über den er sich sehr freuen wird.*

Le chef adresse **à tous ses employés ses meilleurs vœux pour l'année nouvelle.** *Der Chef spricht seinen Angestellten die besten Wünsche für das neue Jahr aus.*

⚡ Hat ein Satz zwei indirekte Objekte, geht meistens das mit à angeschlossene Objekt dem mit de angeschlossenen Objekt voran:

Elle parle **à Paul de sa famille.** *Sie spricht **mit Paul über ihre/seine Familie.***

A2 Die Stellung der adverbialen Bestimmung

Die adverbiale Bestimmung ist eine Umstandsbestimmung der Zeit, der Art und Weise, des Grundes, des Mittels u. a., sie beschreibt die Umstände eines Geschehens näher und ist fakultativ:

Il travaille **du matin au soir**. *Er arbeitet **von morgens bis abends**.*

Après l'école, les enfants vont dîner chez les grands-parents. ***Nach der Schule** gehen die Kinder zum Essen zu den Großeltern.*

- Bezieht sich die adverbiale Bestimmung auf den ganzen Satz, kann sie am Satzanfang oder am Satzende stehen:
  Demain, je vais prendre rendez-vous chez le coiffeur. Oder: Je vais prendre rendez-vous chez le coiffeur **demain**. ***Morgen** vereinbare ich einen Termin beim Friseur.*
  Dans ce petit bar, on boit le meilleur vin. Oder: On boit le meilleur vin **dans ce petit bar**. ***In dieser kleinen Bar** trinkt man den besten Wein.*
- Adverbiale Bestimmungen, die mit dem Verb eine feste Wendung bilden, stehen nach dem Verb:
  Elle refuse **voyager en avion**. *Sie lehnt es ab, **mit dem Flugzeug** zu reisen.*
  La vieille dame **fait une promenade** avec son chien. *Die alte Dame geht mit ihrem Hund spazieren.*
- Am Satzende wird die Ortsangabe in der Regel vor andere Angaben gestellt, am Satzanfang jedoch geht die Zeitangabe der Ortsangabe voraus:
  Il a passé ses examens **à Marseille en 1985**. *Er hat seine Prüfungen **1985 in Marseille** gemacht.*
  Demain, à Toulouse, elle va participer à un congrès. ***Morgen** wird sie **in Toulouse** an einem Kongress teilnehmen.*
- Adverbien der Art und Weise (▷ 5) werden so nahe wie möglich zum Verb gesetzt:
  Il travaille **trop** à ce projet. *Er arbeitet **zu viel** an diesem Projekt.*
  Carl va **vraiment bien** depuis sa promotion au rang de directeur. *Carl geht **es** seit seiner Beförderung zum Direktor **wirklich gut**.*
- Adverbiale Umschreibungen stehen häufig nach den anderen Ergänzungen:
  Il fait son travail **avec soin**. *Er macht seine Arbeit **mit Sorgfalt**.*

A2 Die Inversion des Subjekts

Die Inversion ist ein Wechsel der Stellung von Subjekt und Prädikat:

Il met sa B1 chemise hawaïenne. → **Met-il** sa chemise hawaïenne ?
***Er zieht** sein Hawaiihemd an. → **Zieht er** sein Hawaihemd an?*

Man unterscheidet die einfache und die doppelte Inversion. Ist das Subjekt ein Personalpronomen, erfolgt die einfache Inversion, ist das Subjekt eine Nominalgruppe, tritt die doppelte Inversion ein:

einfache Inversion: En vain **a-t-il** rouspété. ***Er hat*** *umsonst geschimpft.*
doppelte Inversion: Peut-être **ton père** n'**a-t-il** pas encore écrit cette lettre. *Vielleicht* ***hat dein Vater*** *diesen Brief noch nicht geschrieben.*

Die Inversion wird in Relativsätzen und Fragesätzen (▷ 10) sowie Ausrufesätzen (▷ 23.2) gebraucht:
Ces grands bâtiments **où vivent des centaines** de personnes, se trouvent plutôt aux banlieues. *Diese großen Gebäude,* ***in denen Hunderte*** *von Personen* ***leben****, befinden sich eher in den Vororten.*
As-tu arrosé les roses ? ***Hast du*** *die Rosen gegossen?*
Est-elle belle ! ***Ist sie*** *schön!*

Die Inversion erfolgt nach bestimmten, den Satz einleitenden Adverbien.
- Die Inversion ist obligatorisch nach folgenden Adverbien:

aussi *daher/deshalb*	sans doute *sicherlich/wahrscheinlich*
à peine *kaum*	peut-être *vielleicht*

Aussi a-t-elle remarqué ta faute. ***Daher hat sie*** *deinen Fehler bemerkt.*
À peine avais-je remarqué B1 la tortue dans le jardin, qu'elle était déjà partie. ***Kaum hatte ich*** *die Schildkröte im Garten bemerkt, da war sie schon weg.*
Peut-être sont-ils déjà partis. ***Vielleicht sind sie*** *schon abgereist.*
Sans doute est-il agréable de savoir ce qui se passe. ***Sicherlich*** *ist es angenehm zu wissen, was los ist.*
⚡ Nach peut-être que *kann sein, dass* und sans doute que *wahrscheinlich* tritt keine Inversion ein.
- Die Inversion ist fakultativ nach folgenden Adverbien:

au moins *mindestens*	ainsi *so, deshalb*	probablement *wahrscheinlich*
du moins *wenigstens/zumindest*	en vain *vergeblich*	tout au plus *allenfalls*
	encore *freilich/allerdings*	toutefois *dennoch*

Son chagrin est grave, certes, **encore** ne **faut-il** pas désespérer. *Ihr/sein Kummer ist schwerwiegend, sicherlich,* ***dennoch sollte sie/er*** *nicht verzweifeln.*
Ne t'inquiète pas, probablement ton ami **a-t-il** oublié de nous prévenir à l'heure. *Mach dir keine Sorgen,* ***wahrscheinlich hat dein Freund*** *vergessen, uns rechtzeitig Bescheid zu sagen.*

Die Inversion erfolgt ohne einleitendes Element in formelhafter Ausdrucksweise wie in der Behörden- und Handelssprache, bei Bühnenanweisungen oder in Wunschsätzen: B1
Entre Antigone. *Antigone tritt auf.* Vive la France ! *Es lebe Frankreich!* Ici repose Napoléon. *Hier ruht Napoleon.* Sont présents: Madame Leclerc et son mari. *Anwesend sind: Frau Leclerc und ihr Mann.*

A2

Die Hervorhebung von Satzteilen

Im Unterschied zum Deutschen ist die Hervorhebung einzelner Teile im französischen Satz nicht durch Umstellung einzelner Satzglieder oder durch die besondere Betonung eines Wortes möglich. Im Französischen setzt man den Schwerpunkt einer Aussage durch das Einfügen bestimmter Umschreibungen wie:

- c'est/ce sont … qui *das ist/das sind* zur Betonung des Subjekts:
  C'est mon mari **qui** marche devant nous. ***Das ist*** *mein Mann,* ***der*** *vor uns geht.*
  Ist das Subjekt ein Pronomen, wird es zum betonten Personalpronomen (▷ 6):
  C'était toi qui avais mangé le gâteau ? ***Du*** *hast den Kuchen gegessen?*
  Ce sont les B1 inondations **qui** ont causé tous ces dégâts. ***Die Überschwemmungen*** *haben die ganzen Schäden verursacht.*
  ⚡ Ist das betonte Subjekt eine Person, kann es auch durch ein betontes Personalpronomen wieder aufgenommen werden:
  Son père n'a aucune voiture tandis que sa mère, **elle**, en a deux. *Sein Vater hat kein Auto, seine Mutter dagegen,* ***die*** *hat zwei.*
- c'est/ce sont … que zur Betonung des direkten und indirekten Objekts sowie von Ergänzungen:
  Ce sont mes enfants **que** vous voyez jouer au parc. ***Das sind meine Kinder,*** *die Sie im Park spielen sehen.*
  C'est pour toi **que** je l'ai fait. *Für* ***dich*** *habe ich es getan.*
- ce que … c'est (que) bei Hervorhebung von Ergänzungen:
  Ce que Marie aime le plus, **c'est** dessiner. ***Was*** *Marie am liebsten mag,* ***ist*** *Zeichnen.*

⚡ C'est … qui und C'est … que werden in Verbindung mit nous oder vous im Singular gebraucht:
C'est nous qui allons vous chercher à la gare. ***Wir*** *holen euch am Bahnhof ab.*
C'est à vous qu'il s'est adressé ? ***An euch*** *hat er sich gewandt?*
Bei zusammengesetzten Zeiten wird das Partizip Perfekt bei vorausgehendem direktem Objekt angeglichen (▷ 18):
C'est **une aventure** qu'on a vécue. *Was wir erlebt haben, war ein Abenteuer.*

B1

Die Segmentierung

Die Segmentierung des Satzes bedeutet, dass ein Satzglied aus seiner üblichen Position herausgenommen und an den Anfang oder an das Ende des Satzes gestellt wird. Sie gehört fast ausschließlich der gesprochenen Sprache an. Während die Voranstellung als ein charakteristisches stilistisches Mittel des Französischen geringen Betonungscharakter hat, dient vor allem die Nachstellung der Betonung des betreffenden Satzglieds:
La voiture, je **l'**ai rentrée au garage. ***Das Auto*** *habe ich in die Garage gefahren.* (Voranstellung: geringer Mitteilungswert)
Elle n'est vraiment pas chère, **cette voiture**. *Es ist wirklich nicht teuer,* ***dieses*** *Auto.* (Nachstellung: Betonung liegt auf voiture)

Alle Satzteile, die durch ein Personal- oder Adverbialpronomen oder durch cela ersetzt werden können, können segmentiert werden. Das vor- oder nachgestellte Satzglied muss durch ein entsprechendes Personalpronomen wieder aufgenommen werden:

Ils sont fous, **ces Romains.** *Die spinnen,* ***die Römer.***

Elle est vraiment belle, **ta robe.** ***Dein Kleid*** *ist wirklich schön.*

- Ist das segmentierte Satzglied ein Personalpronomen, verwendet man die betonte Form dieses Pronomens:
  Et **toi, tu** en sais quelque chose ? *Und* ***du,*** *weißt* ***du*** *etwas darüber?*
  Non, **moi, je** n'en sais rien. *Nein,* ***ich*** *weiß nichts darüber.*
- Steht das segmentierte Satzglied am Satzende, muss es durch das entsprechende unbetonte Personalpronomen angekündigt werden:
  Tu la connais, **toi** ? – Oui, **je** la connais, **moi.** ***Du*** *kennst sie? – Ja,* ***ich*** *kenne sie.*
- Das direkte Objekt wird bei der Segmentierung durch das verbundene Personalpronomen le, la, les (▷ 6.1) oder durch das Adverbialpronomen en (▷ 6.4) wieder aufgenommen:
  Des chiens méchants, il y **en** a dans le monde entier. ***Bissige Hunde(, die)*** *gibt es auf der ganzen Welt.*
  Tu **les** as pris, **les billets** ? ***Die Fahrkarten,*** *hast du* ***sie*** *mitgenommen?*
- ⚡ Wird das direkte Objekt durch Segmentierung vorangestellt, muss das Partizip Perfekt bei zusammengesetzten Zeiten angepasst werden (▷ 18):
  Les copains de nos enfants, je **les** ai tous connus. *Die Freunde unserer Kinder habe ich alle kennengelernt.*
- Segmentierung der Ortsangabe:
  À Lyon, je n'**y** connais personne. ***In Lyon*** *kenne ich niemanden.*

23.2 Der Ausrufesatz

A2

Man unterscheidet Ausrufesätze mit einleitendem Ausrufewort oder ohne:

- Ausrufesätze ohne einleitendes Ausrufewort stehen mit einfacher Inversion:
  A-t-il triché celui-là ! *Hat* ***der*** *geschummelt!*
- Beim Ausrufesatz mit einleitendem Ausrufewort kann nach quel *was für ein/welch ein* und que de *was für ein/welch ein* eine Inversion eintreten:
  Quelle sottise **fait-elle** ! ***Was für*** *einen Blödsinn* ***macht sie!***
  Que de mépris **y a-t-il** dans ses mots ! Oder: **Que de** mépris **il y a** dans ses mots ! ***Was für eine*** *Verachtung in seinen Worten liegt!*
- Keine Inversion erfolgt nach comme *wie sehr*, que *wie (sehr)* und ce que *wie (sehr)*. Que und ce que sind umgangssprachlich:
  Que c'est merveilleux ! ***Wie*** *wunderschön das ist!*

(Zur Stellung im Fragesatz ▷ 10, im Imperativsatz ▷ 15)

Zwischentest 23

A1 **1. Wie ist die Wortstellung im Aussagesatz?**

a. Subjekt + Objekt + Prädikat ☐
b. Prädikat + Objekt + Subjekt ☐
c. Prädikat + Subjekt + Objekt ☐
d. Subjekt + Prädikat + Objekt ☐

A1 **2. Welches ist ein Aussagesatz mit regelmäßiger Wortstellung?**

a. Le bon homme fait-il promener son chien. ☐
b. La grand-mère caresse son chat. ☐
c. Ont-ils souffert de soif pendant le safari ? ☐
d. Quel voyage ont-ils fait ! ☐

A2 **3. In welchem Satz erfolgt eine Inversion?**

a. Elle était à peine arrivée qu'elle est tombée malade. ☐
b. À peine était-elle arrivée qu'elle est tombée malade. ☐
c. Parce qu'elle est malade, elle va chez le docteur. ☐
d. Ayant de la fièvre, elle ne se sent pas bien. ☐

B1 **4. Welcher Satz ist falsch?**

a. Sans doute a-t-il menti. ☐
b. Sans doute il a menti. ☐
c. Ainsi il veut remanier le Sénat. ☐
d. Ainsi veut-il remanier le Sénat. ☐

A2 **5. Welche Übersetzung von *Ist der belesen!* ist falsch?**

a. Qu'est-ce qu'il est lettré ! ☐
b. Ce qu'il est lettré ! ☐
c. Est-ce qu'il est lettré ? ☐
d. Est-il lettré ! ☐

A1 **6. Wo steht das direkte Objekt le petit-déjeuner ?**

Elle prépare (1) pour les enfants (2) avant (3) qu'ils ne se soient (4) levés.

a. (1) ☐
b. (3) ☐
c. (2) ☐
d. (4) ☐

B1 **7. Was versteht man unter Segmentierung?**

a. Das Subjekt und das Objekt werden vertauscht. ☐
b. Das Subjekt steht nach dem Verb. ☐
c. Zur Betonung steht ein Satzglied am Anfang oder Ende des Satzes. ☐
d. Zur Betonung steht ein Ausrufezeichen am Satzende. ☐

8. Wo steht die Ergänzung à la rentrée ? A1

Bien (1) naturellement, elle (2) va (3) accompagner sa fille (4).

a. (1)
c. (2)
b. (3)
d. (4)

9. In welchem Satz gibt es eine Segmentierung? B1

a. Mon cousin, il n'a jamais été chez nous.
b. Il a envie d'aller à la pêche.
c. Mon montre n'est pas neuve du tout.
d. Les roses sont du jardin d'une copine.

10. Welches Adverb passt? A2

Il a toujours plein d'idées, ... sont-elles originales.

a. hier
c. bientôt
b. du moins
d. enfin

11. Welche Aussage ist nicht richtig? A2

a. Inversion bedeutet, dass das Subjekt vor dem Verb steht.
b. Bei einer Inversion steht das Subjekt nach dem Verb.
c. Die Inversion braucht man im Fragesatz.
d. Die Inversion wird durch bestimmte Adverbien ausgelöst.

12. Weshalb erfolgt hier eine Inversion? A2

Sans doute Pablo a-t-il faim.

a. Es gibt keine Inversion in diesem Satz.
b. Weil der Satz ein Fragesatz ist.
c. Weil faim betont werden soll.
d. Sans doute löst die Inversion aus.

13. In welchem Satz ist die Wortstellung richtig? A2

a. Jean et Pierre courent trop vite sûrement.
b. L'après-midi prennent ils leur goûter vers trois heures.
c. Elle lit ce livre de son professeur depuis deux mois.
d. Il est en train pour sa femme de peindre un grand tableau.

Lösungen

1 d. 2 b. 3 b. 4 b. 5 c. 6 a. 7 c.
8 d. 9 a. 10 b. 11 a. 12 d. 13 c.

B1

24 Die indirekte Rede

Monsieur Hamel se mit à nous parler
de la langue française, disant
*que c'**était** la plus belle langue du monde,*
la plus claire, la plus solide :
*qu'il **fallait** la garder entre nous et ne jamais l'oublier.*

Alphonde Daudet (1840–1897), écrivain français

Monsieur Hamel begann mit uns
über die französische Sprache zu sprechen,
er sagte, es sei die schönste, die klarste,
die dauerhafteste Sprache der Welt:
dass wir sie untereinander bewahren
und niemals vergessen sollten.

Alphonde Daudet (1840–1897),
französischer Schriftsteller

G In der indirekten Rede steht im Französischen im Unterschied zum Deutschen kein Konjunktiv, sondern der Indikativ oder der Konditional. Nebensätze im Aussage- und Imperativsatz werden mit der Konjunktion **que** *dass* angebunden, die im Unterschied zum Deutschen nicht weggelassen werden kann. Zwischen Haupt- und Nebensatz wird kein Komma gesetzt.

Die indirekte Rede dient der Wiedergabe von bereits Gesagtem, von Erinnerungen, Gedanken oder Wünschen. Der französische Satz in der indirekten Rede setzt sich zusammen aus einem einleitenden Hauptsatz und einem Nebensatz, der durch die Konjunktion que *dass* verbunden ist:
Elle explique **qu'elle a oublié** son porte-monnaie. *Sie erklärt,* ***sie habe*** *ihren Geldbeutel* ***vergessen/... dass sie*** *ihren Geldbeutel* ***vergessen habe.***
Im Deutschen wird die indirekte Rede im Indikativ oder Konjunktiv ausgedrückt, das Verbindungselement kann entfallen. Im Französischen dagegen steht die indirekte Rede im Indikativ oder Konditional, das Verbindungselement que *dass* muss eingefügt werden.

Der Hauptsatz, der einen Nebensatz in indirekter Rede einleitet, besteht aus einem Substantiv oder Pronomen und einem Verb des Sagens, Denkens oder Meinens wie:

B2 **affirmer** *versichern*
annoncer *ankündigen*
aviser *benachrichtigen/ bekannt geben*
déclarer *erklären*
dire *sagen*/**prédire** *vorhersagen*
écrire *schreiben*
espérer *hoffen*
B2 **estimer** *meinen*
expliquer *erklären*
faire savoir *wissen lassen*
informer *informieren*
penser *denken*
prévenir *unterrichten* (im Voraus)
soupçonner *vermuten/verdächtigen*
supposer *vermuten*

Francine dit qu'elle a assez. ***Francine sagt,*** *dass sie genug hat.*

24.1 Der indirekte Aussagesatz B1

Die Änderung der Personen-, Zeit- und Ortsangaben

Meist müssen die Angaben zu Person, Ort und Zeit verändert werden, wenn aus einem Satz der direkten Rede ein Satz der indirekten Rede gebildet wird.

Ortsangaben
Verlangt es der Satz inhaltlich, wird das Ortsadverb ici *hier* zu là oder là-bas *dort/dorthin* verändert:
« Mettez les bouteilles **ici.** » → Il a demandé de mettre les bouteilles **là/là-bas.**
Er hat darum gebeten, die Flaschen dorthin zu stellen.

Personenangaben
Die Personal- und Possessivpronomen müssen häufig angepasst werden, da sich durch den Wechsel von der direkten zur indirekten Rede die Sprecherperspektive verändert. Dabei ist zu berücksichtigen, *wer* ursprünglich gesprochen hat, *wen* das Gesagte betrifft und *an wen* die indirekte Rede gerichtet ist:

direkte Rede	indirekte Rede
Il dit : « **Je** vais voir **ma** sœur ». *Er sagt: „**Ich** besuche **meine** Schwester."*	Il dit qu'**il** va voir **sa** sœur. *Er sagt, **er** besuche **seine** Schwester.*
Elle raconte : « **J'ai** perdu **mon** portable ». *Sie erzählt: „Ich habe mein Handy verloren."*	Elle raconte qu'**elle a** perdu **son** portable. *Sie erzählt, **sie** habe **ihr** Handy verloren.*
Il nous a demandé : « C'est **votre** voiture ? » *Er hat uns gefragt: „Ist das **euer** Auto?"*	Il nous a demandé si c'était **notre** voiture. *Er hat uns gefragt, ob das **unser** Auto sei.*

In der indirekten Rede stehen alle Elemente,

- die den Sprecher der indirekten Rede betreffen, in der 1. Person:
  J'ai dit : « **Je** ne viendrai pas. » → J'ai dit que **je** ne viendrais pas. ***Ich** habe gesagt, dass **ich** nicht kommen werde.*
- die den Gesprächspartner der direkten Rede betreffen, in der 2. Person:
  Tu dis : « **Je** partirai tôt. » → Tu dis que **tu** partiras tôt. ***Du** sagst, dass **du** zeitig wegfährst.*
- die die dritte Personen betreffen, in der 3. Person Singular oder Plural:
  Il nous prévient : « **Je** partirai. » → Il nous prévient qu'**il** partira. ***Er** sagt, dass **er** wegfahre.*
  Elles annoncent : « **Nous** partirons. » → Elles annoncent qu'elles partiront. *Sie kündigen an, dass sie wegfahren.*

Zeitangaben

Die Zeitadverbien werden wie folgt verändert, wenn es der Sinn verlangt:

direkte Rede	indirekte Rede
aujourd'hui *heute*	ce jour-là *an jenem Tag*
ce matin/soir *heute Morgen/Abend*	le matin/soir (même) *am (selben) Morgen/Abend*
dans trois heures *in drei Stunden*	trois heures plus tard *drei Stunden später*
demain *morgen*	le lendemain *am nächsten Tag*
après-demain *übermorgen*	le surlendemain *am übernächsten Tag*
lundi *Montag*	lundi prochain/suivant *nächsten Montag*
hier *gestern*	la veille/le jour d'avant *am Tag zuvor*
avant-hier *vorgestern*	l'avant-veille *am Vorvortag*
maintenant *jetzt*	alors *damals*
il y a deux ans *vor zwei Jahren*	deux ans avant/auparavant *zwei Jahre zuvor*
l'année prochaine/le mois prochain *nächstes Jahr/nächsten Monat*	l'année suivante/le mois suivant *im folgenden Jahr/Monat*

Claire raconte : « **Demain** ma sœur atteindra la majorité. » → Claire raconte que sa sœur atteindra la majorité **le lendemain**. *Claire erzählt, dass ihre Schwester am nächsten Tag volljährig werde.*

24.2 Die Zeitenfolge

B1

Für den Wechsel der direkten in die indirekte Rede sind im Französischen bestimmte Regeln der Zeitenfolge verbindlich:
Befindet sich das einleitende Verb in einer Zeit der Nicht-Vergangenheit, d. h. im Präsens oder Futur, steht im Nebensatz dieselbe Zeit wie in der direkten Rede:
Elle **dit** : « Je ne **veux** pas travailler. » → Elle **dit** qu'elle ne **veut** pas travailler.
*Sie **sagt**, sie **möchte** nicht arbeiten.*

Befindet sich der einleitende Satz in einer Zeit der Vergangenheit, ändern sich die Zeiten im Nebensatz nach folgenden Regeln:

Präsens → Imparfait.

Il m'a informé : « Je **vais** me promener. » → Il m'a informé qu'il **allait** se promener.
*Er hat mich informiert, dass er spazieren **gehe**.*

Imparfait bleibt Imparfait.

Elle racontait : « J'**étais** la plus jeune de ma classe. » → Elle **racontait** qu'elle **était** la plus jeune de sa classe. *Sie erzählte, dass sie die jüngste in ihrer Klasse **war**.*

Konditional I bleibt Konditional I, Konditional II bleibt Konditional II.
Plus-que-parfait bleibt Plus-que-parfait.

Elle disait : « La bonne des Maier **serait** gentille. » → Elle disait que la bonne des Maier **serait** gentille. *Sie **sagte**, die Haushälterin der Maiers **solle** nett **sein**.*
Il mentionnait : « Je n'**avais** jamais **eu** le mal du pays. » → Il mentionnait qu'il n'**avait** jamais **eu** le mal du pays. *Er erwähnte, er **hätte** niemals Heimweh **gehabt**.*

Passé simple bleibt oder wird Plus-que-parfait.

Il était écrit : « Le président **salua** tout le monde. » → Il était écrit que le président **salua/avait salué** tout le monde. *Man schrieb, der Präsident **habe** alle **gegrüßt**.*

Passé composé → Plus-que-parfait.

Mireille racontait : « Je n'**ai** pas **su** quoi faire. » → Mireille racontait qu'elle n'**avait** pas **su** quoi faire. *Mireille erzählte, dass sie nicht **wusste**, was tun.*

Subjonctif bleibt Subjonctif.

Elle a dit : « Je ne pense pas **qu'**il **vienne**. » → Elle a dit qu'elle ne pensait pas **qu'**il **vienne**. *Sie hat gesagt, sie denke nicht, **dass** er **komme**.*

Futur I → Konditional I.

Il a prédit : « Ce soir il **pleuvra**. » → Il a prédit qu'il **pleuvrait** le soir (même). *Er hat vorhergesagt, dass es am Abend **regnen werde**.*

Futur II → Konditional II.

Elle avait déclaré : « À cette heure, je **serai** déjà **partie**. » → Elle avait déclaré qu'à cette heure, elle **serait** déjà **partie**. *Sie hatte erklärt, sie* ***sei*** *um diese Zeit schon* ***gegangen****.*

Imperativ → Subjonctif oder Infinitiv

Il a demandé : « **Venez** me chercher vers l'après-midi. » → Il a demandé **qu'**on **vienne** le chercher vers l'après-midi. *Er bat,* ***dass*** *wir ihn gegen Nachmittag abholten sollten.*
Cécile a proposé « **Prenons** sa valise. » → Cécile a proposé de **prendre** sa valise. *Cécile schlug vor, seinen/ihren Koffer* ***zu nehmen****.*

B1 24.3 Die indirekte Frage

Die indirekte Frage ist wie die indirekte Aussage ein Gliedsatz. Dieser wird von einem Verb des Fragens eingeleitet. Die Regeln der indirekten Rede zu Personen- und Zeitangaben sowie zur Zeitenfolge gelten auch für die indirekte Frage. Verben, die eine indirekte Frage einleiten, sind:

comprendre *verstehen*
demander à qn. *jmd. fragen*
écrire *schreiben*
examiner *prüfen*
ignorer *nicht wissen*
remettre qc. en question *etw. in Frage stellen*
se demander *sich fragen*
vérifier *überprüfen/kontrollieren*
vouloir savoir qc. *etw. wissen wollen*

Enthält die direkte Frage kein Fragewort, leitet si *ob* die indirekte Frage ein.
⚡ Zu beachten ist, dass nach si *ob* im Unterschied zu si *wenn* (▷ 17) auch Konditional und Futur folgen kann:
« Est-ce-que tu **reverras** Pierre ? » → Je lui ai demandé **si** elle **reverrait** Pierre.
Ich habe sie gefragt, ***ob*** *sie Pierre* ***wiedersehen werde****.*

Man unterscheidet zwischen indirekter Gesamtfrage und indirekter Teilfrage:

- Die indirekte Gesamtfrage schließt ohne Komma mit si *ob* an den einleitenden Satz an:
  Elle s'est demandée **si** elle devait suivre ou non. *Sie hat sich gefragt,* ***ob*** *sie folgen solle oder nicht.*
- Die indirekte Teilfrage ist die Frage nach dem Subjekt oder dem Objekt und wird mit denselben Fragepronomen eingeleitet wie die direkte Frage (▷ 10). Vor dem Fragepronomen wird auch hier kein Komma gesetzt:
  « **Qui** t'a écrit ? » → Elle voulait savoir **qui** m'avait écrit. *Sie wollte wissen,* ***wer*** *mir geschrieben habe/hat.*

Die Interrogativpronomen verändern sich folgendermaßen:

direkte Rede	indirekte Rede
qui ? *wer?*	qui
qui est-ce qui/que ? *wer/wen?*	qui
qu'est-ce qui ? *was?*	ce qui
qu'est-ce que ? *was?*	ce que
que ? *was?*	ce que

« **Qui** m'a écouté ? » → Il ignorait **qui** l'avait écouté. *Er wusste nicht,* ***wer*** *ihm zugehört hat.*
« Dis-moi, **à qui** penses-tu ? » → Elle veut savoir **à qui** je pense. *Sie möchte wissen,* ***an wen*** *ich denke.*
« **Qu'est ce que** tu en penses ? » → Il veut savoir **ce que** j'en pense. *Er möchte wissen,* ***was*** *ich darüber denke.*
« **Qui est-ce qui** a jamais fait mieux ? » → Je me demande **qui** a jamais fait mieux. *Ich frage mich,* ***wer*** *es je besser gemacht hat.*
« **Qui est-ce que** tu préfères ? » → Je lui ai demandé **qui** il préférait. *Ich habe ihn gefragt,* ***wen*** *er lieber mag.*

Besonderheiten der indirekten Frage

B2

Drückt die indirekte Frage einen Zweifel oder eine Unsicherheit aus, wird meistens ein Infinitivsatz gebildet:
« Qu'est-ce que je devrais faire ? » → Elle avoue qu'elle ne savait plus **quoi faire**. *Sie gesteht, dass sie nicht mehr wusste,* ***was sie tun sollte.***

In einigen Fällen muss dem indirekten Fragesatz à, de oder pour savoir vorausgehen: C1

- Verben und Wendungen, denen de savoir + si (comment, qui, pourquoi …) folgt:
  attendre *warten*, se soucier *sich sorgen*, être curieux *neugierig sein*, il s'agit *es handelt sich um/es geht um*, la question est *die Frage ist*
- Verben, denen pour savoir + si (comment/qui/pourquoi …) folgt:
  interroger *be-/ausfragen*, questionner *be-/ausfragen*, hésiter *zögern*
- Wendungen, denen à savoir + si (comment/qui/pourquoi …) folgt:
  (il) reste *es fragt sich*, quant à *was (die Frage) betrifft*
  « Ce roman deviendra-t-il un best-seller ? » → Il **s'agit de savoir si** ce roman deviendra un best-seller. *Es geht darum,* ***ob*** *der Roman ein Bestseller wird.*
  « **Comment** vois tu ton avenir ? » → Ils l'ont **interrogé pour savoir comment** il voyait son avenir. *Sie haben ihn gefragt,* ***wie*** *er sich seine Zukunft vorstelle.*

Zwischentest 24

B1

1. Welcher Satz ist in der indirekten Rede?

a. Hier, j'ai vu un éléphant. ☐
b. Comment allez-vous ? ☐
c. Elle n'a pas le temps de faire du sport. ☐
d. Louise prévient qu'elle me l'expliquera. ☐

B1

2. Ergänzen Sie das fehlende Verb.

Elle dit : « Je me sens bien. » Elle dit qu'elle se .... bien.

a. sens ☐
b. sent ☐
c. sentais ☐
d. suis ☐

B1

3. Welcher Satz enthält keine indirekte Rede?

a. Je lui dirai que le maçon a bien travaillé. ☐
b. Il nous raconte qui est venu le voir. ☐
c. Elle explique qu'elle a reçu la lettre le jour même. ☐
d. Ils devinent qu'il est venu de loin. ☐

B1

4. Welche direkte Frage ist zu dem Satz zu bilden?

Il demande si vous aimez Brahms.

a. Qui aimez-vous ? ☐
b. Est-ce que vous aimez Brahms ? ☐
c. Qu'a-t-il dit ? ☐
d. Que veut-il ? ☐

B1

5. Welche Aussage ist nicht richtig?

a. Bei der indirekten Rede wird immer si eingefügt. ☐
b. Plus-que-parfait bleibt Plus-que-parfait. ☐
c. Präsens wird zu Imparfait. ☐
d. Qui bleibt qui. ☐

B1

6. Wie lautet die indirekte Rede?

« Ne bavardez pas sans cesse. »

a. Il demande de ne pas bavarder sans cesse. ☐
b. Il nous a dit : Ne bavardez pas trop. ☐
c. Il ne faut pas bavarder sans cesse. ☐
d. Pourquoi ils bavardent sans cesse ? ☐

7. Welche Zeitangabe ist zu ergänzen? B1

Elle suppose que .... elle fera une promenade le long du fleuve.

a. deux mois avant ☐
b. hier ☐
c. le lendemain ☐
d. il y a une heure ☐

8. Was muss ergänzt werden? B1

Susanne a avoué à .... elle pense.

a. que ☐
b. rien ☐
c. qui ☐
d. auquel ☐

9. Wie lautet der Satz in der indirekten Rede? B1

Il a considéré : « Le parti devrait lancer une stratégie. »
Il a considéré que le parti .... lancer une stratégie.

a. doit ☐
b. aurait dû ☐
c. devenait ☐
d. devrait ☐

10. Wie ist der Satz in die indirekte Rede umzuwandeln? A2

Ne me fais pas la morale.

a. Ne pas faire la morale. ☐
b. Il demande qu'elle ne lui fasse pas la morale. ☐
c. Il dit de ne lui faire pas la morale. ☐
d. Il ordonne que je lui fasse la morale. ☐

11. Welche zwei Regeln treffen bei der Umformung zur indirekten Rede zu? B1

a. Nach si ob kann kein Futur stehen. ☐
b. Es steht immer ein Komma vor que *dass*. ☐
c. Ici kann zu là werden. ☐
d. Est-ce que wird zu ce que. ☐

12. Was gehört in die Lücke? B1

Alors, qu'est-ce qui se passe ? – Il veut savoir .... se passe.

a. ce qui ☐
b. qui ☐
c. ce que ☐
d. quoi ☐

Lösungen

1 d. 2 b. 3 d. 4 b. 5 a. 6 a. 7 c.
8 c. 9 d. 10 b. 11 c., d. 12 a.

A1

25 Das Zahlwort

Nous demeurions en famille à ce moment-là, et nombreux, très nombreux: mon père, ma mère, mon oncle, et ma tante, mes ***deux*** *frères et mes* ***quatre*** *cousines; c'étaient de jolies fillettes; j'ai épousé la dernière. De tout ce monde-là, nous ne sommes plus que* ***trois*** *survivants: ma femme, moi et ma belle-sœur qui habite à Marseille. Sacristi, comme ça s'égrène, une famille ! ça me fait trembler quand j'y pense ! Moi, j'avais* ***quinze*** *ans, puisque j'en ai* ***cinquante-six****.*

Guy de Maupassant (1850–1893), écrivain français

Wir wohnten damals als Familie (zusammen)
und waren zahlreich, sehr zahlreich:
mein Vater, meine Mutter, mein Onkel und meine Tante,
meine ***zwei*** *Brüder und meine* ***vier*** *Cousinen;*
es waren hübsche Mädchen; ich habe die jüngste geheiratet.
Von all denen sind wir nur noch ***drei*** *Überlebende:*
meine Frau, ich und meine Schwägerin, die in Marseille lebt.
Verdammt, wie sich eine Familie auflöst!
Es macht mir Angst, wenn ich daran denke.
Ich war ***fünfzehn****, jetzt bin ich ganze* ***sechsundfünfzig****.*

Guy de Maupassant (1850–1893),
französischer Schriftsteller

G Man unterscheidet im Französischen wie im Deutschen Grund- und Ordnungszahlen. Die Grundzahlen geben die genaue Anzahl von Lebewesen oder Dingen an, die Ordnungszahlen die Rangordnung, Reihenfolge und Bruchteile. Bei der Verwendung von Grund- und Ordnungszahlen stimmt das Französische mit dem Deutschen nur zum Teil überein.

25.1 Die Grundzahlen

A1

Formen

Die Grundzahlen von 1 bis 60

0 [zero] **zéro**
1 [ɛ̃/yn] **un/une**
2 [dø] **deux**
3 [trwa] **trois**
4 [katrə] **quatre**
5 [sɛ̃k] **cinq**
6 [sis] **six**
7 [sɛt] **sept**
8 [ɥit] **huit**
9 [nœf] **neuf**
10 [dis] **dix**
11 [õz] **onze**
12 [duz] **douze**
13 [trɛz] **treize**
14 [katɔrz] **quatorze**
15 [kɛ̃z] **quinze**
16 [sɛz] **seize**
17 [disɛt] **dix-sept**
18 [disɥit] **dix-huit**
19 [disnœf] **dix-neuf**
20 [vɛ̃] **vingt**
21 [vɛ̃teɛ̃] **vingt et un/une**
22 [vɛ̃tdø] **vingt-deux**
23 [vɛ̃trwa] **vingt-trois**
24 [vɛ̃katrə] **vingt-quatre**
25 [vɛ̃sɛ̃k] **vingt-cinq**
30 [trɑ̃t] **trente**
40 [karɑ̃t] **quarante**
50 [sɛ̃kɑ̃t] **cinquante**
60 [swasɑ̃t] **soixante**

ⓘ Im Unterschied zum Deutschen stehen bei den zusammengesetzten Zahlen die Zehner vor den Einern.

- Un hat als feminine Form une: une fois *ein Mal*:
  Elle n'a fait qu'**une** seule faute. *Sie hat nur **einen** einzigen Fehler gemacht.*
- Zéro erhält im Plural ein -s: deux **zéros** *zwei **Nullen***. Anders als im Deutschen steht das Substantiv nach zéro immer im Singular:
  Il a eu **zéro point**. *Er hat **null Punkte** bekommen.*
- Von 17 an werden die Zahlen aus Zehnern und Einern durch Addition gebildet und durch Bindestrich verbunden: dix-huit (10+8) *achtzehn*, vingt-cinq (20+5) *fünfundzwanzig*
- Ab 20 bis 60 wird der Einer jeweils durch et ohne Bindestrich an die Zehnerzahl angeschlossen: trente et un *einunddreißig*, vingt et un *einundzwanzig*.
- Folgt auf die Zahlen un, deux, trois, cinq, six, sept, huit, neuf, dix, vingt ein Vokal oder h muet, werden sie gebunden gesprochen: un‿an [ɛ̃nɑ̃] *ein Jahr*, deux‿ans [døzɑ̃] *zwei Jahre*, trois‿ans [trwazɑ̃] usw.
- Die Endkonsonanten von sept und neuf werden immer gesprochen: sept jours [sɛtjur] *sieben Tage*, wobei das auslautende f von neuf nur in neuf heures [nœvœr] *neun Uhr/Stunden* und neuf ans [nœvɑ̃] *neun Jahre* als [v] gesprochen wird. In anderen Verbindungen wird das f wie [f] gesprochen: neuf hommes [nœfɔm].
- Vor Zahlen, die mit Vokal oder h muet beginnen, wird le, la und que nicht apostrophiert und nicht elidiert:
  Nous sommes **le huit** juin. *Heute ist **der 8.** Juni.*
  Il ne reste **que huit** pommes. *Es gibt **nur noch acht** Äpfel.*
  Ausnahme: Que wird vor un apostrophiert:
  Il n'a **qu'un** frère. *Er hat **nur einen** Bruder.*

B1 **Die Grundzahlen über 60**

61 soixante et un/une	91 quatre-vingt-onze	1 000 mille [mil]
70 soixante-dix	92 quatre-vingt-douze	1 001 mille un/une
71 soixante et onze	95 quatre-vingt-quinze	1 800 dix-huit cents
72 soixante-douze	99 quatre-vingt-dix-neuf	2 000 deux mille
75 soixante-quinze	100 cent [sã]	2 020 deux mille vingt
80 quatre-vingt(s)	101 cent un/une	5 002 cinq mille deux
81 quatre-vingt-un/une	110 cent dix	60 000 soixante mille
82 quatre-vingt-deux	125 cent vingt-cinq	1 000 000 un million [miljõ]
88 quatre-vingt-huit	200 deux cents	3 000 000 trois millions
90 quatre-vingt-dix	201 deux cent un	un milliard *eine Milliarde*

B2
- Auf cent und mille folgt der Einer unmittelbar: 108 cent huit, 1900 mille neuf cent. An quatre-vingt schließt der Einer mit Bindestrich an: 86 quatre-vingt-six.
- quatre-vingt(s) und cent(s) haben kein -s, wenn eine weitere Zahl anschließt: 203 deux cent trois, 1983 mille neuf cent quatre-vingt-trois
  Aber: deux cents ans *200 Jahre*, quatre-vingts voitures *80 Autos*
- Mille ist unveränderlich: cinq mille *fünftausend*.
- Million ist ein Substantiv und erhält im Plural ein -s. Folgende Substantive schließen mit de an. Folgt eine weitere Zahl, wird kein de eingefügt:
  deux **millions d'habitants** *zwei **Millionen Einwohner***
  Aber: deux **millions soixante mille** habitants *2 060 000 Einwohner*
- Zahlen wie 1736 können wie im Deutschen auf zwei Arten benannt werden: dix-sept cent trente-six oder mille sept cent trente-six.

Gebrauch

A2 Die Grundzahlen werden im Französischen gebraucht:
- zur Altersangabe (mit avoir):
  A cette époque je n'avais que **douze** ans. *Ich war damals erst **zwölf** (Jahre alt).*
- bei Herrschern und Päpsten:
  Louis XIV *Ludwig XIV.*, Benoît XVI *Benedikt XVI.*
  Ausnahme: Der 1. wird mit der Ordnungszahl (▶ 25.2) bezeichnet:
  Napoléon I (premier) *Napoleon I.*
- zur Angabe des Datums im Unterschied zum Deutschen:
  le **2** (deux) mai *der **2.** Mai*, le **15** janvier *der **15.** Januar*
  Ausnahme: Der erste des Monats heißt: le **1er avril** *am **1. April**.*
  - Ist im Datum ein Wochentag enthalten, kann es ohne Artikel und Komma stehen: jeudi 10 octobre *(am) Donnerstag, (den) 10. Oktober.*
  - das Datum in Briefen: Paris, (le) 4 février 1920 *Paris, 4. Februar 1920.*
    Zur Angabe von Jahreszahlen steht en vor dem Zahlwort:
    C'était **en** 1846. *Es war 1846.* Il est né **en** 2004. *Er ist 2004 geboren.*
  - *Die Zwanzigerjahre* usw. heißen: les années vingt usw.

- zur Angabe der Uhrzeit: Il est **neuf heures cinq.** *Es ist **neun Uhr fünf**.* B1

8 h: huit heures	8 h 45: neuf heures moins le quart
8 h 01: huit heures une (minute)	8 h 55: neuf heures moins cinq
8 h 05: huit heures cinq	12 h: douze heures/midi *Mittag*
8 h 15: huit heures quinze/et quart	24 h: vingt-quatre heures/minuit *Mitternacht*
8 h 30: huit heures trente/et demie	0 h 30: zéro heure trente/minuit trente
8 h 40: neuf heures moins vingt	

In der Umgangssprache wird nicht unterschieden zwischen elf Uhr morgens und dreiundzwanzig Uhr abends: Il est onze heures *es ist elf (Uhr)*.
Zur Verdeutlichung wird du matin *morgens/nachts*, du soir *abends*, de l'après-midi *nachmittags* angefügt:
Elle se lève vers **sept heures du matin**. *Sie steht gegen **sieben Uhr morgens** auf.*

25.2 Die Ordnungszahlen

A2

Formen

Die Ordnungszahlen werden gebildet durch Anhängen der unveränderlichen Endung -ième an die Grundzahl: sept → le/la septième, als Zahl: 7ᵉ.
Bei quatre, trente, quarante usw. fällt das End-e weg, bei cinq wird ein u eingefügt (cinquième) und das Schluss-f von neuf wird zu v (neuvième).
Ausnahmen: un und deux bilden neben der regelmäßigen (unième, deuxième) auch je eine unregelmäßige Form, die sich in Genus und Numerus an ihr Bezugswort anpasst:

- un/une → premier/première ($1^{er}/1^{ere}$) *der/die erste*: le **premier** prix *der **erste** Preis*
- deux → second/seconde ($2^{nd}/2^{nde}$) *der/die zweite*: le **second** essai *der **zweite** Versuch*, la **seconde** classe *die **zweite** Klasse*

Gebrauch

- In einigen festen Wendungen steht im Französischen die Grundzahl:
  Une maison **sur quatre** lui appartient. ***Jedes vierte** Haus gehört ihm.*
  Je le vois **tous les deux jours**. *Ich sehe ihn **jeden zweiten Tag**.*
- Wie im Deutschen dienen die Ordnungszahlen zur Angabe des Nenners in Brüchen: ⅕ un cinquième *ein Fünftel*, ³⁄₇ trois septièmes *drei Siebtel*.
  Besondere Bruchzahlen sind:

½ un demi *ein Halb*	1 ½ un et demi *eineinhalb*
⅓ un tiers *ein Drittel*	⅔ deux tiers *zwei Drittel*
¼ un quart *ein Viertel*	¾ trois quarts *drei Viertel*

ℹ le tiers-monde *die Dritte Welt*

Zwischentest 25

A1

1. Welches Wort ist eine Grundzahl?

Hier soir j'ai vu quatre renards.

a. Hier ☐
b. soir ☐
c. quatre ☐
d. renards ☐

A1

2. Was heißt *vierzehn* auf Französisch?

a. un quatre ☐
b. seize ☐
c. quatre-un ☐
d. quatorze ☐

A2

3. Welcher Satz ist richtig?

a. Il est 19 ans. ☐
b. Il a 19 ans. ☐
c. Il n'est pas 19 ans. ☐
d. Il sera 19 ans. ☐

A2

4. Welches Zahlwort ist zu ergänzen?

Les .... témoins ont dit la même chose.

a. deux ☐
b. deuxièmes ☐
c. deuxième ☐
d. troisièmement ☐

B1

5. Welche Aussage ist richtig?

a. Nach cent folgt ein Bindestrich. ☐
b. Quatre-vingts hat immer ein -s. ☐
c. Mille ist unveränderlich. ☐
d. Million ist unveränderlich. ☐

A1

6. Um wie viel Uhr kommt der Zug an?

Le train arrivera à trois heures vingt-six de l'après-midi.

a. 3 h 26. ☐
b. 13 h 36 ☐
c. 15 h 26 ☐
d. 23 h 26 ☐

A1

7. Was passt nicht in die Reihe?

a. soixante-cinq ☐
b. trente-troisième ☐
c. quatre-vingt-onze ☐
d. vingt-huit. ☐

B1

8. Wie ist 451 auszuschreiben?

a. quatre cents cinquante-un ☐
b. quatre cent cinquante et un ☐
c. quatre cinq une ☐
d. quarante-un ☐

9. Welche Uhrzeit ist gemeint? B1

Il lancera un appel à sept heures du soir.

a. 6 Uhr ☐
b. 7 Uhr ☐
c. 19 Uhr ☐
d. 17 Uhr ☐

10. Welcher Satz ist falsch? A2

a. Il est né le 20 mars. ☐
b. Elle est la cinquième de six enfants. ☐
c. Ils habitent au huitième étage. ☐
d. Il était une vedette dans les vingtièmes annés. ☐

11. Was passt in die Lücke? A2

À l'âge de 80 ans, ... est chauve (glatzköpfig).

a. un homme de dix ☐
b. chaque dixième homme ☐
c. un homme sur dix ☐
d. le dixième ☐

12. Wie ist die Zahl in Ziffern zu schreiben? B1

Trois millions quatre cent cinquante mille deux cent soixante-deux.

a. 3 450 262 ☐
b. 3 540 622 ☐
c. 3 540 626 ☐
d. 4 350 262 ☐

13. Welche Regel passt zu diesem Satz? A2

Aujourd'hui, on est le premier mai.

a. Das Datum wird mit Ordnungszahlen angegeben. ☐
b. Der erste jeden Monats wird mit der Ordnungszahl benannt. ☐
c. Das Datum kann man mit einer Ordnungszahl bezeichnen. ☐
d. Das Datum wird immer mit Artikel genannt. ☐

14. Welche zwei Regeln sind richtig? A2

a. Das Lebensalter wird mit avoir + Grundzahl angegeben. ☐
b. 4/8 heißt: quatre sur huit. ☐
c. Das Substantiv nach zéro immer im Plural. ☐
d. Das t in sept wird gesprochen. ☐

Lösungen

1c. 2d. 3b. 4a. 5c. 6c. 7b. 8b.
9c. 10d. 11c. 12a. 13b. 14a., d.

Lösungen der Niveaustufentests

Auf den folgenden Seiten finden Sie die Lösungen der Niveaustufentests A1 bis C2 von Seite 20–31. In den Empfehlungen am Ende der jeweiligen Lösungenangaben erhalten Sie die Auswertung Ihrer Ergebnisse entsprechend der erreichten Punktezahl sowie Empfehlungen zur Verbesserung Ihrer Sprachkenntnisse.

Lösungen A1

1. Die Aussprache

a. ✗ amer
b. ✗ unir
c. ✓ **em**brasser
d. ✗ inactif

2. Das Substantiv

a. les maisons
b. les feux
c. les châteaux
d. les yeux
e. les choux-fleurs
f. les oranges
g. les musiques
h. les chevaux
i. les cieux
j. les heures

3. Das Adjektiv

a. Rappelez-vous la **première** page du texte.
b. Ils ont acheté une **nouvelle** voiture.
c. Les gens de Cannes sont **sympathiques**.
d. Ils habitent une **jolie** maison.

4. Die Verneinung

a. Non, les employés ne sont pas en grève.
b. Non, je n'ai pas encore lu ce texte.
c. Non, je n'ai qu'un seul frère.

5. Das Adverb

a. heureusement
b. brièvement
c. poliment
d. effectivement
e. couramment
f. soudainement
g. bien
h. mal
i. évidemment
j. précisément

6. Der Infinitiv

a. **Mettre** du beurre.
b. **Battre** trois œufs.
c. **Chauffer** et **faire** dorer.
d. **Saler** et **poivrer**.
e. **Recouvrir** le jambon avec ce mélange.
f. **Mettre** au four pendant 45 minutes.
g. **Servir** bien chaud.

Empfehlung

1–9 Punkte: Ihre Kenntnisse stehen leider noch auf schwachen Beinen. Am besten nehmen Sie sich die Themen der Niveaustufe A1 gleich noch einmal vor.

10–19 Punkte: Prima! Sie haben bereits gute A1-Kenntnisse, allerdings punktuell noch Schwächen. Wiederholen Sie die Themen, mit denen Sie noch nicht vertraut sind.

20–28 Punkte: Ausgezeichnet! Sie haben solide A1-Kenntnisse und können sich nun den Grammatikthemen der Niveaustufe A2 zuwenden.

Lösungen A2

1. Das Relativpronomen

a. Mon voisin a un chien **dont** j'ai très peur.
b. Champagne est un nom **qui** est réservé au vin de Champagne.
c. J'ai un bon souvenir de cette ville **où** j'ai vécu 2 ans, puisque c'est une ville **qui** offre beaucoup à découvrir.
d. Voici les papiers **que** tu veux pour partir.
e. La Côte d'Azur, c'est un endroit **où** je ne voudrais pas aller en août.

2. Die Verneinung

a. Non, je **ne la lui** ai **pas** encore donnée.
b. Non, elle **n'y** pense **pas**.
c. Non, il **n'en** a **jamais** parlé.
d. Non, ils **ne** le savent **pas**.

3. Das Adjektiv

a. ✓ En classe il faut parler à voix **haute**.
b. ✗ richtig: Il m'a raconté une histoire **amusante**.
c. ✗ richtig: Mon frère est son **meilleur** ami.
d. ✓ C'était **affreux**, on roulait sur une route **boueuse** derrière un camion **sale**.

4. Das Verb

a. ✓ Mes filles **sont rentrées** tard.
b. ✗ richtig: Sur le bateau elle **a été** très malade.
c. ✗ richtig: Est-ce que tu **as descendu** le vase de l'armoire ?

5. Das Passiv

a. Les pneus **ont été gonflés** par le garagiste.
b. La maison **a été repeinte** en blanc par nous.
c. En quelques semaines la montagne **sera couverte** par la neige.

6. Die Ergänzung des Verbs

a. ✗ richtig: Si tu payes l'addition pense **à** demander le reçu.
b. ✓ Il **s'est fait** patron du restaurant.
c. ✗ richtig: Elle n'est pas disposée **à** renoncer **à** son héritage.

7. Der Teilungsartikel

a. ✓ Désirez-vous **du** jus de fuit ?
b. ✓ Elle a **des** cheveux bruns.
c. ✗ richtig: Elle **a peur**, c'est évident.
d. ✓ Il nous faut cinquante kilos **de** ciment.

Empfehlung

1–9 Punkte: Sie befinden sich noch am Anfang des Niveaus A2 und sollten alle Themen dieser Niveaustufe nochmals gründlich durcharbeiten.

10–18 Punkte: Gut so! Ihre A2-Kenntnisse sind schon weit gediehen. Bevor Sie sich den B1-Themen zuwenden, sollten Sie jedoch die Themen, die Ihnen Schwierigkeiten bereiten, nochmals anschauen.

19–27 Punkte: Ausgezeichnet. Sie kennen sich mit den Grammatikthemen der Niveaustufe A2 sicher aus und können die Niveaustufe B1 angehen.

Lösungen B1

1. Die Verneinung
a. Rien n'est perdu.
b. Personne ne veut rester seul dans la vie.
c. Il faisait plus beau que jamais.
d. Il n'y a aucune réponse.

2. Die Präposition
a. Il a mis la vis à l'aide d'une machine.
b. La cause de son échec n'est pas évidente.
c. Si elle est ambitieuse, c'est par soif d'argent.
d. Répondez par oui ou par non.

3. Die Ergänzung des Verbs
a. Et à la fin je suis tombé sur Jean.
b. Tu me manques.
c. Il te croyait son meilleur ami.
d. Ce matin ils sont partis pour Avignon.

4. Subjonctif oder Indikativ?
a. Il travaille comme un forcené, de sorte qu'il réussisse sans peine.
b. La maison est trop petite pour que toute la famille puisse y loger.
c. Il faut que tu t'asseyes à sa droite.

5. Der Konditional
a. ✗ richtig: Si elle s'était mariée, elle aurait changé de nom.
b. ✓ Si on m'avait invité, je serais venu.
c. ✓ Tu ne prends aucun risque, si tu es parti de jour.

6. Das Possessiv- und das Demonstrativpronomen
a. Oui, c'est le sien.
b. Oui, c'est la leur.
c. Si tu ne trouves pas tes ciseaux, prends ceux-ci.

7. Der Imperativ
a. Accompagne-la au Bon Marché.
b. Écrivez-la-leur.
c. Prêtons-la-lui.

Empfehlung

1–8 Punkte: Sie beherrschen zwar bereits die Niveaus A1 und A2, für die Niveaustufe B1 sollten Sie jedoch nochmals alle relevanten Themen wiederholen.

9–16 Punkte: Prima! Sie haben schon einige B1-Kenntnisse, sollten aber die Themen überarbeiten, die Sie noch nicht sicher beherrschen, ehe Sie die Niveaustufe B2 in Angriff nehmen.

17–25 Punkte: Ausgezeichnet! Sie haben das Niveau B1 im Griff und können nun mit dieser Basis die Niveaustufe B2 angehen.

Lösungen B2

1. Der Subjonctif

a. Il refuse qu'on l'accuse de vol.
b. Nous attendons que le directeur nous reçoive.
c. Ma grand-mère a peur que des passants ne la bousculent.
d. J'ai dû crier pour qu'on me prenne au sérieux.

2. Die Verneinung

a. ✓ Elle ne sait faire du café au lait.
b. ✓ Vous ne devriez contredire cette assertion.
c. ✓ Avant que cette situation n'aille de pire en pire, il faudrait charger quelqu'un de s'en occuper.
d. ✗ richtig: Malheureusement il n'est pas très vigilant, c'est pourquoi il est tombé sur cette personne.

3. Der Konditional

a. Si j'étais roi, je serais propriétaire d'un château.
b. Quand ils étaient en vacances, les voisins se sont occupés de leur chien.
c. Si la manifestation avait rassemblé une centaine de personnes, j'aurais été étonné.
d. Quand vous aurez enfin terminé, vous me le direz.

4. Das Partizip und das Gerund

a. Étant seul et gagnant bien ma vie, je suis en position d'épargner une bonne somme d'argent.
b. Ayant travaillé jour et nuit, elle a terminé son projet.
c. En évitant le fromage et le chocolat, Mireille a beaucoup maigri.

5. Die indirekte Rede

a. Le ministre déclare que l'on sait qu'en ce moment, la liste des fraudeurs fiscaux n'est qu'un début.
b. Il a dit que son ami n'avait jamais bougé d'un millimètre sur ses positions.
c. Mes parents m'ont demandé si, l'été, nous arriverions en voiture ou si nous préférions voyager en avion.

6. Das Indefinitpronomen und -adjektiv

a. Toutes les grandes marques tablent sur les prix bas pour regagner du terrain.
b. Elle n'était pas heureuse ici, chacun vous le dira.
c. Il a fait une étude très complète des différents peuples de l'Union Européenne.

Empfehlung

1–7 Punkte: Ihre Kenntnisse der Niveaus A1 bis B1 haben Sie bereits bewiesen. Für die Niveaustufe B2 reicht es jedoch leider noch nicht. Überarbeiten Sie die wichtigen Themen dieses Niveaus gründlich.

8–14 Punkte: Gut so! Das Niveau B2 haben Sie fast in der Tasche. Lediglich einige Themen sollten Sie nochmals anschauen, bevor Sie in die Niveaustufe C1 starten.

15–20 Punkte: Ausgezeichnet! Mit Ihren Kenntnissen der Niveaustufe B2 können Sie sich nun mit den Themen des Niveaus C1 befassen.

Lösungen C1

1. Subjonctif oder Indikativ?
a. Il est peu probable qu'il **veuille** nous aider.
b. Je constate que vous n'**aimez** pas la peinture moderne.
c. On dirait que ce chien **sait** où trouver sa nourriture.
d. Je suis étonné que tu ne **connaisses** pas cet auteur.
e. Dis-lui que nous **passerons** ce soir.
f. Nous espérons qu'il **fera** beau demain.

2. Das Adjektiv
a. Il n'y a pas le moindre doute.
b. Je m'attends au pire.
c. Il lit plus de dix livres par an.
d. Je ne pense pas que ce tableau soit aussi cher que l'autre.

3. Das Indefinitpronomen und -adjektiv
a. J'ai réuni hier **quelques-uns** de mes amis pour fêter l'anniversaire de l'un d'entre eux.
b. Il a pris l'habitude de raconter sa vie à **tout le monde**.
c. Je ne connais **personne** d'aussi énervant.
d. Il connaissait presque **toute** la salle et il y reconnaissait **tous** ses amis.

4. Das Passiv
a. Les randonneurs se **font surprendre** par la pluie.
b. Les non-grévistes **se voient refusés devant** l'entrée de l'usine.
c. On lui a donné la tâche de renflouer l'entreprise.

5. Die indirekte Rede
a. Le ministre a annoncé **qu'**il ne **serait** pas candidat aux élections présidentielles.
b. Monsieur M. a déclaré **que** le candidat **manquerait** à la France qui **serait privée** d'un grand débat sur l'Europe.
c. Le responsable a expliqué **que** jamais un nouveau genre télévisé n'**avait réussi** un tel score d'audience.

6. Das Partizip und das Gerund
a. ✗
b. ✓ Das Verbaladjektiv ist veränderlich und kann gesteigert werden.
c. ✓ Mit Hilfe des Gerunds kann man Sätze schöner gestalten.
d. ✗
e. ✓ Das Partizip Perfekt wird angepasst.

Empfehlung

1–8 Punkte: Sie sind zwar weit fortgeschritten, doch die Niveaustufe C1 beherrschen Sie noch nicht ausreichend. Wiederholen Sie alle relevanten Themen.

9–16 Punkte: Gut gemacht! Sie beherrschen die Niveaustufe C1 bis auf wenige Themen, die Sie sich am besten gleich noch einmal anschauen.

17–25 Punkte: Ausgezeichnet! Mit Ihren Kenntnissen der Niveaustufe C1 sind Sie bestens gerüstet, sich die Niveaustufe C2 vorzunehmen.

Lösungen C2

1. Das Substantiv

a. Marie cultive des œillets au jardin.
b. Il y a des yeux dans le potage.
c. Si on jetait un coup d'œil sur le journal pour savoir le programme de cinéma ?
d. Dans cet immeuble, toutes les portes sont munies d'œils par mesure de sécurité.
e. Regarde le monsieur, comment il jette des œillades à son épouse !

2. Subjonctif oder Indikativ?

a. Il convient que l'État établisse la fiscalité écologique.
b. Mais nous ne voulons pas que la taxe carbone soit introduite.
c. « Les grands esprits se rencontrent » se dit plaisamment lorsqu'une même idée est énoncée par deux personnes.
d. Il est vrai que le soleil de plomb peut assommer un peu tout le monde.

3. Zeitformen im Subjonctif

a. Le président défend que les manifestations dégénèrent en chaos.
b. Il ne semble pas que le gouvernement ait contribué à ce que la pollution des eaux ait été diminuée.
c. J'insistais pour qu'il réfléchît un peu à ces problèmes pour qu'ils fussent résolus.

4. Das Passiv

a. En 1995 la France était peuplée par/de 58 millions d'habitants.
b. En 1976, le travail nocturne des femmes a été autorisé par une loi européenne.
c. Son rapport de stage aura été achevé avant la fin de l'année.

5. Imparfait oder Passé simple?

a. Il pleuvait. Au lieu de nous promener, nous allâmes au cinéma.
b. Chaque fois que ce bonhomme parlait, tout le monde se taisait.
c. Notre fils n'allait pas bien, nous appelâmes le médecin.

6. Partizip Präsens oder Gerund?

a. (En) Roulant trop vite, on peut provoquer un accident.
b. Le conducteur ne put freiner, en franchissant la porte de la Ville éternelle, il fut éjecté et se tua.
c. La crise du logement étudiant, ressemblant à un tonneau des Danaïdes, ne peut pas être résolue en un an.

Empfehlung

1–7 Punkte: Nicht aufgeben, Sie haben bereits fünf Niveaustufen gemeistert. Arbeiten Sie nochmals an den C2-Themen, dann schaffen Sie auch dieses Niveau.

8–14 Punkte: Ausgezeichnet! Sie haben die Niveaustufe C2 fast gemeistert. Widmen Sie sich noch einigen letzten schwachen Themen, dann sind Sie am Ziel.

15–22 Punkte: Gratulation! Mit Ihren Kenntnissen der Niveaustufe C2 sind Sie in der Meisterklasse angelangt.

Unregelmäßige Verben

Infinitiv	Indikativ Präsens	Futur I	Imparfait	Passé simple
acquérir *erwerben*	j'acquiers, tu aqcquiers, il/elle acquiert, nous acquérons, vous acquérez, ils/elles acquièrent	j'acquerrai	j'acquérais	j'acquis
aller* *gehen, fahren*	je vais, tu vas, il va, nous allons, vous allez, ils vont	j'irai	j'allais	j'allai
atteindre *erreichen*	j'atteins, tu atteins, il/elle atteint, nous atteignons, vous atteignez, ils/elles atteignent	j'atteindrai	j'atteignais	j'atteignis
boire *trinken*	je bois, tu bois, il/elle boit, nous buvons, vous buvez, ils/elles boivent	je boirai	je buvais	je bus
conduire *führen, fahren*	je conduis, tu conduis, il/elle conduit, nous conduisons, vous conduisez, ils/elles conduisent	je conduirai	je conduisais	je conduisis
connaître *kennen*	je connais, tu connais, il/elle connaît, nous connaissons, vous connaissez, ils/elles connaissent	je connaîtrai	je connaissais	je connus
craindre *fürchten*	je crains, tu crains, il/elle craint, nous craignons, vous craignez, ils/elles craignent	je craindrai	je craignais	je craignis
croire *glauben*	je crois, tu crois, il/elle croit, nous croyons, vous croyez, ils/elles croient	je croirai	je croyais	je crus
devoir *müssen, schulden*	je dois, tu dois, il/elle doit, nous devons, vous devez, ils/elles doivent	je devrai	je devais	je dus

*Das Verb bildet die zusammengesetzten Zeiten mit être.

Konditional I	Subjonctif présent	Imperativ	Partizip Präsens	Partizip Perfekt
j'acquerrais	que j'acquière	acquiers, acquérons, acquérez	acquérant	acquis
j'irais	que j'aille	va, allons, allez	allant	allé
j'atteindrais	que j'atteigne	atteins, atteignons, atteignez	atteignant	atteint
je boirais	que je boive, que tu boives, qu'il/elle boive, que nous buvions, que vous buviez, qu'ils/elles boivent	bois, buvons, buvez	buvant	bu
je conduirais	que je conduise	conduis, conduisons, conduisez	conduisant	conduit
je connaîtrais	que je connaisse	connais, connaissons, connaissez	connaissant	connu
je craindrais	que je craigne	crains, craignons, craignez	craignant	craint
je croirais	que je croie, que tu croies, qu'il/elle croie, que nous croyions, que vous croyiez, qu'ils/elles croient	crois, croyons, croyez	croyant	cru
je devrais	que je doive, que tu doives, qu'il/elle doive, que nous devions, que vous deviez, qu'ils/elles doivent	dois, devons, devez	devant	dû, due

Infinitiv	Indikativ Präsens	Futur I	Imparfait	Passé simple
dire *sagen*	je dis, tu dis, il/elle dit, nous disons, vous dites, ils disent	je dirai	je disais	je dis
écrire *schreiben*	j'écris, tu écris, il/elle écrit, nous écrivons, vous écrivez, ils/elles écrivent	j'écrirai	j'écrivais	j'écrivis
faire *machen, tun*	je fais, tu fais, il/elle fait, nous faisons, vous faites, ils font	je ferai	je faisais	je fis
joindre *verbinden*	je joins, tu joins, il/elle joint, nous joignons, vous joignez, ils/elles joignent	je joindrai	je joignais	je joignis
lire *lesen*	je lis, tu lis, il/elle lit, nous lisons, vous lisez, ils/elles lisent	je lirai	je lisais	je lus
mettre *setzen,* *stellen,* *legen*	je mets, tu mets, il/elle met, nous mettons, vous mettez, ils/elles mettent	je mettrai	je mettais	je mis
offrir *schenken,* *anbieten*	j'offre, tu offres, il/elle offre, nous offrons, vous offrez, ils/elles offrent	je'offrirai	j'offrais	j'offris
partir* *weggehen,* *-fahren*	je pars, tu pars, il/elle part, nous partons, vous partez, ils/elles partent	je partirai	je partais	je partis
plaire *gefallen*	je plais, tu plais, il plaît, nous plaisons, vous plaisez, ils plaisent	je plairai	je plaisais	je plus
pouvoir *können*	je peux, tu peux, il/elle peut, nous pouvons, vous pouvez, ils/elles peuvent	je pourrai	je pouvais	je pus
prendre *nehmen*	je prends, tu prends, il/elle prend, nous prenons, vous prenez, ils/elles prennent	je prendrai	je prenais	je pris

*Das Verb bildet die zusammengesetzten Zeiten mit être.

Konditional I	Subjonctif présent	Imperativ	Partizip Präsens	Partizip Perfekt
je dirais	que je dise	dis, disons, dites	disant	dit
j'écrirais	que j'écrive	écris, écrivons, écrivez	écrivant	écrit
je ferais	que je fasse	fais, faisons, faites	faisant	fait
je joindrais	que je joigne	joins, joignons, joignez	joignant	joint
je lirais	que je lise	lis, lisons, lisez	lisant	lu
je mettrais	que je mette	mets, mettons, mettez	mettant	mis
j'offrirais	que j'offre	offre, offrons, offrez	offrant	offert
je partirais	que je parte	pars, partons, partez	partant	parti
je plairais	que je plaise	plais, plaisons, plaisez	plaisant	plu
je pourrais	que je puisse	–	pouvant	pu
je prendrais	que je prenne, que tu prennes, qu'il/elle prenne, que nous prenions, que vous preniez, qu'ils/elles prennent	prends, prenons, prenez	prenant	pris

Infinitiv	Indikativ Präsens	Futur I	Imparfait	Passé simple
recevoir *bekommen*	je reçois, tu reçois, il/elle reçoit, nous recevons, vous recevez, ils/elles reçoivent	je recevrai	je recevais	je reçus
rendre *zurückgeben*	je rends, tu rends, il/elle rend, nous rendons, vous rendez, ils/elles rendent	je rendrai	je rendais	je rendis
rire *lachen*	je ris, tu ris, il/elle rit, nous rions, vous riez, ils/elles rient	je rirai	je riais	je ris
sentir *fühlen*	je sens, tu sens, il/elle sent, nous sentons, vous sentez, ils sentent	je sentirai	je sentais	je sentis
servir *dienen, bedienen*	je sers, tu sers, il/elle sert, nous servons, vous servez, ils/elles servent	je servirai	je servais	je servis
suivre *folgen*	je suis, tu suis, il/elle suit, nous suivons, vous suivez, ils/elles suivent	je suivrai	je suivais	je suivis
venir* *kommen*	je viens, tu viens, il/elle vient, nous venons, vous venez, ils/elles viennent	je viendrai	je venais	je vins
voir *sehen*	je vois, tu vois, il/elle voit, nous voyons, vous voyez, ils/elles voient	je verrai	je voyais	je vis
vouloir *wollen*	je veux, tu veux, il/elle veut, nous voulons, vous voulez, ils/elles veulent	je voudrai	je voulais	je voulus

*Das Verb bildet die zusammengesetzten Zeiten mit être.

Konditional I	Subjonctif présent	Imperativ	Partizip Präsens	Partizip Perfekt
je recevrais	que je reçoive, que tu reçoives, qu'il/elle reçoive, que nous recevions, que vous receviez, qu'ils/elles reçoivent	reçois, recevons, recevez	recevant	reçu
je rendrais	que je rende	rends, rendons, rendez	rendant	rendu
je rirais	que je rie, que tu ries, qu'il/elle rie, que nous riions, que vous riiez, qu'ils/elles rient	ris, rions, riez	riant	ri
je sentirais	que je sente	sens, sentons, sentez	sentant	senti
je servirais	que je serve	sers, servons, servez	servant	servi
je suivrais	que je suive	suis, suivons, suivez	suivant	suivi
je viendrais	que je vienne, que tu viennes, qu'il/elle vienne, que nous venions, que vous veniez, qu'ils/elles viennent	viens, venons, venez	venant	venu
je verrais	que je voie, que tu voies, qu'il/elle voie, que nous voyions, que vous voyiez, qu'ils/elles voient	vois, voyons, voyez	voyant	vu
je voudrais	que je veuille, que tu veuilles, qu'il/elle veuille, que nous voulions, que vous vouliez, qu'ils/elles veuillent	veux/veuille, voulons/ veuillons, voulez/veuillez	voulant	voulu

Musterkonjugationen

1 avoir *haben*

Hilfsverb

Indicatif

Présent

j'	ai
tu	as
il	a
nous	avons
vous	avez
ils	ont

Passé composé

j'	ai	eu
tu	as	eu
il	a	eu
nous	avons	eu
vous	avez	eu
ils	ont	eu

Imparfait

j'	avais
tu	avais
il	avait
nous	avions
vous	aviez
ils	avaient

Plus-que-parfait

j'	avais	eu
tu	avais	eu
il	avait	eu
nous	avions	eu
vous	aviez	eu
ils	avaient	eu

Passé simple

j'	eus
tu	eus
il	eut
nous	eûmes
vous	eûtes
ils	eurent

Passé antérieur

j'	eus	eu
tu	eus	eu
il	eut	eu
nous	eûmes	eu
vous	eûtes	eu
ils	eurent	eu

Futur simple

j'	aurai
tu	auras
il	aura
nous	aurons
vous	aurez
ils	auront

Futur antérieur

j'	aurai	eu
tu	auras	eu
il	aura	eu
nous	aurons	eu
vous	aurez	eu
ils	auront	eu

Conditionnel

Présent

j'	aurais
tu	aurais
il	aurait
nous	aurions
vous	auriez
ils	auraient

Passé

j'	aurais	eu
tu	aurais	eu
il	aurait	eu
nous	aurions	eu
vous	auriez	eu
ils	auraient	eu

Subjonctif

Présent

que j'	aie
que tu	aies
qu'il	ait
que nous	ayons
que vous	ayez
qu'ils	aient

Imparfait

que j'	eusse
que tu	eusses
qu'il	eût
que nous	eussions
que vous	eussiez
qu'ils	eussent

Passé

que j'	aie	eu
que tu	aies	eu
qu'il	ait	eu
que nous	ayons	eu
que vous	ayez	eu
qu'ils	aient	eu

Plus-que-parfait

que j'	eusse	eu
que tu	eusses	eu
qu'il	eût	eu
que nous	eussions	eu
que vous	eussiez	eu
qu'ils	eussent	eu

Participe

Présent

ayant

Passé

eu(e)

Gérondif

en ayant

Impératif

aie
ayons
ayez

Infinitif passé

avoir eu

2 être *sein*

Hilfsverb

Indicatif

Présent

je	suis
tu	es
il	est
nous	sommes
vous	êtes
ils	sont

Passé composé

j'	ai	été
tu	as	été
il	a	été
nous	avons	été
vous	avez	été
ils	ont	été

Imparfait

j'	étais
tu	étais
il	était
nous	étions
vous	étiez
ils	étaient

Plus-que-parfait

j'	avais	été
tu	avais	été
il	avait	été
nous	avions	été
vous	aviez	été
ils	avaient	été

Passé simple

je	fus
tu	fus
il	fut
nous	fûmes
vous	fûtes
ils	furent

Passé antérieur

j'	eus	été
tu	eus	été
il	eut	été
nous	eûmes	été
vous	eûtes	été
ils	eurent	été

Futur simple

je	serai
tu	seras
il	sera
nous	serons
vous	serez
ils	seront

Futur antérieur

j'	aurai	été
tu	auras	été
il	aura	été
nous	aurons	été
vous	aurez	été
ils	auront	été

Conditionnel

Présent

je	serais
tu	serais
il	serait
nous	serions
vous	seriez
ils	seraient

Passé

j'	aurais	été
tu	aurais	été
il	aurait	été
nous	aurions	été
vous	auriez	été
ils	auraient	été

Subjonctif

Présent

que je	sois
que tu	sois
qu'il	soit
que nous	soyons
que vous	soyez
qu'ils	soient

Imparfait

que je	fusse
que tu	fusses
qu'il	fût
que nous	fussions
que vous	fussiez
qu'ils	fussent

Passé

que j'	aie	été
que tu	aies	été
qu'il	ait	été
que nous	ayons	été
que vous	ayez	été
qu'ils	aient	été

Plus-que-parfait

que j'	eusse	été
que tu	eusses	été
qu'il	eût	été
que nous	eussions	été
que vous	eussiez	été
qu'ils	eussent	été

Participe

Présent

étant

Passé

été

Gérondif

en étant

Impératif

sois
soyons
soyez

Infinitif passé

avoir été

3 s'asseoir *sich (hin)setzen*

Reflexives Verb

Indicatif

Présent

je	**m'**assieds
tu	**t'**assieds
il	**s'**assied
nous	**nous** asseyons
vous	**vous** asseyez
ils	**s'**asseyent

Passé composé

je	**me suis**	**assis**
tu	**t'es**	**assis**
il	**s'est**	**assis**
nous	**nous sommes**	**assis**
vous	**vous êtes**	**assis**
ils	**se sont**	**assis**

Imparfait

je	**m'**asseyais
tu	**t'**asseyais
il	**s'**asseyait
nous	**nous** asseyions
vous	**vous** asseyiez
ils	**s'**asseyaient

Plus-que-parfait

je	**m'étais**	**assis**
tu	**t'étais**	**assis**
il	**s'était**	**assis**
nous	**nous étions**	**assis**
vous	**vous étiez**	**assis**
ils	**s'étaient**	**assis**

Passé simple

je	**m'**assis
tu	**t'**assis
il	**s'**assit
nous	**nous** assîmes
vous	**vous** assîtes
ils	**s'**assirent

Passé antérieur

je	**me fus**	**assis**
tu	**te fus**	**assis**
il	**se fut**	**assis**
nous	**nous fûmes**	**assis**
vous	**vous fûtes**	**assis**
ils	**se furent**	**assis**

Futur simple

je	**m'**assiérai
tu	**t'**assiéras
il	**s'**assiéra
nous	**nous** assiérons
vous	**vous** assiérez
ils	**s'**assiéront

Futur antérieur

je	**me serai**	**assis**
tu	**te seras**	**assis**
il	**se sera**	**assis**
nous	**nous serons**	**assis**
vous	**vous serez**	**assis**
ils	**se seront**	**assis**

Conditionnel

Présent

je	**m'**assiérais
tu	**t'**assiérais
il	**s'**assiérait
nous	**nous** assiérions
vous	**vous** assiériez
ils	**s'**assiéraient

Passé

je	**me serais**	**assis**
tu	**te serais**	**assis**
il	**se serait**	**assis**
nous	**nous serions**	**assis**
vous	**vous seriez**	**assis**
ils	**se seraient**	**assis**

Subjonctif

Présent

que je	**m'**asseye
que tu	**t'**asseyes
qu'il	**s'**asseye
que nous	**nous** asseyions
que vous	**vous** asseyiez
qu'ils	**s'**asseyent

Imparfait

que je	**m'**assisse
que tu	**t'**assisses
qu'il	**s'**assît
que nous	**nous** assissions
que vous	**vous** assissiez
qu'ils	**s'**assissent

Passé

que je	**me sois**	**assis**
que tu	**te sois**	**assis**
qu'il	**se soit**	**assis**
que nous	**nous soyons**	**assis**
que vous	**vous soyez**	**assis**
qu'ils	**se soient**	**assis**

Plus-que-parfait

que je	**me fusse**	**assis**
que tu	**te fusses**	**assis**
qu'il	**se fût**	**assis**
que nous	**nous fussions**	**assis**
que vous	**vous fussiez**	**assis**
qu'ils	**se fussent**	**assis**

Participe

Présent

s'asseyant

Passé

assis(e)

Gérondif

en **s'**asseyant

Impératif

assieds-**toi**
asseyons-**nous**
asseyez-**vous**

Infinitif passé

s'être assis

4 être présenté *vorgestellt werden*

Passiv

Indicatif

Présent

je	**suis**	**présenté**
tu	**es**	**présenté**
il	**est**	**présenté**
nous	**sommes**	**présentés**
vous	**êtes**	**présentés**
ils	**sont**	**présentés**

Passé composé

j'	**ai**	**été présenté**
tu	**as**	**été présenté**
il	**a**	**été présenté**
nous	**avons**	**été présentés**
vous	**avez**	**été présentés**
ils	**ont**	**été présentés**

Imparfait

j'	**étais**	**présenté**
tu	**étais**	**présenté**
il	**était**	**présenté**
nous	**étions**	**présentés**
vous	**étiez**	**présentés**
ils	**étaient**	**présentés**

Plus-que-parfait

j'	**avais**	**été présenté**
tu	**avais**	**été présenté**
il	**avait**	**été présenté**
nous	**avions**	**été présentés**
vous	**aviez**	**été présentés**
ils	**avaient**	**été présentés**

Passé simple

je	**fus**	**présenté**
tu	**fus**	**présenté**
il	**fut**	**présenté**
nous	**fûmes**	**présentés**
vous	**fûtes**	**présentés**
ils	**furent**	**présentés**

Passé antérieur

j'	**eus**	**été présenté**
tu	**eus**	**été présenté**
il	**eut**	**été présenté**
nous	**eûmes**	**été présentés**
vous	**eûtes**	**été présentés**
ils	**eurent**	**été présentés**

Futur simple

je	**serai**	**présenté**
tu	**seras**	**présenté**
il	**sera**	**présenté**
nous	**serons**	**présentés**
vous	**serez**	**présentés**
ils	**seront**	**présentés**

Futur antérieur

j'	**aurai**	**été présenté**
tu	**auras**	**été présenté**
il	**aura**	**été présenté**
nous	**aurons**	**été présentés**
vous	**aurez**	**été présentés**
ils	**auront**	**été présentés**

Conditionnel

Présent

je	**serais**	**présenté**
tu	**serais**	**présenté**
il	**serait**	**présenté**
nous	**serions**	**présentés**
vous	**seriez**	**présentés**
ils	**seraient**	**présentés**

Passé

j'	**aurais**	**été présenté**
tu	**aurais**	**été présenté**
il	**aurait**	**été présenté**
nous	**aurions**	**été présentés**
vous	**auriez**	**été présentés**
ils	**auraient**	**été présentés**

Subjonctif

Présent

que je	**sois**	**présenté**
que tu	**sois**	**présenté**
qu'il	**soit**	**présenté**
que nous	**soyons**	**présentés**
que vous	**soyez**	**présentés**
qu'ils	**soient**	**présentés**

Imparfait

que je	**fusse**	**présenté**
que tu	**fusses**	**présenté**
qu'il	**fût**	**présenté**
que nous	**fussions**	**présentés**
que vous	**fussiez**	**présentés**
qu'ils	**fussent**	**présentés**

Passé

que j'	**aie**	**été**	**présenté**
que tu	**aies**	**été**	**présenté**
qu'il	**ait**	**été**	**présenté**
que nous	**ayons**	**été**	**présentés**
que vous	**ayez**	**été**	**présentés**
qu'ils	**aient**	**été**	**présentés**

Plus-que-parfait

que j'	**eusse**	**été**	**présenté**
que tu	**eusses**	**été**	**présenté**
qu'il	**eût**	**été**	**présenté**
que nous	**eussions**	**été**	**présentés**
que vous	**eussiez**	**été**	**présentés**
qu'ils	**eussent**	**été**	**présentés**

Participe

Présent

étant présenté

Passé

ayant **été présenté(e)**

Gérondif

en **étant présenté**

Impératif

sois présenté
soyons présentés
soyez présentés

Infinitif passé

avoir **été présenté**

5 parler *sprechen*

Regelmäßiges Verb der 1. Gruppe auf -er

Indicatif

Présent

je	parl**e**
tu	parl**es**
il	parl**e**
nous	parl**ons**
vous	parl**ez**
ils	parl**ent**

Passé composé

j'	ai	parlé
tu	as	parlé
il	a	parlé
nous	avons	parlé
vous	avez	parlé
ils	ont	parlé

Imparfait

je	parl**ais**
tu	parl**ais**
il	parl**ait**
nous	parl**ions**
vous	parl**iez**
ils	parl**aient**

Plus-que-parfait

j'	avais	parlé
tu	avais	parlé
il	avait	parlé
nous	avions	parlé
vous	aviez	parlé
ils	avaient	parlé

Passé simple

je	parl**ai**
tu	parl**as**
il	parl**a**
nous	parl**âmes**
vous	parl**âtes**
ils	parl**èrent**

Passé antérieur

j'	eus	parlé
tu	eus	parlé
il	eut	parlé
nous	eûmes	parlé
vous	eûtes	parlé
ils	eurent	parlé

Futur simple

je	parl**erai**
tu	parl**eras**
il	parl**era**
nous	parl**erons**
vous	parl**erez**
ils	parl**eront**

Futur antérieur

j'	aurai	parlé
tu	auras	parlé
il	aura	parlé
nous	aurons	parlé
vous	aurez	parlé
ils	auront	parlé

Conditionnel

Présent

je	parl**erais**
tu	parl**erais**
il	parl**erait**
nous	parl**erions**
vous	parl**eriez**
ils	parl**eraient**

Passé

j'	aurais	parlé
tu	aurais	parlé
il	aurait	parlé
nous	aurions	parlé
vous	auriez	parlé
ils	auraient	parlé

Subjonctif

Présent

que je	parl**e**
que tu	parl**es**
qu'il	parl**e**
que nous	parl**ions**
que vous	parl**iez**
qu'ils	parl**ent**

Imparfait

que je	parl**asse**
que tu	parl**asses**
qu'il	parl**ât**
que nous	parl**assions**
que vous	parl**assiez**
qu'ils	parl**assent**

Passé

que j'	aie	parlé
que tu	aies	parlé
qu'il	ait	parlé
que nous	ayons	parlé
que vous	ayez	parlé
qu'ils	aient	parlé

Plus-que-parfait

que j'	eusse	parlé
que tu	eusses	parlé
qu'il	eût	parlé
que nous	eussions	parlé
que vous	eussiez	parlé
qu'ils	eussent	parlé

Participe

Présent

parl**ant**

Passé

parl**é**(e)

Gérondif

en parl**ant**

Impératif

parl**e**
parl**ons**
parl**ez**

Infinitif passé

avoir parlé

6 finir *beenden*

Regelmäßiges Verb der 2. Gruppe auf -ir

Indicatif

Présent

je	fin**is**
tu	fin**is**
il	fin**it**
nous	fin**issons**
vous	fin**issez**
ils	fin**issent**

Passé composé

j'	ai	fini
tu	as	fini
il	a	fini
nous	avons	fini
vous	avez	fini
ils	ont	fini

Imparfait

je	fin**issais**
tu	fin**issais**
il	fin**issait**
nous	fin**issions**
vous	fin**issiez**
ils	fin**issaient**

Plus-que-parfait

j'	avais	fini
tu	avais	fini
il	avait	fini
nous	avions	fini
vous	aviez	fini
ils	avaient	fini

Passé simple

je	fin**is**
tu	fin**is**
il	fin**it**
nous	fin**îmes**
vous	fin**îtes**
ils	fin**irent**

Passé antérieur

j'	eus	fini
tu	eus	fini
il	eut	fini
nous	eûmes	fini
vous	eûtes	fini
ils	eurent	fini

Futur simple

je	fin**irai**
tu	fin**iras**
il	fin**ira**
nous	fin**irons**
vous	fin**irez**
ils	fin**iront**

Futur antérieur

j'	aurai	fini
tu	auras	fini
il	aura	fini
nous	aurons	fini
vous	aurez	fini
ils	auront	fini

Conditionnel

Présent

je	fin**irais**
tu	fin**irais**
il	fin**irait**
nous	fin**irions**
vous	fin**iriez**
ils	fin**iraient**

Passé

j'	aurais	fini
tu	aurais	fini
il	aurait	fini
nous	aurions	fini
vous	auriez	fini
ils	auraient	fini

Subjonctif

Présent

que je	fin**isse**
que tu	fin**isses**
qu'il	fin**isse**
que nous	fin**issions**
que vous	fin**issiez**
qu'ils	fin**issent**

Imparfait

que je	fin**isse**
que tu	fin**isses**
qu'il	fin**ît**
que nous	fin**issions**
que vous	fin**issiez**
qu'ils	fin**issent**

Passé

que j'	aie	fini
que tu	aies	fini
qu'il	ait	fini
que nous	ayons	fini
que vous	ayez	fini
qu'ils	aient	fini

Plus-que-parfait

que j'	eusse	fini
que tu	eusses	fini
qu'il	eût	fini
que nous	eussions	fini
que vous	eussiez	fini
qu'ils	eussent	fini

Participe

Présent

fin**issant**

Passé

fin**i**(e)

Gérondif

en finissant

Impératif

fin**is**
fin**issons**
fin**issez**

Infinitif passé

avoir fini

7 courir *laufen*

Unregelmäßiges Verb der 3. Gruppe auf -ir

Indicatif

Présent

je	cour**s**
tu	cour**s**
il	cour**t**
nous	cour**ons**
vous	cour**ez**
ils	cour**ent**

Passé composé

j'	ai	couru
tu	as	couru
il	a	couru
nous	avons	couru
vous	avez	couru
ils	ont	couru

Imparfait

je	cour**ais**
tu	cour**ais**
il	cour**ait**
nous	cour**ions**
vous	cour**iez**
ils	cour**aient**

Plus-que-parfait

j'	avais	couru
tu	avais	couru
il	avait	couru
nous	avions	couru
vous	aviez	couru
ils	avaient	couru

Passé simple

je	courus
tu	courus
il	courut
nous	courûmes
vous	courûtes
ils	coururent

Passé antérieur

j'	eus	couru
tu	eus	couru
il	eut	couru
nous	eûmes	couru
vous	eûtes	couru
ils	eurent	couru

Futur simple

je	cour**rai**
tu	cour**ras**
il	cour**ra**
nous	cour**rons**
vous	cour**rez**
ils	cour**ront**

Futur antérieur

j'	aurai	couru
tu	auras	couru
il	aura	couru
nous	aurons	couru
vous	aurez	couru
ils	auront	couru

Conditionnel

Présent

je	cour**rais**
tu	cour**rais**
il	cour**rait**
nous	cour**rions**
vous	cour**riez**
ils	cour**raient**

Passé

j'	aurais	couru
tu	aurais	couru
il	aurait	couru
nous	aurions	couru
vous	auriez	couru
ils	auraient	couru

Subjonctif

Présent

que je	cour**e**
que tu	cour**es**
qu'il	cour**e**
que nous	cour**ions**
que vous	cour**iez**
qu'ils	cour**ent**

Imparfait

que je	cour**usse**
que tu	cour**usses**
qu'il	cour**ût**
que nous	cour**ussions**
que vous	cour**ussiez**
qu'ils	cour**ussent**

Passé

que j'	aie	couru
que tu	aies	couru
qu'il	ait	couru
que nous	ayons	couru
que vous	ayez	couru
qu'ils	aient	couru

Plus-que-parfait

que j'	eusse	couru
que tu	eusses	couru
qu'il	eût	couru
que nous	eussions	couru
que vous	eussiez	couru
qu'ils	eussent	couru

Participe

Présent

cour**ant**

Passé

cour**u**(e)

Gérondif

en courant

Impératif

cour**s**
cour**ons**
cour**ez**

Infinitif passé

avoir couru

8 rompre *brechen*

Unregelmäßiges Verb der 3. Gruppe auf -re

Indicatif

Présent

je	romp**s**
tu	romp**s**
il	romp**t**
nous	romp**ons**
vous	romp**ez**
ils	romp**ent**

Passé composé

j'	ai	rompu
tu	as	rompu
il	a	rompu
nous	avons	rompu
vous	avez	rompu
ils	ont	rompu

Imparfait

je	romp**ais**
tu	romp**ais**
il	romp**ait**
nous	romp**ions**
vous	romp**iez**
ils	romp**aient**

Plus-que-parfait

j'	avais	rompu
tu	avais	rompu
il	avait	rompu
nous	avions	rompu
vous	aviez	rompu
ils	avaient	rompu

Passé simple

je	romp**is**
tu	romp**is**
il	romp**it**
nous	romp**îmes**
vous	romp**îtes**
ils	romp**irent**

Passé antérieur

j'	eus	rompu
tu	eus	rompu
il	eut	rompu
nous	eûmes	rompu
vous	eûtes	rompu
ils	eurent	rompu

Futur simple

je	romp**rai**
tu	romp**ras**
il	romp**ra**
nous	romp**rons**
vous	romp**rez**
ils	romp**ront**

Futur antérieur

j'	aurai	rompu
tu	auras	rompu
il	aura	rompu
nous	aurons	rompu
vous	aurez	rompu
ils	auront	rompu

Conditionnel

Présent

je	romp**rais**
tu	romp**rais**
il	romp**rait**
nous	romp**rions**
vous	romp**riez**
ils	romp**raient**

Passé

j'	aurais	rompu
tu	aurais	rompu
il	aurait	rompu
nous	aurions	rompu
vous	auriez	rompu
ils	auraient	rompu

Subjonctif

Présent

que je	romp**e**
que tu	romp**es**
qu'il	romp**e**
que nous	romp**ions**
que vous	romp**iez**
qu'ils	romp**ent**

Imparfait

que je	romp**isse**
que tu	romp**isses**
qu'il	romp**ît**
que nous	romp**issions**
que vous	romp**issiez**
qu'ils	romp**issent**

Passé

que j'	aie	rompu
que tu	aies	rompu
qu'il	ait	rompu
que nous	ayons	rompu
que vous	ayez	rompu
qu'ils	aient	rompu

Plus-que-parfait

que j'	eusse	rompu
que tu	eusses	rompu
qu'il	eût	rompu
que nous	eussions	rompu
que vous	eussiez	rompu
qu'ils	eussent	rompu

Participe

Présent

romp**ant**

Passé

romp**u**(e)

Gérondif

en romp**ant**

Impératif

romp**s**
romp**ons**
romp**ez**

Infinitif passé

avoir rompu

9 savoir *wissen*

Unregelmäßiges Verb der 3. Gruppe auf -oir

Indicatif

Présent

je	sais
tu	sais
il	sait
nous	savons
vous	savez
ils	savent

Passé composé

j'	ai	su
tu	as	su
il	a	su
nous	avons	su
vous	avez	su
ils	ont	su

Imparfait

je	savais
tu	savais
il	savait
nous	savions
vous	saviez
ils	savaient

Plus-que-parfait

j'	avais	su
tu	avais	su
il	avait	su
nous	avions	su
vous	aviez	su
ils	avaient	su

Passé simple

je	sus
tu	sus
il	sut
nous	sûmes
vous	sûtes
ils	surent

Passé antérieur

j'	eus	su
tu	eus	su
il	eut	su
nous	eûmes	su
vous	eûtes	su
ils	eurent	su

Futur simple

je	saurai
tu	sauras
il	saura
nous	saurons
vous	saurez
ils	sauront

Futur antérieur

j'	aurai	su
tu	auras	su
il	aura	su
nous	aurons	su
vous	aurez	su
ils	auront	su

Conditionnel

Présent

je	saurais
tu	saurais
il	saurait
nous	saurions
vous	sauriez
ils	sauraient

Passé

j'	aurais	su
tu	aurais	su
il	aurait	su
nous	aurions	su
vous	auriez	su
ils	auraient	su

Subjonctif

Présent

que je	sache
que tu	saches
qu'il	sache
que nous	sachions
que vous	sachiez
qu'ils	sachent

Imparfait

que je	susse
que tu	susses
qu'il	sût
que nous	sussions
que vous	sussiez
qu'ils	sussent

Passé

que j'	aie	su
que tu	aies	su
qu'il	ait	su
que nous	ayons	su
que vous	ayez	su
qu'ils	aient	su

Plus-que-parfait

que j'	eusse	su
que tu	eusses	su
qu'il	eût	su
que nous	eussions	su
que vous	eussiez	su
qu'ils	eussent	su

Participe

Présent

sachant

Passé

su(e)

Gérondif

en sachant

Impératif

sache
sachons
sachez

Infinitif passé

avoir su

Verben mit Präposition

Die folgende Liste enthält häufig verwendete Verb-Präposition-Kombinationen, die als feste Verbindung bestehen, sowie solche, die im Deutschen mit Präpositionen stehen, im Französischen jedoch ohne Präposition auftreten und vom deutschen Gebrauch abweichen.

▸ s'abonner **à** qc. — Il s'est abonné au « Monde ».
(eine Zeitung) abonnieren — *Er hat „Le Monde" abonniert.*

abuser **de** qc. — Le roi ne doit pas abuser de son pouvoir.
etw. missbrauchen — *Der König darf seine Macht nicht missbrauchen.*

aider **à** qc. — Tous les légumes verts aident à renforcer les défenses naturelles.
beitragen/fördern — *Alle grünen Gemüse helfen die natürlichen Widerstandskräfte zu fördern.*

s'aider **de** — Elle s'est aidée d'un dictionnaire.
benützen — *Sie benützt ein Lexikon.*

aider qn. (**à** faire qc.) — Anne aide sa mère à faire la vaisselle.
helfen — *Anne hilft ihrer Mutter beim Geschirrabwaschen.*

s'apercevoir **de** qc. — Je ne me suis pas aperçu de cette erreur.
(be)merken — *Ich habe diesen Irrtum nicht bemerkt.*

attendre qc./qn. — Je l'attendais une heure.
etw./jdn. erwarten/warten auf — *Ich wartete eine Stunde auf ihn.*

s'attendre **à** qc. — Il ne s'attendait pas à cette fin.
mit etw. rechnen — *Dieses Ende hat er nicht erwartet.*

avoir besoin **de** qc./qn. — Ils ont besoin d'un grand B1 chalutier pour la pêche maritime.
etw./jdn. brauchen — *Sie brauchen einen großen Fischkutter für die Hochseefischerei.*

avoir peur **de** qc./qn. — N'aie pas peur du chien.
vor etw./jdm. Angst haben — *Habe keine Angst vor dem Hund.*

▸ céder qc. **à** qn. — Cède le pas au vieil homme.
jdm. etw. (über)lassen — *Überlasse dem alten Herrn den Vortritt!*

cesser **de** faire qc. — Il a cessé de fumer.
aufhören etw. zu tun — *Er hat aufgehört zu rauchen.*

changer **de** qc. .... *etw. ändern/wechseln*	On va changer d'adresse. *Wir werden (die Adresse ändern) umziehen.*
changer .... *sich verändern*	Elle a peu changé depuis la dernière fois. *Sie hat sich seit dem letzten Mal wenig verändert.*
se changer **en** qc. .... *sich in etw. verwandeln*	On ne peut pas se changer en quelqu'un d'autre. *Man kann sich nicht in jemand anderen verwandeln.*
se changer .... *sich umziehen*	Elle est en haut, elle se change. *Sie ist oben, sie zieht sich um.*
se contenter **de** qc. .... *mit etw. zufrieden sein*	Vous devriez vous contenter de votre destin. *Sie sollten mit Ihrem Schicksal zufrieden sein.*
convenir **à** qc./qn. .... *passen/zusagen/entsprechen*	Oui, ça me convient. *Ja, das passt mir/sagt mir zu.*
convenir **de** qc. .... *übereinkommen/sich einigen*	Nous sommes vite convenus/avons convenu du prix. *Wir haben uns schnell über den Preis geeinigt.*
conseiller qc. **à** qn. .... *jdm. (zu) etw. raten*	Le docteur lui a conseillé de réduire la consommation de fois grasse. *Der Arzt hat ihm geraten, weniger Gänseleber zu essen.*
conseiller qc./qn. .... *(be-)raten*	Une commission a conseillé la réduction des dépenses. *Eine Kommission hat zur Reduzierung der Ausgaben geraten.*
se contredire/contredire qn. .... *jdm. (sich) widersprechen*	Parfois elle se contredit, ça ne me dérange pas trop. *Manchmal widerspricht sie sich, das stört mich nicht allzu sehr.*
craindre qc./qn. .... *sich vor etw./jdm. fürchten*	Le Petit Chaperon rouge ne craint pas le loup. *Rotkäppchen fürchtet sich nicht vor dem Wolf.*

croire **à** qc. — an etw. glauben
Elle ne croit pas à ses paroles. — *Sie glaubt seinen Worten nicht.*

croire **en** qc./qn. — Vertrauen haben in etw./jdn., glauben an
Ils ne croient pas en eux-mêmes. — *Sie glauben nicht an sich selbst.*

croire qn./qc. — jdm./etw. glauben
Je ne crois pas qu'il ait raison. — *Ich glaube nicht, dass er Recht hat.*

▸ demander qc. **à** qn. — jdn. (nach) etw. fragen
Je lui ai demandé où se trouve la station de métro Duroc. — *Ich habe ihn gefragt, wo die Metrostation Duroc sei.*

demander qc. — etw. verlangen/um etw. bitten
Je voudrais vous demander un service. — *Ich möchte Sie um einen Gefallen bitten.*

demander qn. — jdn. sprechen wollen
Le professeur a demandé ton père ? — *Wollte der Lehrer deinen Vater sprechen?*

désespérer **de** qc./qn. — an etw./jdm. verzweifeln
Quelques-uns désespèrent du moindre obstacle. — *Manche verzweifeln an dem geringsten Hindernis.*

se désintéresser **de** qc. — sich nicht (mehr) für etw. interessieren
Elle se désintéresse complètement de ses idées. — *Sie hat überhaupt kein Interesse an seinen Gedanken.*

douter **de** qc. — an etw. zweifeln
Je doute de sa sincérité. — *Ich zweifle an seiner Aufrichtigkeit.*

se douter **de** qc. — etw. ahnen
Elle pourrait se douter du résultat. — *Sie könnte das Ergebnis erahnen.*

▸ écouter qc./qn. — etw./jdm. zuhören
Le grand-père aime écouter les oiseaux. — *Der Großvater liebt es, den Vögeln zuzuhören.*

envier qc. **à** qn. — jdn. um etw. beneiden
Elle lui envie sa vivacité d'esprit. — *Sie beneidet ihn um seine geistige Lebendigkeit.*

s'étonner **de** qc. — über etw. staunen/wundern
On ne peut que s'en étonner. — *Man kann darüber nur staunen.*

▸ **flatter qn.** *jdm. schmeicheln*	Il voulait te flatter. *Er wollte dir schmeicheln.*
fuir **devant** qc./qn. *vor etw./jdm. fliehen*	Les troupes fuyaient devant l'assaillant. *Die Truppen flohen vor dem Angreifer.*
fuir qc./qn. *etw./jdn. fliehen*	Mon mari fuit les soirées mondaines. *Mein Mann flieht die extravaganten Abendgesellschaften.*
fuir *ausströmen/rinnen*	L'eau, le gaz fuit. *Wasser, Gas strömt aus.*
▸ s'habituer **à** qc. *sich an etw. gewöhnen*	Durant la vie, il faut s'habituer à plein de choses. *Im Laufe des Lebens muss man sich an viele Dinge gewöhnen.*
hériter qc. **de** qn. *etw. von jdm. erben*	Elles ont hérité les cheveux bouclés de leur mère. *Sie haben die Locken von ihrer Mutter geerbt.*
▸ s'intéresser **à** qc./qn. *sich für etw./jdn. interessieren*	Marie s'intéresse surtout à l'histoire. *Marie interessiert sich vor allem für Geschichte.*
être intéressé **par** qc. *an etw. interessiert sein*	Jean n'est pas très intéressé par cette matière. *Jean ist nicht sehr an diesem Fach interessiert.*
▸ jouer **à** qc. *(Spiel) spielen*	Ils aiment jouer aux cartes/aux échecs. *Sie spielen gern Karten/Schach.*
jouer **de** qc. *(Musikinstrument) spielen*	Ses enfants jouent tous d'un instrument. *Seine Kinder spielen alle ein Instrument.*
jouir **de** qc. *etw. genießen/im Besitz von etw. sein*	Ma mère est au jardin où elle jouit du soleil. *Meine Mutter ist im Garten, wo sie die Sonne genießt.*
▸ manquer **à** qn. *jdm. fehlen*	Sa présence lui manque. *Ihre Anwesenheit fehlt ihm.*
manquer **à** qc. *etw. nicht erfüllen/einhalten*	Il ne manquerait jamais à sa promesse. *Er würde sein Versprechen immer einhalten.*

manquer **de** qc. *an etw. fehlen*	Je manque de temps. *Es fehlt mir an Zeit.*
manquer qc./qn. *verfehlen*	Je l'ai manqué de quelques minutes. *Ich habe ihn um einige Minuten verfehlt.*
se méfier **de** qc./qn. *sich vor etw./jdm. in Acht nehmen*	Méfie-toi de cet éléphant. *Nimm dich vor diesem Elefanten in Acht.*
se mêler **à** *sich (unter die Menge) mischen*	Il n'a pas de peine à se mêler à la foule. *Es macht ihm nichts aus, sich unter die Menge zu mischen.*
se mêler **de** qc. *sich einmischen*	Ne te mêle pas de mes affaires. *Misch dich nicht in meine Angelegenheiten.*
être mêlé **à** qc. *mit etw. zu tun haben*	Je pense qu'il n'a pas été mêlé à cette affaire. *Ich denke, dass er nichts mit dieser Sache zu tun hatte.*
menacer **de** qc. *mit etw. drohen*	On le menaçait du poing. *Er wurde mit der Faust bedroht.*
menacer qn. **de** qc. *jdn. mit etw. bedrohen*	Il ne faut pas non plus menacer de punition. *Du musst auch nicht mit Bestrafung drohen.*
menacer qc./qn. *jdm. drohen, jdn./etw. bedrohen*	Il ne faut donc pas me menacer. *Du musst mich doch nicht bedrohen.*
mentir **à** qn. *jdn. belügen/anlügen*	Crois-tu qu'elle lui mente ? *Glaubst, dass sie ihn anlügt?*
se moquer **de** qn./qc. *sich lustig machen über*	Il se moque de ma coiffure. *Er macht sich über meine Frisur lustig.*
mourir **de** qc. *an etw. sterben*	Ils avaient peur de mourir de faim. *Sie hatten Angst zu verhungern.*
▸ parler **à** qn. *mit jdm. sprechen*	J'ai parlé au propriétaire. *Ich habe mit dem Eigentümer gesprochen.*
parler **de** qc./qn. *über etw./jdn. sprechen*	Ils parlent de choses et d'autres. *Sie sprechen über dieses und jenes.*
se plaindre **à** qn. *sich bei jdm. beschweren*	Elle devrait se plaindre au directeur. *Sie sollte sich beim Direktor beschweren.*

se plaindre de qc./qn. — *sich über etw./jdn. beklagen*
Il ne s'est jamais plaint de son métier.
Er hat sich nie über seinen Beruf beklagt.

▸ **raconter qc.** — *etw. erzählen*
Raconte-moi une histoire.
Erzähl mir eine Geschichte.

se rappeler à qn. — *sich an etw. erinnern*
Tu te rappelles à ma tante ?
Erinnerst du dich an meine Tante?

réfléchir à (sur) qc. — *über etw. nachdenken*
Ils réfléchissent au nouveau projet.
Sie denken über das neue Projekt nach.

regarder à qc. — *berücksichtigen/achten auf*
Il ne regarde pas à la dépense.
Er achtet nicht auf die Ausgaben.

regarder qc./qn. — *betrachten/schauen auf*
Regarde les jolies fleurs.
Schau nur, die schönen Blumen.

remercier qn. de (pour) qc. — *jdm. für etw. danken*
Je t'en remercie.
Ich danke dir dafür.

rencontrer qc./qn. — *etw./jdm. begegnen*
Tu as rencontré ta copine hier ?
Hast du deine Freundin gestern getroffen?

renoncer à qc. — *auf etw. verzichten*
Il a renoncé à ses honoraires.
Er hat auf sein Honorar verzichtet.

répondre à qn./qc. — *jdm./auf etw. antworten*
Tu devrais répondre à cette lettre.
Du solltest diesen Brief beantworten.

répondre de qn./qc. — *für jdn./etw. einstehen*
L'avocat répond de son client.
Der Anwalt steht für seinen Mandanten ein.

rire de qc./qn. — *über etw./jdn. lachen*
Ils riaient de joie.
Sie lachten vor Freude.

▸ **servir qc. à qn.** — *jdm. etw. servieren*
La petite-fille sert du thé à sa grand-mère.
Die Enkelin serviert ihrer Großmutter Tee.

servir à qn. à faire qc. — *jdm. dazu dienen, etw. zu tun*
Ça ne me sert à rien.
Das nützt mir (zu) nichts.

servir qn./qc. — *jdm./einer Sache dienen*
On est bien servi dans ce restaurant.
In diesem Restaurant wird man gut bedient.

se servir de qc./qn. — *nehmen, etw./jdn. benutzen*
Tu peux te servir de mes barrettes.
Du kannst meine Haarspangen benutzen.

souffrir de qc. — *an etw. leiden*
Il souffrait d'une pneumonie.
Er litt an einer Lungenentzündung.

se soucier **de** qn./qc. — Le peintre se souciait peu de faire école.
sich um jdn/etw. kümmern — *Der Maler kümmerte sich wenig darum, Schule zu machen.*

se souvenir **de** qn./qc. — Je me souviens de toutes ses aventures.
sich an jdn./etw. erinnern — *Ich erinnere mich an alle seine Abenteuer.*

suivre qn./qc. — L'automne suit l'été.
jdm./etw. folgen/auf etw. folgen — *Der Herbst folgt auf den Sommer.*

▸ témoigner **de** qc. — Ses réflexions témoignent d'un des plus grands esprits.
etw. bezeugen/bekunden — *Seine Überlegungen bezeugen einen herausragenden Geist.*

tenir **à** qc./qn. — Ils tiennent à leurs arrière-petits-enfants.
auf etw. bestehen/Wert legen auf/hängen — *Sie hängen an ihren Urenkeln.*

traiter **avec** qn. — De Gaulle a traité avec Adenauer la réconciliation franco-allemande.
mit jdm. verhandeln/etw. aushandeln — *De Gaulle hat mit Adenauer die deutsch-französische Versöhnung ausgehandelt.*

traiter **de** qc. — Ce texte traite de l'histoire européenne.
von etw. handeln — *Dieser Text handelt von der Geschichte Europas.*

traiter qc./qn. — Ce virus doit être traité efficacement.
etw./jdn. behandeln — *Dieser Virus muss wirksam behandelt werden.*

se tromper **de** qc. — Il ne faut pas te tromper de train.
sich täuschen/irren in etw. — *Pass auf, dass du nicht den falschen Zug nimmst.*

▸ se vanter **de** — Il pouvait se vanter d'être l'une des personnages les plus célèbres de son époque.
sich einer Sache rühmen — *Er konnte sich rühmen, eine der berühmtesten Personen seiner Zeit zu sein.*

viser **à** qc. — Il vise au master, voire au doctorat.
streben nach — *Er strebt nach dem Master, sogar nach der Promotion.*

viser qc. — Au basket il faut viser le panier.
abzielen auf — *Beim Basketball muss man auf den Korb zielen.*

Sachregister

Quellennachweis

S. 32: Voltaire, in: L'art de vivre. Citations françaises/Die Kunst zu leben. Französische Zitate, dtv 1986. S. 85

S. 40: Stendhal: ***Le Rouge et le Noir***, Librairie Générale française 1997, S. 235

S. 50: Molière, in: Unvergängliches Mosaik, Musen-Verlag 1947, S. 35

S. 58: Verlaine, Paul: ***Dansons la gigue***, in: Gedichte. Fêtes galantes, La Bonne Chanson, Romances sans paroles, Reclam 2006, S. 126

S. 66: Maupassant, Guy de: ***Une vie***, Éditions Gallimard 1974, S. 117

S. 76: Daudet, Alphonse: ***La chèvre de M. Séguin***, Flammarion 1946, S. 9

S. 86: Balzac, Honoré de: ***Le Colonel Chabert***, Reclam 2003, S. 10

S. 96: Montaigne, Michel de, in: L'art de vivre. Citations françaises/Die Kunst zu leben. Französische Zitate, dtv 1986, S.82

S. 104: Maupassant, Guy de: ***Une vie***, Éditions Gallimard 1974, S. 127

S. 112: Voltaire: ***L'Ingénu***, Reclam 2001, S. 170

S. 120: Daudet, Alphonse: ***La dernière classe***, in: Les écrivains à l'école. Récits et nouvelles, Reclam 2005, S. 21

S. 136: Maupassant, Guy de: ***Le papa de Simon***, in: Contes et Nouvelles, Diesterweg 1968, S. 29

S. 150: François VI, Duc de La Rochefoucauld, in: Unvergängliches Mosaik, Musen-Verlag 1947, S. 17

S. 158: Flaubert, Gustave: ***Madame Bovary***, Reclam 2005, S. 29

S. 166: Balzac, Honoré de: ***La Cousine Bette***, Éditions Gallimard 1972, S. 154

S. 172: Maupassant, Guy de: ***Une vie***, Éditions Gallimard 1974, S. 79

S. 188: Balzac, Honoré de: ***Une fille d'Ève***, Éditions Gallimard 1980, S. 43

S. 194: Rimbaud, Arthur: ***Le châtiment de Tartufe***, in: Arthur Rimbaud, Sämtliche Dichtungen, Lambert Schneider 1978, S. 30

S. 206: Balzac, Honoré de: ***Le père Goriot***, Éditions Gallimard 1971, S. 363

S. 212: François VI, Duc de La Rochefoucauld: ***Maximes et Réflexions diverses***, Flammarion 1977, S. 134

S. 222: Maupassant, Guy de: ***Une vie***, Éditions Gallimard 1974, S. 31

S. 230: Gesetz der Arbeit während der französischen Revolution: http://fr.wikipedia.org/wiki/Droit_au_travail (7. 11. 2009)

S. 250: Sénac de Meilhan, Gabriel, in: L'art de vivre. Citations françaises/Die Kunst zu leben. Französische Zitate, dtv 1986, S. 88

S. 258: Daudet, Alphonse: ***La dernière classe***, in: Les écrivains à l'école. Récits et nouvelles, Reclam 2005, S. 16

S. 266: Maupassant, Guy de: ***Mademoiselle Perle***, in: Contes et Nouvelles, Diesterweg 1968, S. 9